L'AFRIQUE DU SUD

TELLE QU'ELLE EST

PAR

F. REGINALD STATHAM

Auteur de "Blacks, Boers, and British"

TRADUIT PAR

CHARLES GIRAUDEAU

PARIS

ÉDITÉ PAR LE JOURNAL "LA LIBERTÉ"

146, rue Montmartre

1897

PARIS. — IMPRIMERIE DE LA PRESSE, 16, RUE DU CROISSANT
SIMART, IMPRIMEUR

L'AFRIQUE DU SUD TELLE QU'ELLE EST

L'AFRIQUE
DU SUD

TELLE QU'ELLE EST

PAR

F. REGINALD STATHAM

Auteur de *"Blacks, Boers, and British"*

TRADUIT PAR

CHARLES GIRAUDEAU

PARIS
ÉDITÉ PAR LE JOURNAL "LA LIBERTÉ"
146, rue Montmartre

1897

L'AFRIQUE DU SUD TELLE QU'ELLE EST

INTRODUCTION

D'après un vieux dicton d'usage courant dans les colonies de l'Afrique méridionale, aucun Haut Commissaire — le fonctionnaire qui représente, dans le sens le plus élevé du mot, le Gouvernement britannique — ne peut acquérir une connaissance impartiale du pays, dont il est un des facteurs si importants, en moins de trois ans.

Ce dicton est vieux et unanimement accepté. Cependant un Haut Commissaire a des moyens de se procurer des renseignements beaucoup plus nombreux qu'un simple voyageur de passage. En sa qualité de Gouverneur du Cap de Bonne-Espérance, colonie qui jouit depuis vingt-cinq ans des avantages d'une Constitution populaire, le Haut Commissaire se trouve forcément mis en contact quotidien et intime avec la vie pratique et le fonctionnement politique tout au moins des plus grandes agglomérations Sud-Africaines. Le mélange, grâce à la représentation parlementaire des éléments anglais, hollandais et indigènes, est un fait sur lequel son attention est constamment appelée, tandis que l'expérience qu'il a acquise, ainsi que cela s'est présenté presque toujours, dans d'autres colonies autonomes, doit le prédisposer, plus que tout autre, à comprendre la valeur réelle des mouvements populaires. Etant donné ses antécédents et la carrière qu'il avait parcourue, aucun Haut Commissaire n'était mieux qualifié pour occuper cette fonction que lord Rosmead, qui, sous le nom plus familier de sir Hercules Robinson, a représenté le Gouvernement britannique à Cape-Town durant les huit années qui ont suivi la rétrocession du Transvaal. Cependant, en 1884, alors qu'il était Haut Commissaire depuis trois ans, il prit pour un mouvement populaire sincère une simple agitation locale, et, sous l'empire de cette erreur, il donna à l'expédition Warren une approbation et un appui dont, mieux éclairé, il se fût certainement abstenu.

Si la tâche d'acquérir une connaissance exacte de l'Afrique du Sud — de sa population et de sa politique — est difficile pour un fonctionnaire jouissant de tels avantages exceptionnels, combien plus difficile doit-elle être pour un voyageur ordinaire, qui consacre ses vacances parlementaires à faire une « tournée au Cap ». On dit parfois que la facilité des moyens de communication, l'augmentation de vitesse des paquebots et l'extension des chemins de fer, ont accru la connaissance pratique de l'Afrique du Sud et de ses affaires. Cela peut être vrai sous un certain point de vue, car les commodités du voyage encouragent les voyageurs. Mais, d'autre part, les facilités de locomotion tendent à rendre beaucoup plus difficile l'étude du pays. On dirait d'un homme qui traverserait un pont dans sa voiture et qui se ferait fort de connaître ce qu'il y a au fond de la rivière. S'il avait été obligé de passer la rivière à gué, à pied ou à cheval, sa connaissance du lit de la rivière aurait bien des chances pour être plus exacte, quoique, il est vrai, cette connaissance aurait été acquise au détriment de ses agréments personnels. C'est le cas du voyageur dans l'Afrique du Sud. Lorsque les moyens de locomotion étaient lents et primitifs, les voyageurs étaient rares, c'est vrai, mais la connaissance qu'ils acquéraient du pays était assez étendue et assez exacte. Ils se trouvaient en contact avec des hommes de toute sorte et de toute condition, de même qu'avec toute espèce d'organisation sociale et politique. Le voyageur qui parcourt aujourd'hui en trois jours une distance qu'il aurait mis, il y a dix ou vingt ans, au moins trois mois à franchir, ne peut voir le pays que d'une manière toute superficielle. La conséquence est que, alors qu'il y a vingt ans il pouvait se trouver un voyageur bien informé des affaires de l'Afrique du Sud, il s'en rencontre maintenant vingt ou trente qui ne sont pas seulement incomplètement, mais qui sont, ce qui est pis, mal informés.

La difficulté d'acquérir une connaissance exacte du pays est augmentée par l'antagonisme de sentiment provoqué par le déplorable et inutile antagonisme de races créé il y a environ vingt ans. Les Anglais, en général, ne se rendent pas compte de l'intensité de l'impression que la politique *en avant* du ministère Beaconsfield a laissée dans l'Afrique du Sud, politique qui s'est particulièrement signalée dans l'Afrique du Sud par l'annexion du Transvaal. En ce qui concerne la population hollandaise de la région, il est difficile d'apprécier la profondeur de cette impression, à moins que le voyageur n'ait l'occasion d'entretenir des relations amicales avec les fermiers épars dans la colonie du Cap, l'Etat Libre, le Transvaal et Natal. L'aspect anglais de cet antagonisme peut être étudié à partir du moment où le paquebot quitte Southampton.

Les marins anglais sont, pour la plupart, conservateurs et si le voyageur se trouve être (comme cela est souvent le cas) un officier de la réserve navale, il n'est pas long à trouver, aussitôt que l'on a doublé Madère, des partisans de ses opinions concernant les « Boers ». Il est néanmoins prudent et réservé et ne se compromettra jamais jusqu'à émettre les théories avancées qui sont énoncées chaque soir au fumoir. Le voyageur qui a des idées personnelles sur ces questions préfère, pour sa tranquillité et son bien-être, les garder par devers lui. L'expérience de la vie de paquebot est une bonne préparation à la vie d'hôtel qui attend le voyageur à son débarquement et à son voyage dans l'intérieur par chemin de fer. Les Anglais seuls voyagent dans l'Afrique du Sud et ils sont sûrs de rencontrer des Anglais partout où ils s'arrêtent. Par conséquent, tout ce que les voyageurs ordinaires pourront voir et entendre pendant leur séjour confirmera l'impression qu'ils auront reçue pendant la traversée et les empêchera de recueillir toute autre impression.

Le résultat général sera à peu près le même si le voyageur se trouve être un homme ayant un rang et une situation, un membre de la Chambre des Communes, par exemple, ou un ancien ministre. Ce voyageur sait parfaitement le fond qu'il doit faire des élucubrations de fumoir d'un paquebot et très probablement, s'il est libéral, il tâchera de ne pas se laisser influencer. Mais, en mettant les pieds sur le sol africain, il sera sur le qui-vive et il est probable que sa situation et ses recommandations lui donneront accès au *Civil Service Club* de Cape-Town, le club où les membres passés ou présents des ministères Capois se prélassent dans l'illusion qu'ils dirigent les destinées de l'Afrique Méridionale. Nulle part ailleurs, pourrait-on croire, il ne pourrait recueillir des notions et des impressions politiques plus exactes. Personne ne l'avertira que toute l'atmosphère, que les murs même de cette honorable institution sont complètement saturés du même esprit de conservatisme suranné qui infeste certaines petites villes du centre de l'Angleterre; que les idées libérales n'y brillent que par leur absence, que ceux-là mêmes qui dirigent les partis politiques sont totalement ignorants de la véritable situation politique au delà des frontières de la colonie du Cap. Il n'est personne pour lui faire comprendre que, malgré ses associations historiques, Cape-Town n'est acceptée comme capitale politique de l'Afrique du Sud que par Cape-Town elle-même. Et partout où il ira, dans quelque centre d'affaires qu'il s'introduise, le même sort l'attend. L'élévation même de sa position le mettra en relations précisément avec les personnes qui ne pourront rien lui apprendre et dont le seul but, souvent inconsciemment, sera de confirmer ses impressions de début. Il ne peut pas savoir que le Club hospitalier de Kimberley n'est en réalité qu'une émanation de la « De Beers ». Personne ne lui dira que la présence à Bloemfontein d'une colonie anglaise nombreuse n'est qu'un accident de concentration commerciale. Lorsqu'il se trouvera au *Rand Club*, à Johannesburg, il ne s'apercevra pas que les membres de ce club ne représentent pas la masse des *Uitlanders* plus que la colonie française concentrée autour de Leicester Square ne représente Londres. Et, enfin, à Pretoria, la capitale même du Transvaal, il ne soupçonnera jamais que les gentlemen qui l'invitent à un banquet ne chercheront qu'à lui inculquer la conviction que le Hollandais est pernicieux, de par sa nature elle-même.

Et cependant il y a tant de choses à voir, tant de choses à apprendre dans ce pays, qui a si subitement émergé d'un oubli immérité pour atteindre une popularité quelque peu périlleuse ! Il y a tant à voir, tant à apprendre, et il est si difficile au voyageur, quels que soient ses mérites, de trouver son chemin dans ce labyrinthe si intéressant à explorer et qui n'est pourtant pas si compliqué !

Cet ouvrage n'a pas la prétention d'être entrepris par quelqu'un qui possède des renseignements exclusifs; mais il n'est pas téméraire de prétendre qu'une participation de vingt années à la vie politique et sociale de l'Afrique du Sud — de toute l'Afrique du Sud — une participation immédiate et intime comme peuvent la procurer les luttes du journalisme, doublée d'une connaissance personnelle de la grande majorité des personnalités les plus en vue du haut personnel politique, peut constituer quelques titres à être écouté. On pourra peut-être également considérer comme une légère justification de cette témérité le fait que l'auteur a essayé, dans une précédente occasion (1), tenté, non sans quelque succès, d'éclairer autant qu'il l'a pu un problème qui n'est pas aussi indéchiffrable qu'on se plaît à le croire. Les principes sur lesquels il a été insisté dans ce premier essai demeurent toujours vrais, mais il s'est passé tant d'événements depuis dix ans que le problème Sud-Africain a pris, sur certains points, un nouvel aspect. Pour le juger, il faut tenir

(1) « Noirs, Boers et Anglais ». — Mac Millan et C°, 1881.

compte des forces nouvelles qui sont entrées en scène. Vingt ans, c'est beaucoup dans la vie d'un pays neuf et l'on peut hardiment affirmer que les changements effectués dans la seconde moitié de cette période dépassent de beaucoup en importance ceux qui ont été réalisés dans la première. Et cependant il se peut que la clef de la situation actuelle doive être trouvée non pas dans les dix années d'exploitation minière qui viennent de s'achever, mais dans les dix années de développement politique et national qui ont commencé en 1877.

CHAPITRE PREMIER

L'ANNEXION DU TRANSVAAL

Le mercredi 18 avril 1877, à une heure avancée de la soirée, le steamer *Caldera*, qui avait été temporairement affrété par la Compagnie de la Castle Line comme paquebot, jetait l'ancre à Table-Bay. Lorsque le bateau du port arriva le long du bord, à la demande de nouvelles habituelles, il fut répondu : « Le Transvaal a été annexé. »

L'acte d'annexion avait eu lieu le 12 avril, six jours avant, et la nouvelle, expédiée par messager spécial de Pretoria à Kimberley, avait été télégraphiée de Kimberley à Cape-Town. Ces dates ont leur importance. Le 31 mars, le paquebot de la Castle Line, le *Balmoral Castle*, qui était parti de Dartmouth quinze jours avant le *Caldera* pour faire sa première traversée, avait débarqué à Cape-Town feu sir Bartle Frere, qui prenait possession de son poste de gouverneur et de Haut Commissaire, dont les débuts furent si vigoureux et dont les dernières années de pouvoir furent un désastre.

Deux théories ont été mises en avant au sujet de l'annexion du Transvaal. D'après l'une, ce fut une erreur accidentelle commise par sir Theophilus Shepstone, dont on fut obligé de subir les conséquences et qui créa de gros embarras à sir Bartle Frere. D'après la seconde, l'annexion faisait partie d'un plan préconçu de remaniement de la carte de l'Afrique du

Sud, plan auquel était intimement liée la nomination de sir Bartle Frere comme représentant suprême du Gouvernement britannique. Ceux qui acceptent cette dernière théorie prétendent que l'annexion était préparée depuis quelque temps et que l'on attendait seulement l'arrivée de sir Bartle Frere pour l'exécuter.

De quel côté penchent les probabilités ? Du côté de la seconde théorie, indubitablement. La nomination de sir Bartle Frere au poste de Haut Commissaire était connue depuis plusieurs mois. Son nom avait été mêlé publiquement, en présence des Ministres, à Londres, à un programme politique d'expansion impériale. Lorsque sir Theophilus Shepstone partit de Natal pour accomplir une mission spéciale à Pretoria, à la fin de l'année précédente, des troupes avaient été envoyées, à grands frais, de Pietermaritzburg près de la frontière du Transvaal, opération qui avait nécessairement exigé l'approbation expresse du Ministère de la guerre. Il semble donc diff[illegible] d'admettre que sir Theophilus Shepstone, lorsqu'il arbora le drapeau britannique à Pretoria, le 12 avril 1887, ait pu agir sans ordre supérieur et sans avoir consulté le plus haut représentant de l'autorité britannique dans l'Afrique du Sud, c'est-à-dire sir Bartle Frere.

A l'encontre de ces vraisemblances, ceux qui s'efforcent d'exonérer sir Bartle Frere de la responsabilité de ce malencontreux événement, ont prétendu que, l'annexion ayant eu lieu le 12 avril et le débarquement de sir Bartle Frere à Cape-Town seulement le 31 mars, il n'avait pas eu le temps, entre ces deux dates, de se mettre en communication avec sir Theophilus Shepstone. Malheureusement, la valeur de cet argument est complètement infirmée par ce fait que la nouvelle de l'annexion, qui avait eu lieu le 12 avril, a été connue à Cape-Town dans la soirée du 18, c'est-à-dire seulement six jours après.

Il semble, dans ces conditions, beaucoup plus raisonnable de s'arrêter aux probabilités, d'autant plus qu'elles sont corroborées par les événements qui ont suivi, aussi bien que par ceux qui ont précédé l'événement. On ne peut plus nier maintenant que, à l'avènement du ministère Beaconsfield, l'un des principaux articles du programme gouvernemental fût l'extension et l'expansion impériales. Il est inutile de dire comment ce programme a été appliqué dans l'Inde, bien qu'il ne soit pas inutile à notre discussion de rappeler que c'est précisément sir Bartle Frere qui a fourni la justification officielle des mouvements vers la frontière nord-ouest de l'Inde dans un mémoire qu'il rédigea en 1873. La politique d'expansion coloniale trouva un adhérent convaincu en la personne de lord Carnarvon, qui avait accepté le portefeuille des colonies lorsque le ministère Beaconsfield fut constitué, en 1874. Ce secrétaire d'Etat colonial, qui ne cherchait qu'une occasion de contribuer pour sa part à la politique d'expansion, trouvait le champ ouvert devant lui excessivement étroit. Il n'y avait rien à faire au Canada, qui avait accepté, avec un succès apparent, le principe de la confédération depuis environ six ans. Les perspectives d'expansion en Australie étaient bornées, d'une part, par les prétentions des autres puissances européennes dans cette région, et, d'autre part, par la brusque et complète indépendance que s'étaient donnés les législateurs et les ministres coloniaux. Un seul champ lui restait ouvert : c'était l'Afrique du Sud.

L'idée d'expansion était pourtant inséparable d'une autre idée résultant de l'expérience antérieure de lord

Carnarvon dans les affaires coloniales. C'était sous sa précédente administration que les colonies de l'Amérique du Nord avaient adopté, sur leur propre demande, une forme fédérative de Gouvernement. La tentative avait réussi avec assez d'éclat pour donner d'assez belles perspectives à l'idée de fédération. Ce qui avait si bien réussi au Canada — où, il est vrai, l'application du système n'était que la conséquence logique de conditions préexistantes — pouvait réussir dans l'Afrique du Sud. On peut donc facilement imaginer que cette idée se soit emparée de l'esprit du Ministre des Colonies aussi impérieusement qu'une inspiration. Les premières mesures ne se firent pas attendre. On se pressa même tant, que l'on commença par commettre une grosse faute. Quelques années auparavant, alors que les libéraux étaient au pouvoir, la colonie du Cap avait accepté une forme de Constitution populaire aux lieu et place des institutions représentatives qui avaient été mises en vigueur, sous sir George Grey, en 1854. Il a pu venir à l'idée d'un Ministre à Londres que dans une colonie qui jouissait depuis si peu de temps d'une complète liberté constitutionnelle, le Ministère et le Parlement ne se montreraient pas trop stricts sur le chapitre de leurs droits constitutionnels. En tout cas, quels que soient les causes et les motifs qui aient déterminé cette mesure, un Commissaire Impérial, en la personne de feu le professeur Troude, fut envoyé dans l'Afrique du Sud, en 1875, avec la mission de soumettre aux Gouvernements et aux Législatures des deux colonies anglaises un plan de fédération de l'Afrique du Sud.

L'envoi de ce Commissaire Impérial ne fut pas la seule mesure que prit lord Carnarvon pour assurer le succès de ses projets. La même année, il prit prétexte d'un récent soulèvement d'indigènes, à Natal, pour modifier la Constitution de la colonie dans un sens favorable aux changements projetés. Lord Wolseley, qu'il vaudrait peut-être mieux appeler par le nom sous lequel il était alors connu, était, vers la même époque, envoyé en mission spéciale à Natal, escorté d'un état-major d'officiers dont les mérites n'ont jamais été contestés. Le but de cette mission était double. La Constitution de Natal devait être modifiée; l'état de l'opinion dans les deux Républiques — l'Etat Libre et le Transvaal — devait être vérifié. Depuis 1856, Natal avait joui d'une Constitution qui, bien que n'impliquant guère plus que les « institutions représentatives », était assez libérale. Le travail législatif de la colonie était confié à un Conseil de vingt membres dont cinq étaient des fonctionnaires relevant du Gouverneur de la colonie, tandis que les quinze autres étaient librement élus par la population européenne. Les colons avaient ainsi le pouvoir, dont ils usaient assez souvent, de rejeter des mesures proposées par le Gouvernement. Pour obvier au danger de voir repousser son projet de fédération, sir Garnet Wolseley était chargé de persuader au Conseil législatif de Natal de se laisser adjoindre huit nouveaux membres, non élus, nommés par le Gouverneur en fonction. On comprendra aisément que si, dans une Législature de vingt-huit membres, le Gouverneur peut compter sur les voix de cinq fonctionnaires et de huit membres nommés par lui, les chances d'obtenir la majorité pour les propositions du Gouvernement sont considérablement augmentées. Sans grande difficulté, et peut-être aussi grâce à une pression savamment exercée sur chaque membre individuellement, la Législature de Natal se laissa persuader et accepta ce changement. Pendant ce temps, les principaux officiers de l'état-major de sir Garnet Wolseley avaient visité les capitales de l'Etat Libre et du Transvaal dans le but de se rendre compte, si possible, de l'état de l'opinion dans ces deux Etats, au sujet du grand projet de Confédération. Pour le Transvaal, le résultat de l'enquête fut, dit-on, favorable. Il n'en fut pas de même pour l'Etat Libre.

Le projet de lord Carnarvon rencontra cependant une opposition imprévue à Cape-Town. Le chef du Ministère alors au pouvoir à Cape-Town était M. (plus tard sir John) Molteno, qui, très indépendant de caractère, avait, en outre, l'habitude de tenir grand compte de l'opinion de M. Saul Salomon, un homme d'un talent exceptionnel et d'un caractère énergique, dont l'influence au Parlement du Cap éclipsait presque celle du Premier Ministre lui-même. La dépêche de lord Carnarvon, arrivant en même temps que la nomination non sollicitée d'un Commissaire Impérial, fut considérée par M. Molteno et ses partisans comme une atteinte à l'indépendance constitutionnelle de la colonie. Ils firent valoir que si des propositions de confédération devaient être faites, elles devaient émaner, tout au moins pour ce qui concernait la colonie du Cap, de l'initiative du Ministère capois. Se plaçant sur ce terrain, qui, il faut en convenir, était assez solide, le ministère Molteno refusa de prendre la question en considération et affecta d'ignorer officiellement le Commissaire Impérial qui, après une tournée à Natal et dans l'Etat Libre, quitta l'Afrique du Sud sans avoir fait faire un pas à la cause dont il s'était fait l'apôtre.

N'étant pas parvenu à obtenir la coopération du Ministère du Cap, facteur évidemment puissant et important dans cette affaire, lord Carnarvon essaya de s'en passer. Les différents Gouvernements de l'Afrique du Sud furent invités, en 1876, à envoyer des délégués à une conférence qui devait avoir lieu à Londres, pour discuter le projet de confédération. Comme il était à prévoir, après ce qui s'était passé en 1875, le Ministère du Cap déclina l'invitation, qui fut également refusée par les Gouvernements des deux Républiques. Natal seul répondit à l'invitation et nomma un délégué fonctionnaire en la personne de sir Theophilus Shepstone et deux délégués non fonctionnaires, dont l'un est maintenant Premier Ministre de la colonie. La conférence qui se réunit au Colonial Office fut une vraie comédie. On tint à l'écart les deux délégués non officiels de Natal et les délibérations eurent lieu entre lord Carnarvon, sir Garnet Wolseley et sir Theophilus Shepstone.

La Conférence eut cependant une importance, en ce sens qu'elle fut le prélude immédiat de l'annexion du Transvaal. Si lord Carnarvon avait obtenu l'appui et la coopération du Gouvernement du Cap, il est fort possible que cette mesure n'eût pas été décidée. Mais, dans les conditions où l'on se trouvait, il était évident, pour tous ceux qui étaient officiellement mêlés à l'affaire, que la politique de confédération marchait à un échec certain si l'on n'avisait pour empêcher la catastrophe. C'est vers cette époque que la nomination de sir Bartle Frere à la double fonction de gouverneur du Cap de Bonne-Espérance et de Haut Commissaire pour l'Afrique du Sud, avec des pouvoirs beaucoup plus étendus que ceux d'aucun de ses prédécesseurs, commença à être mise en avant, et c'est également vers le même temps que sir Theophilus Shepstone, quittant brusquement l'Angleterre, fut envoyé en mission spéciale au Transvaal, et son arrivée à Prétoria coïncida avec une concentration de troupes de Pietermaritzburg à la frontière du Transvaal.

En prenant tous ces faits en considération, il semble difficile de croire que le déploiement du drapeau britannique à Pretoria, le 12 avril 1877, n'avait pas une relation directe avec l'arrivée de sir Bartle Frere à Cape-Town, le 31 du mois précédent. Sir Bartle Frere n'était pas un homme qui avait l'habitude de laisser pousser l'herbe sous ses pieds. En fait, il n'était pas depuis quinze jours à Cape-Town qu'il s'était déjà rendu compte des affaires municipales et même des affaires personnelles de ses habitants, ce qui ne laissa pas que de causer un certain étonnement et donna lieu à quelques plaisanteries. D'autre part, il n'est pas douteux que l'annexion du Transvaal, tout inattendue qu'elle fût, a été accueillie avec satisfaction par la grande majorité des habitants anglais de l'Afrique du Sud, d'autant plus qu'on l'avait présentée comme ayant été effectuée avec l'assentiment de la majorité des habitants européens de l'Etat. Pour presque tout le monde, il était impossible qu'il en fût autrement. Ceux qui savaient le contraire et qui déploraient cette violation d'une indépendance solennellement garantie un quart de siècle auparavant, c'est-à-dire la population hollandaise de toute l'Afrique australe, n'avaient aucun moyen de faire connaître leurs sentiments. Même dans les endroits où ils étaient représentés par des journaux publiés en hollandais, ces journaux n'étaient presque pas lus par les Anglais. Il est certain enfin que l'annexion a été, dans une large mesure, facilitée par l'impopularité du président du Transvaal, M. Thomas François Burghers, homme d'une haute culture et d'une grande intelligence, mais qui avait réussi à se rendre hostile la presque totalité des fermiers du Transvaal. Il est également vrai que les finances du pays n'étaient pas dans une situation satisfaisante; elles n'étaient pourtant pas dans un état aussi désespéré qu'on l'a cru généralement et auraient été beaucoup plus florissantes sans la pression exercée à dessein par certaines institutions financières.

Donc, l'annexion était approuvée par la grande majorité des Anglais habitant l'Afrique du Sud, et aucune autre partie de la population n'avait les mêmes facilités qu'eux pour faire mieux connaître leur opinion. Cette mesure leur semblait la réalisation, dans des conditions parfaites, d'un événement heureux, d'autant mieux exécuté qu'il était approuvé par ceux qui étaient le plus directement affectés par le changement. Néanmoins, l'explication officielle envisagea les faits d'une tout autre façon, ainsi qu'on ne tarda pas à s'en apercevoir lorsque l'on put étudier les dépêches officielles dans les Livres Bleus. On se rendit compte alors que toute l'idée de confédération était officiellement basée, de bonne foi ou non, sur la crainte des indigènes. La doctrine était que, si les populations européennes de l'Afrique australe n'étaient pas unies par un gouvernement fédératif quelconque, elles étaient menacées d'anéantissement par un soulèvement général et combiné des indigènes. Il n'est pas admissible un seul instant qu'un seul habitant de l'Afrique du Sud ait pu partager cette crainte. Que cette conviction ait été sincèrement entretenue dans les milieux officiels en Angleterre ou qu'elle ait été seulement officiellement acceptée dans un but déterminé, on ne le saura probablement jamais. Mais ceux qui connaissaient le pays, qu'ils fussent Anglais ou Hollandais d'origine, n'ont jamais eu aucune crainte de cette sorte, ainsi qu'on le verra par la suite, tant que l'alarme n'a pas été créée par la persistance des fonctionnaires à signaler le danger.

L'étude de la condition et de l'histoire des races indigènes de l'Afrique Australe contribuera à démontrer que les opinions alarmistes des régions officielles étaient sans cause. Pour commencer, la concentration des indigènes dans un soulèvement contre les Européens, la marotte favorite du Gouvernement, était une impossibilité. La population européenne, ainsi qu'on l'a souvent signalé, vivait très dispersée, il est vrai, car l'Afrique Australe est grande et la population européenne est peu nombreuse; mais si les Européens sont dispersés, les indigènes le sont aussi, et ils sont, en outre, divisés par des différences de races et par de vieilles haines plus difficiles à vaincre que des distances géographiques. Des Zoulous ne feront jamais cause commune avec des Swazies, et ni Swazies ni Zoulous ne peuvent s'unir à des Basutos. De même, ni les Pondos ni les Fingoes ne feront jamais alliance avec les tribus établies sur la frontière orientale de la colonie du Cap. La même chose est vraie des tribus indigènes des pays situés au Nord et au Nord-Est du Transvaal. Elles sont séparées, par d'immenses distances, des indigènes établis plus près de la côte et n'ont presque rien de commun entre elles. De plus, il n'y a pas une seule race indigène de quelque importance dans l'Afrique Australe qui n'ait été vaincue bien des années avant que lord Carnarvon ne se soit entiché de cette idée de confédération, et vaincue avec des armes bien inférieures à celles dont on se sert maintenant. La branche des Zoulous, commandée par

Mosilikatze, a été défaite, soumise et repoussée vers le Nord, dans les premiers temps de la fondation du Transvaal. Les Basutos, qui sont, sous bien des rapports, les plus redoutables des guerriers indigènes, ont été complètement battus par les *burghers* de l'Etat Libre, en 1869. Les Pondos étaient connus comme un paisible peuple de pasteurs depuis près d'un demi-siècle. Lorsque, ces dernières années, des difficultés ont surgi avec les tribus indigènes, ce n'a pas été par le fait d'invasions, mais parce qu'il est devenu nécessaire de les éloigner pour les mettre dans l'impossibilité de se livrer à des actes de maraudage contre des habitations isolées. Telle a été la cause de presque toutes les guerres africaines contre les indigènes et peut-être surtout dans le Transvaal. Les apologistes de l'annexion du Transvaal se sont prévalus de l'échec de l'armée des burghers du Transvaal, en 1876, contre Sekukini. Mais ce que n'ont pu faire les burghers, une expédition anglaise n'a pu le faire également, un an ou deux après. Elle n'a pu déloger Sekukini de ses positions dans les montagnes escarpées du Nord-Est du Transvaal. Malgré cet échec, la République n'était pas plus en danger du fait de Sekukini que du fait de Mapoch qui, jusqu'en 1883, a occupé des défilés montagneux à 150 milles seulement de Pretoria. Enfin, les opérations qui ont été entreprises contre les tribus indigènes sur la frontière orientale du Cap, en 1877 et en 1878, ont eu pour but, non pas de chasser ces indigènes hors du territoire de la colonie, mais de les éloigner d'un pays difficile où ils s'étaient réfugiés.

Le cas des Zoulous, dont la puissance a été si souvent mise en avant comme une justification de l'annexion du Transvaal, demande peut-être une attention particulière. On a prétendu et on l'a si souvent répété que c'est presque devenu un axiome, que, sans l'annexion du Transvaal par le Gouvernement britannique, ce pays aurait été envahi et dévasté par les Zoulous. Cette théorie ne soutient pas un seul instant le raisonnement et aucune personne, connaissant réellement l'Afrique Australe, ne l'a jamais prise au sérieux.

L'écrasement de la puissance des Zoulous par les premiers émigrants en 1838, à la bataille historique de Bloed River est de l'histoire ancienne. L'une des conséquences de cette bataille fut le détrônement, puis l'assassinat du chef zoulou Dingaan ; la seconde fut l'installation, par les fermiers du Transvaal vainqueurs, de Panda comme successeur de Dingaan. Pendant les trente-cinq années du règne de Panda, de 1838 à 1873, les Zoulous et les burghers de la République de l'Afrique du Sud vécurent en assez bons termes et il ne peut y avoir le moindre doute que si les Zoulous, qui avaient conservé leur organisation militaire, avaient tenté d'envahir le Transvaal, ils auraient subi le sort des armées de Dingaan en 1838.

Il est nécessaire que ceci soit bien compris parce que l'on a surtout cherché à justifier l'annexion du Transvaal et la guerre contre les Zoulous, qui en fut la suite, en prétendant que la puissance des Zoulous était une menace pour la suprématie des Européens dans l'Afrique du Sud et surtout dans le Transvaal.

Il peut être concédé qu'il pouvait y avoir quelque danger à tolérer le maintien de l'organisation militaire du Zoulouland, où les souvenirs des anciennes conquêtes des Zoulous, conquêtes généralement suivies de l'extermination des vaincus, étaient jalousement entretenus.

Les Zoulous, cependant, connaissaient parfaitement les limites de leur puissance, particulièrement par rapport aux colons hollandais qui avaient vaincu Mosilikatze et Dingaan, et ils se doutaient évidemment aussi que le Gouvernement de faible apparence établi à Natal n'était qu'une émanation d'une grande puissance d'au delà des mers. En outre, il est à peu près certain que Cetywayo, bien qu'on lui ait attribué un caractère sanguinaire, était animé de sentiments aussi pacifiques que son père Panda. La requête même qui a été si souvent citée comme une preuve de sa férocité, est, au contraire, un témoignage du contraire. Il avait demandé l'autorisation pour ses soldats de « laver leurs lances » dans le sang de leurs ennemis héréditaires les Swazies. Le fait qu'il en avait demandé la permission, qu'il n'a pas agi, comme il eût pu facilement le faire, sans cette permission quand elle lui fut refusée, et qu'il avait restreint sa demande à une tribu voisine, était très significatif. Le motif de la requête, à la bien considérer, l'était encore plus. D'après la tradition des Zoulous, un homme ne pouvait pas se marier tant qu'il n'avait pas fait ses preuves comme guerrier, et Cetywayo, dont le désir était de voir son peuple vivre en paix, voulait saisir cette occasion de faire une petite guerre. Sa demande, envisagée au point de vue de la civilisation, était inadmissible. En y accédant, même avec la garantie que les Swazies seuls auraient à souffrir, on risquait de compromettre sérieusement la paix dans l'Afrique Australe. Néanmoins, toutes les circonstances tendent à établir qu'il n'y aurait aucunement à craindre pour les Européens de la part des Zoulous. Lorsque leur propre territoire fut envahi, ce fut une autre affaire.

Ceux qui furent responsables de la politique d'avant-garde que représentait sir Bartle Frere et qui trouva son expression la plus éclatante dans l'annexion du Transvaal, étaient-ils sincères dans leur prétendue croyance en l'existence d'un péril pour la civilisation européenne par le fait d'un soulèvement en masse des races indigènes? C'est là une question à laquelle il est difficile de répondre. Mais on peut dire tout au moins que l'existence de ce danger était devenue une croyance si populaire en Angleterre que les gouvernants ont très bien pu y ajouter foi, d'autant plus qu'ils l'avaient eux-mêmes considérablement exagérée au début. L'homme qui croit qu'il est pourchassé par des revenants finit par voir des revenants là où il n'y en a pas. Mais que cette conviction ait été sincère ou non, la situation reste la même. Le Transvaal a été annexé au mépris d'une politique établie qui avait été favorablement expérimentée pendant un quart de siècle; il a été annexé en vertu d'un plan préconçu d'expansion impériale; il a été annexé, il y a tout lieu de le croire, parce que des moyens plus modérés d'exécuter ce plan avaient échoué; il a été annexé, ainsi qu'il a été depuis ouvertement avoué, contrairement aux vœux de la grande majorité de ses habitants et il a été annexé sous un prétexte qui n'était pas sincère et qui était en contradiction avec la vérité de la situation.

C'est cet acte de l'annexion du Transvaal — acte qui a eu des conséquences si fatales — qui domine toute l'histoire de l'Afrique du Sud depuis vingt ans. Directement ou indirectement, il a été la cause de tous les troubles, de tous les malaises qui l'ont suivi; car il a provoqué un antagonisme entre les deux races européennes dominantes, antagonisme qui se manifeste aussi bien dans les fumoirs des paquebots de la ligne du Cap que dans les recoins les plus éloignés de la grande terre sud-africaine. Il a ravivé des animosités qui s'éteignaient, et redonné à de vieilles histoires d'oppression une redoutable actualité. Les résidents et les colons anglais de l'Afrique du Sud n'ont pu se rendre compte de tout cela sur le moment. La nouveauté même et aussi l'importance de l'acte les surprit, les désempara et les empêcha de rechercher, comme ils l'eussent peut-être fait en d'autres circonstances, si la majorité de la population du Transvaal était réellement consentante. En outre, l'amour inné de l'action, la perspective d'une impulsion au commerce, la grande réputation du nouveau représentant de l'Empire britannique dans l'Afrique du Sud, tout cela réuni avait contribué à aveugler la majorité. On ne comprit pas toute la signification de ce qui venait d'être fait et on accepta le fait accompli comme l'aurore d'une nouvelle ère de prospérité et de progrès. Quelques personnalités seulement, ayant une grande expérience des hommes et des choses du pays, virent le mal dès le début et ne cessèrent de protester. Il y en eut d'autres aussi qui virent le mal, mais qui y trouvèrent l'occasion de fructueuses spéculations de terrains.

Il est cependant une chose qu'il faut dire : l'annexion aurait pu réussir, aurait pu, tout au moins, n'être pas un échec aussi complet, si elle avait été accompagnée par des mesures qui auraient démontré que l'on s'intéressait réellement à la prospérité du pays. La réunion à l'Empire Britannique d'un territoire dont la superficie est à peu près égale à celle du Royaume de Prusse aurait dû, on pouvait au moins le croire, exciter quelque enthousiasme parmi les partisans du Ministère anglais, aussi conservateur qu'entreprenant. On aurait pu croire également qu'un peuple qui, disait-on, avait manifesté sa préférence pour la domination britannique, aurait mérité de recevoir un encouragement quelconque. Malheureusement, la parcimonie traditionnelle du Trésor intervint pour calmer l'ardeur du Colonial Office. On ne prit aucune disposition financière pour pourvoir à l'administration de la nouvelle province, encore moins pour exécuter quelqu'un de ces travaux publics que l'on considère généralement comme caractéristiques de l'avènement de la domination anglaise. Il a été dit, et cela n'a jamais été nié, que les premières dépenses de l'Administration ont été payées au moyen d'un emprunt personnellement contracté par le fonctionnaire qui, aussitôt après avoir arboré le drapeau britannique, exhiba sa commission d'administrateur. Il ne fallait pas songer à des taxes ; la rentrée même des impôts établis par le Gouvernement républicain fut judicieusement suspendue. Après des délais considérables, et sous l'empire d'une nécessité urgente, le Chancelier de l'Echiquier finit par demander à la Chambre des Communes de sanctionner un emprunt de £ 100.000, sur lequel on préleva les sommes nécessaires pour rembourser les dépenses déjà faites, et qui servit aux besoins immédiats. Et pendant ce temps, la même méfiance du peuple, la même certitude secrète de son opposition à l'annexion, qui s'opposaient à la levée des impôts, empêchaient également l'institution d'un Gouvernement représentatif. Il a été déclaré par ceux qui ont intérêt à soutenir la réputation et l'œuvre de sir Theophilus Shepstone que s'il avait été convenablement appuyé, sa connaissance du caractère et de la langue des Hollandais lui aurait permis de se concilier la majorité de la population hollandaise et d'établir un Gouvernement durable, basé sur une représentation du peuple. En réalité, l'Administrateur qui représentait le Gouvernement britannique dans son nouveau territoire ne reçut aucune aide. Bien mieux, il y a tout lieu de croire que ses efforts ont été contrecarrés par des jalousies officielles venant d'au delà du Transvaal. On n'a aucun moyen de savoir quelles auraient pu être ses capacités administratives ; il avait fait toute sa carrière, à Natal, à s'occuper des relations avec les tribus indigènes de la colonie et des environs, et il ne s'ensuit pas que les succès qu'il y avait obtenus l'eussent rendu apte à administrer une communauté européenne. Mais il ne peut être contesté qu'il n'a guère été secondé, du moins par les sous-ordres de l'Administration.

Mais la population hollandaise du Transvaal ne restait pas inactive. L'annexion l'avait surprise, et ses vrais sentiments ne tardèrent pas à éclater. Pendant les quelques mois qui précédèrent l'annexion, alors que sir Theophilus Shepstone se trouvait à Pretoria en qualité de délégué amiable du Gouvernement britannique, le peuple ne s'occupait guère, comme à l'ordinaire, que de ses travaux agricoles et ne s'était pas inquiété de ce qui se passait à la capitale. Il est, en outre, fort probable qu'il se désintéresait d'autant plus des affaires politiques que le président Burghers était très impopulaire et qu'il était tenu en suspicion aussi bien à cause de ses idées religieuses avancées que de ses expériences financières. Cependant lorsque l'on comprit que, par un procédé qui semblait à peine compréhensible, la République avait passé sous la domination anglaise, il n'y eut aucune hésitation sur ce qu'il y avait à faire. Si le Volksraad avait pu se réunir à la date fixée par la Constitution, le premier lundi de mai, il aurait manifesté énergiquement son opinion sur la situation et il aurait protesté en termes indignés contre l'abus qui avait été commis. Mais, par le fait de l'annexion, le Volksraad ne se réunit pas, soit à cause du désarroi général, soit parce que l'on jugea préférable de ne pas le convoquer. Les *burghers*, agissant d'après les conseils de M. Krüger, qui était membre de l'Exécutif au moment de l'annexion, prirent le parti de considérer que l'annexion avait été le résultat d'une erreur et que cette mesure serait rapportée aussitôt que le Gouvernement anglais aurait l'assurance que la majorité des *burghers* la désapprouvaient. Un mémoire dans ce sens fut préparé et fut signé, dans un délai relativement court, par plus de six mille *burghers*. Il fut confié à M. Krüger et au Dr Jorissen, le conseil légal du gouvernement républicain : M. Krüger se mettait ainsi pour la première fois en avant comme champion de l'indépendance du Transvaal. En attendant, tandis qu'il se rendait en Angleterre, les *burghers* se recueillaient, laissant le Gouvernement de Prétoria se débrouiller tout seul, et nullement inquiétés par lui, du reste. Mais ils avaient pris leur résolution : s'il devenait en fin de compte nécessaire de prendre les armes, ils étaient déterminés à marcher, après toutefois avoir épuisé toutes les chances d'arriver à une solution par la voie des protestations et des négociations, pour éviter l'effusion du sang.

Les délégués des *burghers* du Transvaal n'eurent personnellement pas à se plaindre de la réception qui leur fut faite en Angleterre. Ils furent traités en civilisés et même plus, mais en même temps on leur opposa un refus formel de revenir sur l'acte qui avait mis fin à l'indépendance du Transvaal. Quelque maigre qu'eût été l'enthousiasme du ministère Beaconsfield en faveur des intérêts matériels du pays et du peuple dont il avait supprimé la liberté, il lui était impossible d'examiner, sans se déconsidérer, toute proposition ayant pour but de revenir sur l'annexion. Ce qui avait été fait ne pouvait être défait. Il parut, à ceux auprès desquels les délégués du Transvaal plaidèrent leur cause, que le maximum possible de concessions était de garder une attitude ferme, et que dès que les *burghers* du Transvaal se seraient rendus compte que l'annexion était définitive, ils s'arrangeraient pour profiter des bienfaits de la domination anglaise. Il semble également probable qu'un rapport officiel avait été reçu au Colonial Office tendant à établir que la protestation n'était que de pure forme et qu'elle n'avait été préparée que dans le but de sauvegarder le prestige des quelques hommes influents qui l'avaient provoquée. Les délégués revinrent mécontents auprès de leurs mandants et leur retour mit fin au premier chapitre de l'histoire politique de l'Afrique du Sud en ces vingt dernières années.

CHAPITRE II

COMMENT LES TROUBLES ONT COMMENCÉ

Il n'est pas inutile, avant de commencer le récit des événements qui ont suivi l'annexion du Transvaal, de jeter un coup d'œil sur la situation financière et industrielle de l'Afrique du Sud au moment où sir Bartle Frere a assumé les fonctions de Haut Commissaire.

Quelques années avant l'invention de la politique confédérative que sir Bartle Frere fut chargé d'appliquer, l'Afrique du Sud avait reçu une vigoureuse impulsion industrielle du fait de la découverte des diamants à Kimberley. L'histoire de cette découverte n'a pas besoin d'être racontée ici, et il est également inutile d'insister sur le conflit avec l'État libre d'Orange, qui finit par laisser les mines de diamant en territoire anglais, moyennant une redevance de £ 90.000, qui lui fut payée à titre de compensation. Jusqu'à cette découverte, la vie industrielle dans l'Afrique australe se réduisait à presque rien. Le pays était si peu prisé du monde extérieur que l'on estimait suffisant un service mensuel de paquebots de 500 tonnes, lesquels mettaient six semaines à faire la traversée de l'Angleterre à Cape-Town. Quant aux chemins de fer, autant dire qu'il n'y en avait pas. Cape-Town était réunie au faubourg de Wynberg par une ligne de 8 milles environ, et à la ville hollandaise de Wellington par une autre ligne d'à peu près 50 milles. En dehors de ces deux lignes, il n'y avait pas un seul mille de chemin de fer dans toute l'Afrique du Sud, à l'exception d'une toute petite ligne de 5 milles à peu près à Natal. On voyageait en wagon ou en malle-poste; le premier moyen de transport étant fort lent et le second très souvent périlleux. Sur les petites distances, par-ci par-là, on trouvait des omnibus ou des diligences, mais on évitait plus qu'on ne recherchait ces voitures, tellement elles étaient peu confortables. L'idée même de construire des lignes de chemin de fer allant dans l'intérieur avait à peine été soulevée et il était presque unanimement admis que ces lignes, si elles étaient construites, ne parviendraient pas à avoir un trafic suffisant pour payer leurs frais d'exploitation.

La découverte des mines de diamant donna au pays une vigueur nouvelle. C'est devenu un proverbe que la découverte des mines de Kimberley ont sauvé l'Afrique Australe de la faillite. Que cela soit vrai ou non, il est certain que cette découverte a infusé une vie et une vigueur nouvelles dans une population qui se trouvait heureuse dans sa léthargie et on peut tenir pour sûr que c'est la fortune entrevue qui donna aux politiciens du Cap le courage d'assumer l'entière responsabilité du Gouvernement de la colonie. Kimberley et ses diamants miroitaient aux yeux des colons du Cap et de Natal comme une vision éblouissante, qui ne tarda à devenir une consolante réalité, lorsqu'ils virent fondre cette nuée d'aventuriers qui venaient y tenter fortune et lorsqu'ils constatèrent la rapide augmentation des importations coloniales.

L'absence des communications télégraphiques était aussi remarquable que celle des chemins de fer. En 1874, la colonie du Cap n'était même pas reliée télégraphiquement à Natal; la prolongation du fil de Cape-Town à Kimberley fut un événement. A Natal il n'y avait qu'une ligne allant de Durban à Pietermaritzburg, ligne qui était sans cesse rompue et qui transmettait les dépêches à un prix fou. Les moyens de transmission des nouvelles étaient si défectueux que, jusqu'en 1877, il n'était pas rare que les dernières nouvelles d'Europe fussent connues à Natal par la voie de Kimberley, où elles auraient été télégraphiées de Cape-Town et d'où elles étaient ensuite transmises à Natal, par l'Etat Libre, au moyen de la malle-poste. Ce qui achève de caractériser du reste la situation à ce point de vue, c'est qu'il était alors interdit, aussi bien au Cap qu'à Natal, d'expédier un message télégraphique autrement qu'en anglais.

La découverte des mines de diamant de Kimberley et l'impulsion qu'elle donna, aussi bien au commerce qu'aux voyages, avaient lancé les colonies anglaises de l'Afrique du Sud dans la voie des emprunts et des constructions de chemins de fer, tandis qu'en même temps des mesures étaient prises pour améliorer les moyens de communication avec l'Europe. En ce qui concerne le service postal par mer, le *Balmoral Castle*, qui avait, à son premier voyage, amené le nouveau Haut Commissaire à Cape-Town, fut le premier paquebot de la nouvelle flotte mise en construction pour assurer, de concert avec les navires de la Compagnie déjà chargée du service postal, un service hebdomadaire avec l'Angleterre. Le Gouvernement du Cap, délivré des lisières du contrôle de Downing street, avait hardiment lancé sur le marché un emprunt de quatre millions, destiné à la construction de chemins de fer. Quelques-unes de ces lignes, qui toutes aspiraient à s'approprier le nouveau commerce qui avait surgi à Kimberley, étaient déjà commencées en 1877, et d'autres étaient sur le point de l'être. A Natal, qui comptait bien aussi avoir sa part du commerce de Kimberley, la construction des voies ferrées avait également commencé sur une plus petite échelle et l'on s'attacha d'abord à relier le port à la capitale. On voit donc que l'arrivée, dans l'Afrique du Sud, du représentant de la nouvelle politique « en avant » coïncidait avec une expansion considérable de l'industrie et des entreprises de toute sorte dans cette contrée et il n'y a pas le moindre doute que, dans tout le pays et particulièrement parmi l'élément anglais de la population, on était bien disposé en faveur de tout ce qui pouvait paraître lié à cet épanouissement de prospérité. Quant aux pensées secrètes que pouvait recéler la haute politique officielle, très peu se souciaient même de s'y arrêter. On ne voyait que la prospérité croissante; on ne songeait qu'à l'augmentation de la circulation monétaire et à l'affermissement du crédit qui devaient en résulter et l'on trouvait que c'était suffisant.

Mais, au bout de très peu de mois, des rumeurs inquiétantes arrivèrent de différentes directions. On apprenait, par exemple, que sir Bartle Frere n'était nullement d'accord avec les Ministres responsables de la direction des affaires de la colonie du Cap. Il faut reconnaître que l'impression générale était que, pour ne pouvoir s'entendre avec un personnage aussi éminent que sir Bartle Frere, les Ministres devaient avoir tort. La vérité était pourtant que le ministère Molteno, toujours inspiré par M. Saul Salomon, se refusait à faire quoi que ce fût pour encourager la politique de confédération que le Haut Commissaire avait mission d'appliquer et à prendre aucune part à une mesure quelconque pouvant favoriser cette politique. Le conflit devint plus éclatant lorsque, dans les derniers mois de 1877, des troubles éclatèrent parmi les indigènes sur la frontière orientale de la colonie du Cap. On n'a jamais su exactement quelle avait été l'origine de ces troubles; mais il ne paraît pas déraisonnable de supposer que, du moment où la possibilité d'une concentration des tribus indigènes contre les Européens avait été admise, l'on exagérât considérablement la moindre agitation parmi ces tribus. Les troubles se manifestèrent d'abord chez les Gcalekas, qui, sous leur vieux chef Kreli, occupaient une partie du territoire situé à l'Est de la rivière Kei, au delà des frontières d'alors de la colonie. Ce ne fut d'abord qu'une simple affaire de police et le calme parut rétabli en quelques semaines. Mais on avait à peine eu le temps de se réjouir de cet apaisement que de nouveaux troubles éclatèrent, auxquels cette fois prirent part les Gaikas, établis en deça des frontières de la colonie du Cap. La situation des régions frontières de la colonie devenait ainsi assez grave, quoiqu'il soit encore ici nécessaire de faire remarquer que l'attaque de la part des indigènes, qui avait marqué les précédentes guerres indigènes, faisait ici complètement défaut.

Le problème que les autorités civiles et militaires avaient à résoudre ne consistait pas à chasser les indigènes de territoires occupés par les colons, mais bien à les chasser des repaires où ils s'étaient réfugiés. Les forces impériales et coloniales combinées y parvinrent, du moins dans la colonie elle-même. A l'Est de la rivière Kei, qui limitait alors le territoire du Cap dans la direction de Natal, le Gouvernement dut se contenter d'un succès partiel et ne réussit jamais à mettre la main sur le chef Kreli, qui était considéré comme l'âme du soulèvement.

Pendant ce temps, d'autres événements étaient survenus dont l'intérêt était tout autre que les succès divers des opérations contre les tribus insurgées. Les sentiments d'antagonisme entre sir Bartle Frere et les Ministres, qui avaient éclaté dès l'arrivée du Haut Commissaire à Cape-Town, étaient devenus de plus en plus violents, tandis que se poursuivaient ces opérations sur la frontière. Une grave question constitutionnelle se posa au sujet du contrôle suprême à exercer sur les troupes en campagne. Ce droit de haut contrôle était réclamé, avec quelque apparence de raison, par les autorités militaires impériales qui faisaient valoir que, étant responsables du maintien de l'ordre, la direction des opérations militaires devait leur appartenir. Si les autorités impériales et le Ministère colonial avaient été d'accord sur d'autres questions, cette difficulté aurait certainement pu s'arranger à l'amiable. Mais l'antagonisme complet entre les autorités impériales, ayant à leur tête le Haut Commissaire et le Ministère colonial, dans la question qui constituait le problème vital du moment — la confédération — donna au conflit concernant la question militaire une acuité qui menaça de provoquer un effondrement complet. Les autorités militaires ne faisaient aucun mystère du mépris qu'elles professaient pour le Ministère colonial, dont les membres, de leur côté, ne cachaient pas leur opposition aux prétentions des autorités militaires. En tout ceci, il n'est pas douteux que M. Molteno et ses collègues agissaient en vertu de leur opinion bien arrêtée, depuis le début, au sujet de la question de confédération et avec la parfaite conviction que sir Bartle Frere était absolument déterminé à atteindre son but malgré eux s'il ne pouvait y arriver avec eux. Il est permis de croire néanmoins que si le Ministère colonial était parfaitement dans son droit en adoptant une attitude conforme à ses convictions, il n'a pas défendu ces convictions avec la courtoisie et la prudence qui sont l'apanage des forts. Le premier ministre, M. Molteno, n'était pas précisément un travailleur, et ce défaut, il le partageait avec plus d'un de ses collègues, si bien que la plus grande part de responsabilité et aussi la mission presque exclusive de faire connaître et de défendre les opinions du Ministère étaient laissées à son plus jeune membre, M. John-Xavier Merriman, ministre des Terres de la Couronne et des Travaux publics. L'honnêteté et l'énergie de M. Merriman ne faisaient aucun doute, mais on ne pouvait en dire autant de sa modestie et de sa prudence et il est certain que c'est en grande partie à cause des défauts de caractère de M. Merriman que l'antagonisme entre sir Bartle Frere et les Ministres, qui étaient ses principaux conseillers, en sa capacité de Gouverneur du Cap de Bonne-Espérance, a pris un aspect aussi aigu. Sir Bartle Frere n'était pourtant pas homme à se laisser jouer une fois que son parti était pris et dès le commencement de 1878, pour mettre fin à un conflit qui menaçait de compromettre la politique qu'il était chargé de mettre en pratique, il prit une mesure énergique, que d'aucuns trouvèrent même inconstitutionnelle : il congédia ses Ministres.

Il serait oiseux de nier que cette mesure fut approuvée par la très grande majorité de la population anglaise de l'Afrique du Sud et ce pour diverses raisons. En premier lieu, peut-être, sir Bartle Frere jouissait d'une si grande réputation que l'on ne pouvait se résoudre à croire qu'il se fût trompé. Ensuite, parmi un très grand nombre, parmi les commerçants anglais surtout, l'intérêt croissant que prenait le Gouvernement impérial aux affaires de l'Afrique du Sud était populaire. Question de patriotisme à part, on estimait que ce déploiement de sollicitude devait avoir pour résultat probable une grosse dépense d'argent métropolitain en préparatifs militaires et les intérêts coloniaux ne pouvaient que bénéficier de ces dépenses. En outre, le ministère Molteno était devenu impopulaire, non seulement dans la colonie du Cap, mais dans toute l'Afrique du Sud. On ne comprenait guère le principe constitutionnel sur lequel il s'appuyait et ceux-là mêmes qui le comprenaient l'estimaient plus théorique que pratique. Tel était l'état de l'opinion en dehors de la colonie du Cap. Dans cette colonie elle-même, le ministère Molteno avait à lutter contre une opposition très puissante. Toute la province orientale, qui comprenait Port-Elizabeth et d'autres villes commerçantes, lui était hostile, parce qu'elle le considérait comme représentant exclusivement Cape-Town et, bien que le Ministère se fût, quelques années auparavant, rallié l'appui des électeurs de la frontière en entreprenant la construction du chemin de fer allant de East-London à Queenstown, l'ardeur de ces électeurs avait été sérieusement refroidie par les troubles de la frontière, troubles dont ils avaient réclamé l'énergique répression, dût un principe constitutionnel en souffrir. Sir Bartle Frere avait sans doute assez exactement apprécié la manière dont son acte de vigueur serait jugé avant de se résoudre à congédier ses Ministres et, s'il eut des doutes à ce sujet, les Ministres congédiés se chargèrent de l'aider à justifier sa conduite. Au lieu de chercher à soulever le pays à propos d'une question dans laquelle ils avaient assurément en grande partie le droit pour eux, ils s'effondrèrent et laissèrent l'opinion publique rendre contre eux un jugement par défaut. Le résultat fut que, lorsque le Parlement du Cap s'assembla, une majorité importante de la Chambre approuva la conduite de sir Bartle Frere.

La formation d'un nouveau Ministère n'était pas une affaire bien difficile ; le choix du premier ministre, qui dépendait nécessairement de sir Bartle Frere, causa pourtant, au premier abord, quelque surprise : ce choix tomba sur sir Gordon Sprigg, qui n'était alors que M. Gordon Sprigg, un des représentants d'East-London au Parlement du Cap. Ce que l'on savait jusqu'alors de sir Gordon Sprigg n'autorisait guère à supposer qu'il pût être d'une bien grande aide à sir Bartle Frere pour l'exécution de son projet de confédération de l'Afrique du Sud. On savait qu'il était orateur facile, l'élève politique et le grand admirateur de M. Saul Salomon, le véritable inspirateur de l'opposition à la politique fédérative. Comme disciple de M. Saul Salomon, aussi bien que comme représentant d'une localité qui avait été nettement favorisée par la construction des chemins de fer sous le précédent Ministère, il ne paraissait pas probable que sir Gordon Sprigg pût devenir le complice après coup du renvoi de ce Ministère, ni qu'il pût devenir un artisan de la confédération. Mais il devint bientôt évident que sir Gordon Sprigg était non seulement disposé à accepter le pouvoir, mais encore qu'il était prêt à se convertir à la politique de la confédération Trois semaines après son arrivée au pouvoir, il proclamait sa conversion et le Haut Commissaire pouvait se vanter d'avoir fait, depuis l'annexion du

Transvaal, un pas de plus vers la réalisation de ses desseins.

Pendant que ces événements se passaient au Cap, on ne restait pas inactif ailleurs. Bien qu'il n'y eut pas à craindre d'invasion des Zoulous dans le Transvaal, certaines questions avaient été soulevées au sujet de la frontière du Zoulouland et du Transvaal qui nécessitaient un règlement. Sur certains points, les limites du Zoulouland étaient claires et précises, par exemple au Sud-Est, où les rivières Buffalo et Tugela formaient une ligne de démarcation bien nette depuis les monts Drakensburg jusqu'à la mer. Mais la frontière du Nord-Ouest était beaucoup moins bien définie et les burghers du Transvaal élevaient des prétentions sur certaines fermes que leur contestaient les Zoulous. Ce différend avait été étudié par sir Theophilus Shepstone, alors qu'il avait la direction des Affaires indigènes à Natal et on avait toujours prétendu — et les Zoulous le proclamaient — que son opinion leur était favorable. Le Gouvernement de Natal avait été appelé à connaître de cette question par suite du rôle qu'il avait joué au moment de la mort du vieux chef Panda, en 1873 : sir Theophilus Shepstone avait été envoyé dans le Zoulouland pour couronner Cetywayo comme successeur de Panda. Jusqu'à quel point Cetywayo avait réellement reconnu ce couronnement est matière à controverse, mais on peut aisément comprendre qu'il fut désireux de tirer tout le parti possible des dispositions que le Gouvernement de Natal avait manifestées en sa faveur contre le Transvaal. On s'était ému, à Natal, à la fin de 1877, d'un bruit d'après lequel les Zoulous avaient l'intention d'affirmer leurs droits sur le territoire contesté, en y construisant un grand *kraal* (camp) militaire; mais l'alarme n'avait pas duré et il est fort probable que la rumeur qui l'avait provoquée était considérablement exagérée. Ce qui, par contre, aurait pu donner lieu à de plus justes craintes, si les colons voisins de la frontière des Zoulous avaient été mieux informés, c'est le fait que, sur la foi de documents découverts, dit-on, à Pretoria, sir Theophilus Shepstone était revenu sur sa première opinion au sujet de cette question de frontières et était arrivé à la conclusion qu'il devait appuyer, non pas les prétentions des Zoulous, mais bien celles du Transvaal.

Il serait injuste, pour la mémoire d'un vieux serviteur longtemps respecté de la Couronne britannique, de supposer que, en modifiant ainsi sa conviction, sir Theophilus Shepstone s'est laissé influencer par des considérations douteuses. Mais il n'est néanmoins pas contestable que ce changement de front donna au problème zoulou une acuité qu'il n'avait pas jusque-là et contribua beaucoup à détruire la confiance qu'avaient les Zoulous dans les représentants du Gouvernement anglais. Dans une réunion qui eut lieu sur la frontière du Transvaal et du Zoulouland, entre sir Theophilus Shepstone et les principaux chefs zoulous, les représentants de Cetywayo parlèrent un langage très sévère et l'on prétendit même que, grâce à un coup de feu, tiré accidentellement par un des soldats zoulous, la rencontre faillit finir tragiquement. Sir Henry Bulwer, qui était alors lieutenant-gouverneur de Natal, proposa pour élucider cette question, qui pouvait devenir dangereuse, de nommer une Commission qui aurait été chargée d'examiner les prétentions des deux parties et de faire un rapport. Cette proposition fut plutôt mal accueillie par les fonctionnaires anglais chargés de l'administration du Transvaal, mais elle fut approuvée par le Haut Commissaire. A tout le moins, aux yeux de ceux qui estimaient les prétentions des Zoulous sans fondement, l'institution de cette Commission pouvait au moins servir à gagner du temps. Elle fut donc nommée. Elle comprenait le colonel Anthony Durnford, commandant du génie à Natal ; l'attorney général (aujourd'hui chef-juge) de Natal, sir Michael Gallwey et sir John Shepstone, demi-frère de sir Theophilus Shepstone, qui était à ce moment secrétaire pour les affaires indigènes, à Natal. La Commission pouvait être considérée comme aussi loyale que possible, deux experts étant départagés par un légiste suffisamment éminent. Mais il ne pouvait être douteux que le colonel Durnford était la personnalité dominante de la Commission. Homme du plus grand courage et d'une intrépidité indiscutable, soldat dans toute la force du terme, il ne s'était pas rendu populaire à Natal, en partie à cause de sa raideur envers les civils et en partie aussi à cause de ses sympathies connues, au sujet des affaires indigènes, pour les idées de l'évêque Colenso. Il était certain, avec lui, que la contestation serait jugée en toute équité. Le résultat de l'enquête surprit donc tout le monde, étant donné la nature des témoignages fournis des deux côtés et l'influence prépondérante, incontestable, du colonel Durnford, car le rapport des commissaires concluait nettement en faveur des Zoulous et contre le Transvaal.

L'effet de ce rapport sur la situation générale ne fut pas immédiatement visible. La Commission et son œuvre ont eu une influence directe sur l'explosion de la guerre des Zoulous et d'autres événements, qui ont précédé cette guerre, nécessitent quelques considérations préliminaires. La politique de sir Bartle

Frere ne nécessitait pas seulement l'union de tous les États civilisés de l'Afrique du Sud; elle rendait nécessaire l'absorption de tous les territoires indigènes qui séparaient ces États. Cette nécessité s'appliquait plus spécialement à une vaste étendue de territoire indigène indépendant, entre la frontière orientale de la colonie du Cap et la frontière méridionale de Natal, territoire qui s'étendait à l'intéricur jusqu'aux frontières montagneuses du Basutoland et qui se prolongeait jusqu'à la mer, sur une étendue de côtes de tout près de deux cent milles. La partie occidentale de ce territoire était habitée par les Gcalekas et d'autres tribus sœurs, qui avaient joué un rôle important dans la récente guerre sur la frontière du Cap et la partie orientale par les Griquas, peuple d'origine hottentote, qui y avaient été refoulés de leur pays d'origine, sur le fleuve Orange. Entre ces deux districts, entre la Transkei et le Griqualand oriental, se trouvait le territoire considérable des Pondos, race complètement indépendante, qui, en vertu d'un traité conclu avec le Gouvernement britannique plus de cinquante ans avant l'arrivée de sir Bartle Frere dans l'Afrique du Sud, avaient joui d'une existence complètement calme et sans avoir aucune querelle avec les tribus environnantes. La ligne de côtes des Pondos était complètement dangereuse et inabordable, sauf à l'embouchure large et navigable d'un fleuve, formant un port vaste et important, mais dans le voisinage duquel la côte était particulièrement périlleuse. Pendant de longues années, on n'avait pas jugé ce port digne d'intérêt. Mais les nouveaux projets concernant l'Afrique australe coïncidaient avec de nouvelles craintes qu'une autre nation européenne pût s'installer sur la côte, troublant ainsi la prépondérance jusque-là incontestée de la Grande-Bretagne. Qu'adviendrait-il si le port de la rivière Saint-Jean, comme on l'appelait alors, était occupé par une nation rivale?

En conséquence de cette crainte, diverses ouvertures avaient été faites à Umqikela, le grand chef des Pondos, à l'effet d'obtenir la reconnaissance de la souveraineté britannique sur son territoire; on lui demandait, en témoignage de cette reconnaissance, de recevoir un résident anglais et de livrer le port à l'Angleterre. Umqikela était à peu près dans les mêmes dispositions d'esprit où se trouvait jadis Naboth: il ne voulait pas aliéner son indépendance et il estimait qu'il avait pendant assez longtemps rempli les obligations de son traité pour mériter la confiance de l'Angleterre. Mû par ces sentiments et ces convictions, il avait décliné les ouvertures qui lui avaient été faites. Cette résistance fut pour Umqikela, comme pour Naboth, la cause de sa perte. Il ne tarda pas à s'apercevoir combien il avait été imprudent de repousser des propositions qui équivalaient à des injonctions.

Des troubles, dont la cause est restée obscure, éclatèrent vers Pâques, en 1878, dans le Griqualand oriental, entre le Pondoland et Natal. Le Griqualand oriental, il ne faut pas l'oublier, appartenait encore presque en totalité aux Griquas, qui s'y étaient fixés à une époque où ce pays était connu sous le nom de Nomansland (terre de personne). Une ville y avait été fondée, à laquelle fut donné le nom de Kokstad, d'après le premier chef griqua, Adam Kok, qui était devenue le centre d'une agglomération européenne assez considérable; la situation des Européens était celle, assez délicate, d'étrangers établis sur un territoire indigène. Une panique éclata. Les Européens, croyant qu'ils allaient être attaqués par les Griquas, se fortifièrent dans la ville. Les Griquas, croyant qu'ils allaient être attaqués par les Européens, se réfugièrent sur les montagnes. Les Européens eurent à subir les conséquences de l'explosion accidentelle d'une poudrière. Les Griquas eurent à résister à une attaque des Européens, aidés par quelques tribus indigènes bien inférieures aux Griquas en civilisation. Les Griquas furent vaincus et perdirent leurs fermes et tout ce qu'ils avaient à perdre. Un grand nombre d'entre eux furent transportés à Cape-Town comme rebelles et après plusieurs mois furent mis en liberté par les tribunaux, qui décidèrent que, n'étant pas sujets britanniques, ils échappaient à leur juridiction.

Cette petite échauffourée du Griqualand oriental, qui fut regrettée et considérée comme tout à fait inutile par tous ceux qui étaient au courant de ses origines, fournit le prétexte d'atteindre le Naboth du Pondoland; on l'accusa de donner asile à des criminels qui avaient fui le Griqualand oriental et de sympathiser avec les Griquas. Cette dernière accusation était absolument arbitraire et ne reposait sur rien. Quant à la première, elle avait peut-être l'ombre d'une excuse, car, peu de temps avant les troubles, un indigène, accusé de meurtre dans le Griqualand oriental, s'était réfugié dans le Pondoland et y avait, jusqu'à un certain point, reçu asile, puisque le chef Pondo ne l'avait pas livré à la justice. Mais les trois considérations suivantes atténuent singulièrement les torts du chef Pondo, si même ils ne les dissipent pas complètement : d'abord, le Griqualand oriental étant un territoire indigène indépendant, personne n'avait le droit de réclamer le fugitif au nom du Gouvernement britannique; ensuite, même si le Griqualand oriental avait été territoire britannique, il n'y avait aucune sorte de traité d'extradition entre le Gouvernement britannique et le chef Pondo; on peut ajouter, en outre, au sujet de l'accusation de sympathie avec les Griquas, que Umqikela avait, au début de l'échauffourée, reçu du Gouvernement de Natal une communication amicale, lui rappelant les obligations imposées par son traité, communication à laquelle il avait répondu en termes rassurants et irréprochables. Tout cela, cependant, ne put le sauver. On voulait la vigne de Naboth, son propriétaire était condamné. Pour les motifs qui viennent d'être énoncés, sans plus, Umqikela fut proclamé déposé de sa position de grand chef du Pondoland; le port du fleuve Saint-Jean fut déclaré possession britannique et un résident britannique fut nommé pour surveiller les affaires du pays. Et, pour rendre l'annexion effective, à la fin d'août 1878, le général commandant les troupes dans l'Afrique du Sud s'y rendit en steamer avec un petit état-major pour en prendre possession. On ne sait pas si l'on redoutait une résistance. Dans tous les cas, il n'y en eût aucune. Le drapeau britannique fut hissé, et l'on construisit un fort auquel un des membres de l'état-major donna son nom. On avait tellement confiance dans le caractère pacifique des Pondos, que le fort fut édifié dans une position telle que n'importe quels indigènes, munis d'armes à feu, l'auraient rendu intenable en une demi-heure.

Jusqu'ici, et surtout depuis le renvoi du Ministère Molteno et son remplacement par un Cabinet plus docile, les mesures prises en vue de la consolidation et de la confédération de l'Afrique Australe, au moyen d'annexions accomplies militairement, avaient assez bien marché et avaient été généralement approuvées par la population anglaise du Sud-Africain. Les sceptiques et les critiques étaient en minorité et la majorité, heureuse de ce déploiement d'énergie impériale, les traitait de factieux. Le moment approchait où le Haut Commissaire pourrait commencer à jouer sa grande partie, c'est-à-dire entreprendre la soumission du Zoulouland, qui avait été résolue presque au premier jour de son arrivée dans l'Afrique du Sud. Il restait encore quelques autres préparatifs à faire avant de commencer les opérations; il fallait, notamment, augmenter l'effectif des troupes impériales. Ce fut, entre parenthèses, un des points sur lesquels l'antagonisme fut le plus violent entre le Haut Commissaire et le Ministère Molteno. M. Molteno et ses collègues refusèrent de prendre part à une demande de nouveaux régiments d'infanterie en Angleterre et il y a lieu de croire que c'est surtout le conflit qui éclata à ce sujet qui détermina sir Bartle Frere à congédier ses conseillers. Cependant, sans ces nouveaux régiments, la solution du problème zoulou était impossible, dans les conditions où sir Bartle Frere entendait le résoudre. C'eût été folie que de le tenter et, d'autre part, il devenait évident, malgré l'inaction des burghers du Transvaal, que les affaires n'étaient nullement réglées dans cette région.

Les circonstances dans lesquelles les renforts furent accordés par le Ministère Beaconsfield et les recommandations très strictes de prudence qui accompagnaient l'envoi de ces renforts sont de notoriété publique.

Dans les derniers mois de 1878, les préparatifs étaient si avancés, au point de vue militaire tout au moins, que le Haut Commissaire jugea utile de transporter son quartier général de Cape-Town à Pietermaritzburg, la capitale de Natal. Mais il fallait d'abord relier télégraphiquement Cape-Town à Pietermaritzburg. Deux routes pouvaient être choisies : on pouvait prolonger le fil de Kimberley, à travers l'Etat Libre, jusqu'à la capitale de Natal, ou venir de la frontière du Cap, à travers les territoires indigènes qui séparaient cette colonie de Natal. La première route présentait des objections, car il fallait aller vite. Pour faire traverser l'Etat Libre par un fil télégraphique, il fallait conclure une convention quelconque avec le Gouvernement de ce pays et, indépendamment du fait que l'annexion du Transvaal avait indisposé ce Gouvernement, qui se montrerait peu disposé à faciliter l'entreprise, il était nécessaire, pour que la convention fût valable, d'obtenir l'assentiment du Volksraad, formalité qui impliquerait des délais On jugea préférable, dans ces conditions, de courir le risque de continuer le fil par l'autre route, ce à quoi le chef des Pondos s'était jusque-là toujours refusé. Pour impressionner les indigènes, une colonne légère, composée du 90e régiment d'infanterie, d'une batterie d'artillerie et de quelques troupes de cavalerie irrégulière, fut expédiée de la frontière du Cap, sous le commandement de sir Evelyn Wood (alors lieutenant-colonel du 90e d'infanterie) pour se diriger par terre sur Natal. La marche pouvait ne pas s'accomplir sans incident. Le pays à traverser était presque inconnu, et il n'était pas impossible que les Pondos, irrités par les derniers événements, attaquassent ou inquiétassent la colonne. Elle s'effectua pourtant sans accident sérieux et eut pour résultat, grâce à l'impression qu'elle créa, de permettre la pose rapide et complète du fil télégraphique de Cape-Town à Natal.

Que l'achèvement de cette communication télégraphique eût été facilité par les superstitions des indigènes au sujet du télégraphe et de son usage, cela n'est pas douteux. On a constaté que même lorsque la frontière du Cap était en proie à des désordres graves, les fils télégraphiques n'ont jamais été coupés et les compagnies d'ouvriers chargés de la pose n'ont jamais été molestées. L'indigène du Sud-Africain est plein de contradictions de ce genre.

CHAPITRE III

LA GUERRE DES ZOULOUS

Comme l'existence d'un danger général provenant des indigènes était l'un des arguments mis en avant par les promoteurs du plan de confédération de lord Carnarvon, il s'ensuivit nécessairement que l'on jugea nécessaire de résoudre la question des Zoulous pour que le projet de confédération pût être abordé. Au point de vue diplomatique, l'annexion du Transvaal avait donné une importance plus considérable, on pourrait même dire déterminante, à cette question. Si l'annexion pouvait être justifiée aux yeux du peuple anglais et du monde, cette justification on ne pouvait la trouver que : 1° dans le prétendu danger qui menaçait le Transvaal du côté du Zoulouland; 2° dans l'anéantissement de ce danger par la suppression de la puissance des Zoulous.

La diplomatie est un jeu dans lequel on peut aisément se persuader trouver ce qu'on désire y trouver. Il y a donc lieu de supposer que lord Carnarvon aussi bien que sir Bartle Frere, le principal propagateur des idées de lord Carnarvon dans l'Afrique Australe, croyaient réellement que le Transvaal était menacé par les Zoulous et que la suppression, par la Grande-Bretagne, de la puissance des Zoulous démontreraient aux burghers du Transvaal non seulement la puissance irrésistible de l'Angleterre, mais aussi les bonnes intentions des Anglais à leur égard. Dans ces conditions, on peut trouver une sorte d'excuse à la résolution qui fut prise : à savoir que, par un moyen quelconque, sous un prétexte ou sous un autre, le pouvoir de Cetywayo devait être écrasé dans une rencontre entre ses troupes et celles de la Grande-Bretagne. Il est donc impossible de contester que, plusieurs mois avant les opérations actives, le Haut Commissaire avait fermement résolu d'envahir le Zoulouland. Les témoignages des personnes les plus dignes de foi attestent que, parmi les autorités militaires, longtemps même avant que l'on eût commencé aucun préparatif contre le Zoulouland, on s'était fait à l'idée d'occuper ce pays à une date déterminée. Il n'y a également pas de doute qu'une question fut posée à la Législature de Natal au sujet de ces projets militaires, quelques mois avant le commencement de la guerre, et qu'il n'y fut jamais répondu, l'interrogateur ayant été officiellement invité à ne pas insister.

Lorsqu'on parle de la guerre des Zoulous, il ne faut donc pas oublier que, pour les représentants les plus élevés de l'autorité impériale britannique, cette guerre était une nécessité inéluctable, parce que la destruction de la puissance des Zoulous était la clef de voûte de la confédération Sud-Africaine. Il fallait trouver un prétexte ou une explication pour déclarer la guerre et l'on ne peut nier que cela ne fut pas précisément commode. Une décision contraire aux Zoulous dans la question des frontières pouvait très bien fournir la justification que l'on cherchait. Les questions de frontières ont toujours servi à souhait pour fomenter des querelles entre les États civilisés. Mais il arriva que la Commission chargée d'examiner la question de frontières du Transvaal et du Zoulouland se prononça complètement en faveur des réclamations des Zoulous, et le rapport de la Commission, référé par le Haut Commissaire au chef-juge du Cap, donna lieu à un savant mémoire sur le conflit et sur les droits particuliers des fermiers établis sur le territoire contesté, en tant que ces droits étaient en opposition avec les droits de souveraineté du chef zoulou. Entre temps, on ne s'était pas fait faute de dépeindre le chef zoulou et le caractère des Zoulous sous les plus sombres couleurs. Tout ce qui concernait le Zoululand passait par le Département des affaires indigènes à Natal et les chefs de ce Département ne manquaient pas de présenter sous le jour le plus défavorable tout ce que disaient ou faisaient le chef des Zoulous et ses conseillers. Deux seuls personnages occupant des situations élevées, dont un fonctionnaire, faisaient exception à cette règle : le fonctionnaire était sir Henry Bulwer, le lieutenant-gouverneur de Natal, dont la prudence et la loyauté constrastaient d'une manière frappante avec les opinions hasardées et pessimistes des apôtres de la Confédération ; l'autre était l'évêque Colenso qui, par son amour de la justice et la connaissance de l'idiome des Zoulous, aurait pu faire beaucoup pour entraver ce courant de calomnie qu'il lui fut pourtant impossible d'endiguer complètement. Le plus distingué des colons et des hommes d'Etat de l'Afrique du Sud, M. Saul Salomon, de Cape-Town, prit part, à côté de l'évêque Colenso, à cette campagne philanthropique et généreuse. Mais les individualités qui agissent isolément sont généralement impuissantes et tout ce que l'on peut dire c'est que, pendant tout le temps que dura cette fièvre de la confédération, l'évêque Colenso, à Natal, et M. Saul Salomon à Cape-Town ont réussi à maintenir le drapeau de la justice et de la moralité, pour le plus grand bien de ceux qui refusaient de se laisser entraîner par le courant de la politique impériale.

Le conflit relatif aux frontières tomba donc à plat, en tant que prétexte à une guerre contre les Zoulous et les subtiles distinctions que l'on s'ingénia à trouver entre les droits des particuliers et les droits souverains ne parvinrent pas à le galvaniser de manière à en faire sortir un *casus belli*. Mais un ou deux incidents, survenus au cours de l'année 1878, paraissaient devoir fournir l'occasion que l'on cherchait.

Une des femmes du puissant chef zoulou Sirayo, dont le territoire était limitrophe de Natal, était tombée en disgrâce et s'était réfugiée sur le territoire de la colonie. Elle y fut poursuivie par deux des fils du chef, qui la forcèrent à repasser la frontière. Il n'est pas contestable que, quels que fussent les torts de la femme, et quel que fut le traitement qu'elle eut à subir à son retour dans le Zoulouland, cet acte des fils de Sirayo était indéfendable ; il constituait une violation évidente et flagrante du territoire britannique et, bien que ces jeunes gens n'aient ni menacé, ni maltraité aucun habitant de la colonie, leur conduite ne pouvait passer inaperçue. Plainte avait été adressée en temps voulu par le Gouvernement de Natal à Cetywayo, dont la réponse conciliante impliquait une expression de regrets ; mais ces regrets n'étaient pas formellement exprimés et la question resta en suspens jusqu'à l'arrivée du Haut Commissaire à Natal. Pendant ce temps, un autre incident de frontière, de moindre importance, était survenu Des géomètres étaient occupés sur la rive natalienne du fleuve Tugela — qui marquait, dans son cours inférieur, la frontière entre Natal et le Zoulouland — à construire une nouvelle route conduisant à un gué du fleuve. On n'a jamais su exactement quelles étaient leurs instructions, mais il est certain que leurs mouvements étaient surveillés par les Zoulous sur l'autre rive du fleuve, lesquels, dit-on, les insultèrent et les menacèrent. Il n'est pas douteux que les constructeurs de la route furent imprudents et il est probable que, de leur côté, les Zoulous étaient en même temps mécontents et méfiants. L'incident n'eut d'ailleurs aucune importance et le pis qui arriva aux géomètres fut une bonne panique et peut-être la perte d'un couteau de poche. Il eut même si peu d'importance que, bien qu'il eût fait l'objet d'un rapport officiel, le public n'en entendit pas parler à l'époque.

C'est pourtant d'après ces données qu'il fallut formuler un acte d'accusation contre le chef zoulou et contre la politique zouloue. On pouvait, il est vrai, faire fond d'un autre grief, à savoir le danger de tolérer une puissance militaire aussi forte dans le voisinage immédiat d'une possession britannique. Il ne faut toujours pas oublier qu'il ne régnait à ce moment aucune panique à Natal, où l'on n'appréhendait nullement une guerre prochaine avec les Zoulous. L'opinion publique était, en fait, si loin d'associer l'arrivée du Haut Commissaire à Natal à l'idée d'une crise imminente du côté des Zoulous, que l'on croyait plutôt, en raison de la réputation bien établie de sir Bartle Frere, que sa mission avait un caractère résolument pacifique, et que toutes les difficultés qui pouvaient exister entre les Zoulous et le Gouvernement britannique seraient réglées sans aucune sorte de difficulté ou de tiraillement. Cette impression était fortifiée et confirmée par la décision de la Commission des frontières du Zoulouland et du Transvaal. Cette question étant écartée, sur quoi le Gouvernement britannique et les Zoulous pourraient-ils se quereller? S'il y avait eu un danger quelconque d'une invasion de Natal par les Zoulous, certainement des craintes se seraient manifestées parmi les habitants de la colonie voisins de la frontière. Mais, en fait, aucune alarme n'avait été signalée dans le voisinage de la frontière du Zoulouland lorsque le Haut Commissaire arriva à Natal; et lorsque, peu après, on commença à ressentir un certain malaise, ce ne fut pas sur la frontière, mais dans la capitale, séparée du Zoulouland par une plaine de soixante à soixante-dix milles, à vol d'oiseau. On disait couramment, à cette époque, que la crainte des Zoulous augmentait en raison inverse du carré des distances.

Vers la fin de 1878 l'impression devenait de plus en plus vive qu'une action vigoureuse contre les Zoulous était projetée. Les ressources des imprimeries locales étaient mises à contribution par les autorités militaires pour l'impression et la propagation de tous les renseignements possibles concernant les régiments zoulous, accompagnés de figures relatives à la tactique des Zoulous. En même temps, des mesures étaient prises pour enrôler les volontaires coloniaux, cavaliers armés de fusils, au nombre de trois ou quatre cents, pour servir en dehors des limites de la colonie, bien que l'on ne pût les y astreindre légalement. On obtint néanmoins, sans grande difficulté, le consentement individuel de ces volontaires: l'opinion générale était, il est vrai, que, même si le Zoulouland était envahi, l'expédition ne serait guère qu'une promenade militaire à travers le pays.

Au commencement de décembre, on apprit qu'une réunion devait avoir lieu entre des représentants du

Gouvernement britannique et des représentants du chef zoulou pour arrêter les conditions du règlement concernant le territoire contesté. La réunion eut lieu sur la rive natalienne du fleuve Tugela, pas très loin de son embouchure, le 22 décembre 1878. La lecture de la décision de la Commission fut écoutée, on peut aisément le croire, avec la plus vive satisfaction, par les chefs zoulous. Mais cette décision n'était pas le seul document dont s'étaient munis les commissaires anglais. Immédiatement après, ils donnèrent lecture d'un ultimatum demandant, entre autre choses, satisfaction, sous forme de paiement d'une amende en bestiaux, pour la violation du territoire de Natal par les fils de Sirayo et pour l'impolitesse témoignée aux géomètres. L'ultimatum allait encore plus loin : il réclamait, en fait, la destruction complète de l'organisation militaire des Zoulous et le licenciement de leurs régiments. Une réponse était exigée dans un délai de trente jours. Il est à remarquer que cet ultimatum était signé par sir Henry Bulwer, en sa qualité de lieutenant-gouverneur de Natal. Le fait de trouver sa signature au bas de ce document causa quelque surprise à ceux qui connaissaient ses opinions et on ne put l'expliquer que par une pression exercée par le Haut Commissaire et par d'autres qui partageaient les vues de ce dernier.

Pour ceux qui connaissaient les Zoulous, il était évident qu'ils ne se soumettraient pas à des exigences qui entraîneraient une révolution immédiate dans leur pays, que ces exigences avaient été formulées avec la certitude qu'elles seraient repoussées et qu'elles équivalaient à une déclaration de guerre. Une copie de la décision et de l'ultimatum fut remise aux envoyés de Cetywayo, mais il est loin d'être certain que cette copie lui ait jamais été remise et, si elle l'a été, qu'elle lui ait été fidèlement traduite. Le seul Européen habitant le Zoulouland était un commerçant, John Dunn, qui avait été le principal fournisseur de fusils des Zoulous et qui se trouvait contraint de contribuer à la ruine du peuple qui avait fait sa fortune. Les chefs qui avaient assisté à la lecture de la décision de la Commission et de l'ultimatum pouvaient assurément faire connaître à Cetywayo la substance de ces documents, mais il y a de sérieuses raisons pour croire que l'énumération complète des demandes de l'Angleterre n'est jamais parvenue à sa connaissance.

Les préparatifs pour l'invasion du Transvaal étaient achevés. Il serait exagéré de dire que les auteurs du plan d'invasion aient fait preuve d'un talent particulier. Ce plan impliquait la pénétration dans le Zoulouland par trois colonnes opérant à de grandes distances l'une de l'autre et n'ayant aucun moyen de communiquer entre elles, pour attaquer un ennemi dont on savait les forces numériquement bien supérieures, capable de se déplacer très rapidement et occupant une ligne de défense intérieure. La colonne principale, commandée par le colonel lord Chelmsford, devait envahir le Zoulouland par les districts supérieurs du Natal en traversant un gué du fleuve Buffalo, connu sous le nom de Rorke's Drift; la seconde colonne, sous le commandement de sir Evelyn Wood, devait pénétrer dans le Zoulouland par le Transvaal et la troisième colonne, ayant à sa tête le colonel Pearson, qui commandait alors le second bataillon de « the Buffs », devait entrer en pays ennemi dans le voisinage de la côte. A mi-chemin environ, entre la colonne du colonel Chelmsford et celle du colonel Pearson, une quatrième colonne fut organisée consistant presque entièrement de recrues indigènes encadrées par des officiers européens, ramassés un peu au hasard, sans grand souci de leur valeur. Elle n'entra jamais et n'essaya même jamais d'entrer dans le Zoulouland et elle n'a pas davantage aidée à protéger Natal contre une invasion zouloue.

Quelle était la composition et la puissance de combat des forces qui, ainsi divisées en trois faibles détachements, recevaient la mission d'exiger l'exécution de l'ultimatum ? Elles se composaient, en premier lieu, de six bataillons d'infanterie, deux — le premier et le second — bataillons des *South Wales Borderers* avec la colonne principale : deux — le second bataillon de *the Buffs* et le 99e régiment — à la colonne côtière ; et deux — le 80e et le 90e — avec sir Evelyn Wood. Ces trois colonnes avaient une artillerie suffisante et la colonne de la côte était, en outre, appuyée par une brigade de marins provenant des navires de guerre de la station navale. Chaque colonne disposait aussi de quelques cavaliers, volontaires de Natal ou police à cheval, cavalerie irrégulière et indigènes montés, de la « cavalerie indigène de Natal », recrutée dans une station de missionnaires près de Pietermaritzburg. La colonne principale et celle qui opérait sur la côte comptaient également quelques troupes indigènes levées à Natal et désignées sous le nom de contingent indigène. Si toutes ces troupes avaient pu marcher ensemble, elles auraient représenté une force respectable, bien que les régiments d'infanterie soient absolument impropres aux guerres indigènes dans l'Afrique du Sud ; mais séparées comme elles l'étaient, la faiblesse de chacune des colonnes était encore augmentée par l'impossibilité d'opérer une action combinée d'aucune sorte. Le quartier général, attaché à la principale colonne, n'était même pas relié télégraphiquement avec la base des opérations à Pietermaritzburg et les colonnes étaient encore moins reliées entre elles. Ce n'étaient pas là les seules causes d'impuissance de l'armée d'invasion : elle eut, par-dessus tout à souffrir de l'absence, parmi ses chefs, de guerriers pratiques. Lord Chelmsford, l'un des hommes les plus aimables que l'on pût rencontrer, n'avait pas confiance en lui-même et n'avait rien pour inspirer confiance aux autres. Il était en outre dominé par son état-major, où l'infatuation n'était égalée que par l'incapacité. Parmi les officiers qui commandaient les bataillons d'infanterie, la plupart n'avait d'autre expérience que celle que donne la routine de la vie de garnison. En fait, on peut dire qu'il n'y avait que deux vrais militaires pratiques parmi tous les officiers supérieurs attachés au commandement : sir Evelyn Wood et sir Redvers Buller. Les hautes distinctions, auxquelles ces deux officiers sont parvenus depuis, sont une indication suffisante de leur mérite.

Le délai de trente jours accordé pour l'acceptation de l'ultimatum expira rapidement et le 11 janvier 1879 l'invasion du Zoulouland fut ponctuellement commencée. A *Rorke's Drift* et sur le bas Tugela, hommes, chevaux et approvisionnements passèrent en pays zoulou, sans rencontrer le moindre simulacre de résistance. Il semblait que les prédictions de quelques experts professionnels des affaires zouloues dussent se vérifier et que les Zoulous laisseraient s'accomplir pacifiquement l'occupation de leur pays. Il est vrai que, en opposition à cet optimisme, il ne manquait pas de gens qui conseillaient aux autorités militaires de se méfier d'un piège. L'absence de tout signe de résistance eut néanmoins pour effet d'engendrer un dangereux sentiment de confiance et de sécurité.

Plus d'une semaine après l'entrée des troupes dans le Zoulouland, il ne s'était produit aucun événement important. La colonne de la côte, sous le colonel Pearson, avançait, à marche rapide, vers la station des missionnaires d'Etshowe et la colonne principale, qui ne s'était pas beaucoup éloignée de *Rorke's Drift*, avait établi son camp sur le versant oriental de la montagne renommée, connue sous le nom d'Isandhlwana. Il semble impossible de comprendre comment un homme, doué des principes les plus élémentaires de la science militaire, ait pu choisir un pareil emplacement pour y établir un camp. La position semble avoir été calculée à souhait pour donner un avantage écrasant à un ennemi capable de se déplacer rapidement et supérieur en nombre à la colonne anglaise. L'éminence rocheuse d'Isandhlwana coupait complètement la colonne de sa base immédiate d'opérations à *Rorke's Drift*, point avec lequel il ne pouvait plus communiquer que par le col étroit qui séparait Isandhlwana d'une seconde éminence rocheuse, connue depuis sous le nom de « The Koppie ». Ainsi que l'expérience l'a prouvé, il était possible aux Zoulous de passer en nombre derrière la montagne et de couper les communications de la colonne avec la frontière de Natal, sans que personne au camp put s'en douter. Mais ce qui, par-dessus tout, démontre le complet oubli des moindres précautions militaires, c'est le fait incroyable que le camp n'était pas fortifié. C'était un camp ouvert, s'étendant sur un espace considérable, sans être protégé dans aucune direction. Cette négligence n'était pas seulement en opposition avec toute l'expérience si durement achetée des précédentes guerres indigènes, mais elle constituait un mépris complet des précautions recommandées par l'état-major général quelques mois avant l'invasion.

Le 22 janvier 1879 fut une date fatale pour l'Afrique du Sud. Par une coïncidence assez particulière cette journée fut signalée par une éclipse totale du soleil qui assombrit encore plus le ciel, déjà voilé par de gros nuages de pluie. On a dit, avec quelque vraisemblance, que les Zoulous n'avaient pas l'intention d'attaquer la colonne du colonel Chelmsford ce jour-là et que l'attaque du camp fut réellement le résultat de circonstances accidentelles et imprévues. Il n'y a pourtant pas de doute que l'ennemi était décidé à arrêter la marche de la colonne de la côte, qui fut attaquée dans la matinée de bonne heure, par des forces considérables, composées des troupes zouloues de la région. Cette attaque, bien que la colonne fût en marche et ne fût pas protégée par des retranchements, fut repoussée sans trop grande difficulté et avec des pertes insignifiantes, et la colonne poursuivit sa marche au cœur du pays zoulou.

Pour la colonne Chelmsford, le sort de la journée fut tout différent. Aujourd'hui encore, il est difficile de comprendre comment les faits se sont passés. Ce qui est certain, c'est que le jour précédent, le 21 janvier, lord Chelmsford avait fait une reconnaissance avec une partie de ses troupes, à une petite distance du camp et avait, on le sut après, failli tomber sur le gros de l'armée zouloue. Dans la matinée du 22, une autre reconnaissance fut faite; le général avait emmené avec lui le 2e bataillon des *South Wales Borderers*, une batterie ou une demi-batterie d'artillerie et une partie des détachements de cavalerie. Les troupes laissées au camp sous le commandement du colonel

Pulleine étaient : le 1er bataillon du même régiment, le reste de l'artillerie et de la cavalerie et une partie du contingent indigène. L'histoire de la journée, en ce qui concerne les troupes qui accompagnaient lord Chelmsford, est simple : le but de la reconnaissance était de vérifier si les Zoulous étaient près du camp et de quelles forces ils disposaient et ce n'est pas faire l'éloge du service de renseignements que de constater que tout le gros de l'armée zouloue se trouvait à portée du camp d'Isandhlwana sans qu'aucun officier de l'état-major en eût été averti.

Dans la journée, l'officier qui commandait l'artillerie en reconnaissance avec lord Chelmsford entendit distinctement les coups de canon tirés au camp. Avec une rapidité digne d'éloges et sous sa propre responsabilité, il rebroussa chemin vers le camp, emmenant avec lui le détachement d'infanterie qui escortait ses canons. Mais il avait à peine fait quelques pas lorsqu'il reçut l'ordre péremptoire de reprendre sa marche dans la première direction. C'est seulement dans l'après-midi, lorsque la colonne rejoignait le camp, que l'on commença à se douter qu'il s'y était passé quelque chose, et c'est seulement lorsque le camp fut atteint que l'on apprit que cette journée avait été marquée par une des plus effroyables tragédies des temps modernes.

Que s'était-il donc passé dans le camp ? Tant de renseignements contradictoires ont été publiés, tant de contes ont été mis en circulation à la première heure sous l'impression de la terreur et de l'exagération, qu'il est devenu presque impossible d'arriver à connaître l'histoire exacte de la catastrophe d'Isandhlwana. Tous ceux qui auraient pu en faire un récit exact y ont laissé leur vie et il faut dire que les militaires survivants, dont la tactique a été mise en cause, n'ont jamais montré un bien grand empressement à aider le public à connaître la vérité. D'autre part, les récits qui nous sont postérieurement venus des Zoulous étaient assez contradictoires, mais il y a tout lieu de croire qu'il est exact que les Zoulous n'avaient pas reçu l'ordre d'attaquer le camp ce jour-là et n'avaient primitivement pas l'intention de le faire. Le fait qui paraît le plus surprenant et qui pourtant ne saurait être révoqué en doute, c'est que l'état-major général, responsable de la sécurité d'une expédition militaire en pays ennemi, ignorait complètement que toute l'armée zouloue était postée en embuscade dans une vallée tout près de la frontière. La moitié des troupes dont le commandant de la colonne disposait fut distraite pour rechercher un ennemi qui était à quelques pas; l'autre moitié fut laissée dans un camp ouvert. Il était aussi peu inquiet du danger qui le menaçait que s'il s'était agi d'une revue au camp d'Aldershot. On menait à Isandhlwana la vie ordinaire d'un camp. Les corvées fonctionnaient comme de coutume. Aucune disposition n'avait été prise en prévision d'une attaque subite; pas une seule caisse de munitions n'avait été ouverte; pas une seule sentinelle n'avait été postée sur la montagne derrière laquelle les Zoulous prirent leurs dispositions d'attaque. Comment expliquer une pareille absence de précautions? Si un seul Hollandais, avec sa connaissance héréditaire des conditions des guerres Sud-Africaines, avait eu la confiance de l'état-major, si ses avis avaient été écoutés, la catastrophe serait devenue impossible. L'expérience a surabondamment démontré qu'un rempart, un *laager*, comme on dit dans l'Afrique du Sud, de wagons garnis d'hommes armés de fusils, eût suffi pour repousser une attaque de forces bien supérieures à celles des Zoulous. A Isandhlwana, les wagons avaient été rangés conformément aux traditions routinières des casernes; les tentes étaient plantées en plein vent, suivant le règlement; le camp de l'artillerie était ici; le camp de l'infanterie était là. On n'a pas d'exemple, dans toute l'histoire de l'armée anglaise, d'une plus fatale et plus complète insouciance.

Il faut, pour reconstituer l'histoire de cette journée, coordonner aussi bien que possible les renseignements puisés à diverses sources.

De bonne heure, dans la matinée du 22, le colonel Anthony Durnford, qui commandait les recrues indigènes à Rorke's Drift, reçut l'ordre de faire avancer son contingent à Isandhlwana. Le fait seul que pareil ordre a été donné démontre l'aveugle confiance du quartier général. Un simple régiment de Zoulous aurait suffi, s'il l'avait voulu, pour détruire les recrues indigènes tandis qu'elles se rendaient en lignes rompues du gué du fleuve Buffalo au camp. Le fait que ces recrues n'ont pas été inquiétées vient à l'appui de la présomption que les Zoulous n'avaient pas l'intention d'attaquer le camp ce jour-là.

Vers midi, le colonel Durnford arrive au camp. On dit — mais qui peut vérifier une pareille assertion? — qu'il fit de vives remontrances à l'officier qui commandait le camp au sujet de l'absence totale de moyens de défense. Par accident peut-être, peut-être aussi par suite de la marche d'une partie de l'armée zouloue vers le camp, quelques cavaliers indigènes engagèrent un combat avec quelques Zoulous, à une petite distance du camp. Ce n'était, si les renseignements incomplets que nous possédons sont exacts, qu'une simple affaire d'avant-postes. Elle fut assez sérieuse pourtant pour attirer l'attention du camp et pour que les cavaliers engagés aient cru nécessaire de demander du secours. Qui ordonna l'envoi de ces secours? La question est restée controversée, mais il est équitable d'ajouter que c'est surtout là-dessus que l'on s'est basé pour essayer, de la manière la plus injuste et la moins généreuse, de faire retomber sur le colonel Durnford la responsabilité de la catastrophe.

Il se peut que les Zoulous aient été dès lors en marche pour attaquer le camp; le contraire peut être également vrai. L'une ou l'autre hypothèse importent peu. Même s'ils n'avaient pas à ce moment l'intention arrêtée d'effectuer l'attaque, le combat d'avant-postes, par le développement naturel des événements qui a été remarqué dans tant de batailles, se transforma rapidement en un engagement général. L'impatience des Zoulous devint irrésistible. Toute la horde prit part à l'action. Suivant leur tactique favorite, une partie de leur armée attaqua le camp de front, tandis qu'une autre partie, contournant la montagne, se dirigea vers le col, entre l'extrémité sud d'Isandhlwana et le Koppie.

Ce col était la clef de la position. Si l'on pouvait défendre le col et contenir ainsi la marche de la « corne » de l'armée zouloue, le camp pouvait être sauvé. On savait que la tactique constante des Zoulous était de ne tenter l'assaut décisif que lorsque cet assaut pouvait être donné de deux côtés à la fois. Si l'on pouvait tenir au col, et pendant ce temps opposer une résistance aussi énergique que possible à l'attaque de front, la position pouvait, malgré tous ses désavantages, être conservée. Les troupes qui opéraient l'attaque de front, obligées de retarder leur effort final et perdant beaucoup de monde, pouvaient se décourager. Le bruit des canons du camp pouvait être entendu par le reste de la colonne, et dans ce cas, conformément à une des plus vieilles et des plus justes des maximes militaires, ces troupes devaient marcher au canon et revenir au camp. Le colonel Durnford, avec le coup d'œil d'un vrai soldat et confiant dans ses connaissances de la tactique des Zoulous, vit tout de suite quelles pouvaient être les chances de succès. On ne put savoir s'il fut, sur ce point, en désaccord avec l'officier auquel avait été confié le commandement du camp. Il est cependant important de noter, et ce fait est devenu évident lorsque le camp a été visité plusieurs mois après, qu'il ne fut appuyé, dans son effort pour conserver la clef de la position, que par une poignée à peine des troupes régulières du camp. Les forces qu'il put appeler à son aide consistaient de ce qui restait des volontaires du Natal, c'est-à-dire ceux qui n'étaient pas partis le matin avec lord Chelmsford, et de quelques hommes de la police à cheval de Natal. S'ils avaient seulement pu s'abriter derrière un retranchement quelconque, s'ils avaient eu seulement le temps de déplacer quelques wagons, il est plus que probable qu'ils auraient réussi à arrêter les Zoulous. Tel qu'il fut, leur effort, aussi courageux que celui d'Horace, était encore plus désespéré. Leur héroïsme fut d'autant plus grand que plusieurs des volontaires du Natal étaient presque encore des gamins qui s'étaient joints à l'expédition sans plus songer au danger que s'il s'était agi d'un pique-nique de jour de fête dans les montagnes de Natal. Formés en carré, encouragés par la présence et par l'exemple du plus noble des soldats, ils tiraient sans broncher; pas un homme ne quitta son poste; et on les retrouva tous là, quatre mois après, avec leurs cartouchières entièrement vidées. Il n'est pas exagéré de dire que jamais action plus héroïque, et dans des conditions plus désespérées, ne fut accomplie par des hommes de naissance britannique. Mais ils furent débordés par le flot toujours montant des Zoulous. Les sagaies, lancées de toutes parts, diminuaient graduellement leur nombre, jusqu'à ce que les derniers survivants furent écrasés par une poussée de l'ennemi. Et alors le passage du col étant ouvert, ce torrent de sauvages se répandit dans le camp pour appuyer, à l'arrière, l'attaque qui se poursuivait à l'avant. Ce n'est pas sous des balles que tombèrent les défenseurs du camp : le Zoulou est un mauvais tireur, même lorsqu'il a le temps de viser. L'arme meurtrière fut la sagaie à long manche, une arme aussi terrible entre les mains des Zoulous que l'était la grande épée à deux tranchants entre les mains d'un soldat romain. Le simple poids du nombre fit le reste et il ne resta bientôt plus rien de la moitié de la colonne Chelmsford, sauf une poignée de fugitifs qui réussirent, la plupart presque mourants, à traverser le fleuve débordé et à gagner le territoire de Natal.

Cependant, la catastrophe fut en partie vengée le jour même. Un petit détachement avait été laissé sur la rive natalienne du gué du fleuve Buffalo pour garder les approvisionnements qui n'étaient pas immédiatement nécessaires au quartier général. Ce détachement se composait d'une compagnie du 2e bataillon *South Wales Borderers*, sous le commandement du capitaine Bromhead. Il y avait aussi quelques unités de différents services, dont un officier du génie, un officier de l'intendance et un chapelain. Conformément à la fatale négligence qui avait été la perte du camp d'Isandhlwana, le poste n'était pas fortifié et pouvait être aisément dominé de la montagne voisine. Il comprenait deux bâtiments, un magasin pour l'intendance et un hôpital, où quelques malades, atteints surtout de la fièvre, étaient en traitement. Le bruit du désastre du camp arriva au poste l'après-midi. La position était assurément critique. Il paraissait naturel que les Zoulous, sous l'empire de leur succès, chercheraient à poursuivre leurs avantages et envahiraient Natal. Ce poste important, occupé par une centaine d'hommes à peine, pouvait être attaqué par des milliers de Zoulous rendus plus audacieux par leur récente victoire. Si le poste était évacué, la garnison — si l'on peut ainsi dire — pouvait au moins se sauver. Mais, d'autre part, cette évacuation aurait anéanti la seule ligne de retraite du reste de la colonne d'état-major et le chemin était ouvert à une invasion du territoire britannique. Il fallait se décider vite. L'attaque attendue pouvait se produire dans plusieurs heures; elle pouvait également être immédiate. La retraite ne comptait guère de partisans, mais le danger était considérable. Ce n'est faire aucun tort à des hommes dont les noms ont été pendant un temps sur toutes les lèvres et qui ont reçu la récompense méritée de leur action, de faire remarquer que l'idée d'utiliser les approvisionnements de l'intendance comme moyen de défense fut proposée par l'officier de l'intendance, l'assistant-commissaire Dalton, qui fut sérieusement blessé dans le combat et dont le nom fut, à l'époque, complètement oublié. C'est M. Dalton qui, le premier, fit remarquer qu'un rempart fort acceptable pourrait être construit en entassant les sacs de sorgho et que, réunies par une traverse, les caisses de biscuit pouvaient constituer une seconde ligne de défense. Ce travail fut fait en hâte et le poste fut bien vite — mais juste à temps — mis en aussi bon état de défense que le permettaient les circonstances.

L'attaque des Zoulous se produisit, à l'encontre des instructions de Cetywayo, qui avait interdit toute opération offensive sur le territoire britannique. Les Zoulous, après avoir détruit le camp, traversèrent le fleuve par milliers et attaquèrent résolument la position de Rorke's Drift. La situation des assiégés était, malgré leurs préparatifs de défense, aussi périlleuse que possible, car les Zoulous, qui avaient escaladé la montagne, dirigeaient un feu plongeant sur le poste et réussirent, au moyen de torches enflammées attachées à leurs sagaies, à mettre le feu à l'hôpital. L'attaque fut continuée pendant une grande partie de la nuit, mais elle fut repoussée partout, grâce à la fermeté et au courage des assiégés. Vers le matin, les Zoulous se retiraient, laissant des centaines de morts au pied des fortifications improvisées, fournissant ainsi une nouvelle preuve de la valeur des travaux de défense les plus primitifs contre leurs assauts. Il serait impossible d'exagérer le courage et la résolution qu'ont montré tous les hommes qui ont pris part à cette défense, et l'acte d'héroïsme le plus remarquable, peut-être, a été accompli par un simple soldat du *South Wales Borderers*, qui entra dans l'hôpital en flammes sous le feu des tirailleurs postés sur la montagne et réussit à sauver, l'un après l'autre, tous les malades sans exception.

Dans la matinée du 23, lord Chelmsford et le reste de ses forces, après une nuit d'horreur et d'alarmes sur l'emplacement du camp pillé et silencieux, regagnèrent le gué du fleuve. C'est une des particularités les plus étranges de cette histoire que, tandis que la colonne déprimée moralement et physiquement approchait de la rivière, elle put voir les Zoulous se retirer de leur côté après l'assaut du poste de Rorke's Drift et qu'aucune tentative ne fut faite ni d'un côté, ni de l'autre, pour engager le combat. Ce fut un moment de cruelle anxiété pour les deux sections des forces anglaises, pour la colonne en retraite qui s'attendait à trouver le poste détruit et ses défenseurs massacrés, et pour ces derniers eux-mêmes qui, au petit jour, prirent les troupes anglaises pour une nouvelle armée zouloue venant renouveler l'assaut.

Il serait injuste de s'arrêter aux premières déclarations d'hommes qui venaient de subir ces épreuves extraordinaires. Il suffit de constater que, en dépit de la terrible tragédie d'Isandhlwana, la position put être conservée. Aucun excès n'avait été commis sur le territoire de la colonie, et, en dépit de leur succès, les Zoulous avaient subi des pertes qui devaient avoir pour effet de leur conseiller la prudence. Néanmoins, les conséquences de la catastrophe furent considérables. Outre l'alarme et l'horreur provoquées par l'échec le plus important que des forces civilisées aient jamais subi dans le Sud-Africain, les résultats politiques du désastre se firent sentir non seulement dans l'Afrique du Sud, mais aussi en Angleterre. Dans l'Afrique du Sud, ce désastre portait un coup fatal à la réputation du Haut Commissaire et à la politique de confédération qu'il avait faite sienne ; en Angleterre, il signifiait la ruine de la politique d'impérialisme qui avait engagé le pays dans la guerre d'Afghanistan — on en connaît les tragédies et on sait ce qu'elle a coûté — et qui avait privé le Cabinet de quelques-uns de ses membres les plus estimés, dont lord Carnarvon lui-même. En ce qui concerne les opérations militaires dans l'Afrique du Sud, un sentiment de crainte et de timidité exagérées avait succédé à une confiance folle et arrogante. Dans la capitale de Natal même, sous l'influence des plus hauts fonctionnaires, la dépression, la terreur, avaient atteint un degré voisin de la folie. On ne rêvait chaque soir que de l'arrivée d'une horde exterminatrice de Zoulous, se répandant pour exercer des représailles sur tous les points d'une frontière non protégée et ceux qui étaient chargés de la sécurité de cette colonie anglaise ne faisaient rien pour atténuer la panique de la population. On a cité ce fait que la femme d'un officier anglais, lequel se trouvait dans une position assiégée dans le Zoulouland, fut éveillée pendant la nuit par une corvée qui venait avec un brancard la chercher, ainsi que son enfant nouveau-né, pour les mettre en sécurité dans la prison. La dame refusa, du reste, d'accepter la protection qui lui était offerte.

La situation militaire, on put s'en rendre compte quelques jours après le désastre d'Isandhlwana, n'était rien moins qu'encourageante. La colonne qui était partie de la côte était bloquée à Etshowe, où elle dut tirer le meilleur parti possible des moyens de défense dont elle disposait. Les restes de la colonne d'état-major (Chelmsford) s'étaient retranchés à un endroit appelé Helpmakaar, à quelques milles de Rorke's Drift, sur le territoire de Natal. La colonne de sir Evelyn Wood occupait un camp fortifié à Kambula, au nord du Zoulouland et s'attendait à être attaquée d'un moment à l'autre par toute l'armée zouloue. Ainsi, tandis que l'on n'avait à faire absolument rien dans le Zoulouland, toute la frontière de Natal, exception faite de ce que l'on pouvait attendre des recrues indigènes constituant la quatrième colonne, était entièrement ouverte à l'invasion zouloue. Il n'est donc pas étonnant que les colons de Natal, qui n'avaient rien fait pour provoquer la guerre, fussent devenus nerveux. Personne ne doutait que des renforts considérables seraient promptement expédiés d'Angleterre et qu'aucune dépense ne serait épargnée pour effacer l'effet du désastre d'Isandhlwana ; mais il n'y avait pas alors de communication télégraphique avec l'Europe. La première nouvelle du désastre lui-même n'arriva en Angleterre qu'après plus de quinze jours, et le plus que l'on pouvait c'était de faire faire escale à Saint-Vincent à un paquebot rentrant en Angleterre. Un délai de plusieurs semaines s'écoulerait donc forcément avant que la colonie put même se trouver en état sérieux de défense, si les Zoulous avaient l'intention de pousser jusqu'au bout leur avantage. Il est certain que si une grande armée zouloue avait franchi le Tugela elle aurait pu commettre des ravages considérables dans une grande partie du territoire de Natal. La population européenne aurait pu seulement se renfermer dans des positions retranchées, laissant le pays à la merci de l'envahisseur. Dans la capitale même, une partie de la ville avait été transformée en un camp retranché (laager) dont les mauvaises dispositions auraient, du reste, été sans doute plus fatales qu'une invasion de Zoulous, et la ville était sillonnée chaque jour par des patrouilles d'une garde municipale volontaire qui poussa le zèle jusqu'à provoquer un innocent fermier hollandais qui avait poussé à cheval jusqu'à la ville pour chercher son bétail en maraude. Heureusement, les Zoulous ne firent même pas une tentative d'attaque contre la colonie, arrêtés, on en est à peu près certain, par les ordres de leur chef. Le temps s'écoulait, les appréhensions de la première heure ne se réalisant pas, on comprit que la panique avait été fortement exagérée, et la situation, au point de vue colonial, s'améliorait d'autant plus que l'on avait la perspective de marchés rémunérateurs pour l'approvisionnement des troupes impériales.

Toutefois, avant l'arrivée des premiers renforts, l'attention fut fréquemment appelée sur la situation militaire par plus d'un incident malheureux. Le 12 mars, un détachement d'infanterie fut surpris par les Zoulous à la rivière Intombi, sur la frontière du Zoulouland et du Transvaal et détruit presque jusqu'au dernier homme, malgré la précaution qui avait été prise de former les wagons en laager. Les assaillants ne faisaient pas, cette fois, en réalité partie de l'armée zouloue; c'était une tribu de pillards qui, depuis quelques années, avait provoqué de nombreuses alertes dans le district. Environ une semaine plus tard, survint la désastreuse affaire de la montagne Hlobane, dans le Zoulouland septentrional, où une partie considérable de la cavalerie attachée à la colonne de sir Evelyn Wood fut entourée par l'armée qui s'avançait pour attaquer le camp anglais à Kambula et subit des pertes sérieuses. Ces incidents regrettables, néanmoins, furent plus que contrebalancés par la victoire décisive remportée par sir Evelyn Wood à Kambula, deux jours après: les Zoulous n'échouèrent pas seulement dans leur attaque contre les positions anglaises, ils furent repoussés avec de grandes pertes. L'effet moral de ce succès fut d'autant plus grand qu'il fut remporté par l'une des colonnes primitives de l'armée d'invasion et avant l'arrivée de tout renfort.

Lorsque, au commencement d'avril, des renforts suffisants furent arrivés, on s'occupa d'abord de dégager les troupes emprisonnées à Etshowe, avec lesquelles depuis plus de deux mois on était sans communication, sauf par le télégraphe optique.

En avançant dans le Zoulouland pour la seconde fois, lord Chelmsford prit les précautions qui lui auraient épargné les désastres de la première invasion. Les wagons qui accompagnaient les troupes furent employés à former des *laagers* contre lesquels les Zoulous vinrent se briser, ainsi que cela a eu lieu à la bataille de Ginginhlovu. Etshowe fut débloquée et — ce qui n'était pas du tout une conséquence forcée de ce succès — le Zoulouland fut évacué.

Une période d'inaction suivit, qui mit à une dure épreuve, et sans nécessité apparente, la patience du public, aussi bien dans l'Afrique du Sud qu'en Angleterre. De nouveaux renforts étaient arrivés et les troupes dont disposait le général en chef dépassaient de beaucoup l'effectif le plus élevé qui eût jamais été concentré dans l'Afrique du Sud. On avait accumulé les approvisionnements et l'argent avait été dépensé avec une prodigalité dont n'avaient pas à se plaindre tous ceux qui avaient à vendre quoi que ce fût qui pût être utilisé pour une armée. La seule chose qui faisait défaut, c'était l'activité : on ne faisait aucune opération militaire.

Lorsqu'on se décida, on adopta le même plan que la première fois : l'envahissement du Zoulouland sur plusieurs points. Une colonne, commandée par le général Hope Crealock, devait avancer de nouveau par le chemin de la côte, tandis que la colonne d'état-major, confondue avec l'ancienne colonne de sir Evelyn Wood, devait pénétrer dans le Zoulouland par le nord. Les bases d'opérations de ces deux colonnes étaient distantes d'au moins deux cents milles, tandis que toute la frontière de Natal restait ouverte aux Zoulous s'ils voulaient la franchir. Dans l'opinion de personnes très compétentes, la meilleure route de la frontière de Natal au siège principal du Gouvernement de Cetywayo, au centre du Zoulouland, passait par Rorke's Drift et l'emplacement du malheureux camp d'Isandhlwana. Mais on paraît avoir eu des objections insurmontables contre l'adoption de cette route et, en fait, aucun Européen ne visita le théâtre du désastre du 22 janvier que quatre mois après l'événement, bien que l'évêque Colenso eût offert de se rendre sur les lieux et d'y célébrer un service pour les morts. Lorsqu'enfin on se rendit à l'endroit où avait été dressé le camp, la courageuse tentative du colonel Durnford et des volontaires de Natal pour défendre le col fut éloquemment démontrée par la position des cadavres encore reconnaissables, malgré les quatre mois pendant lesquels ils avaient été abandonnés aux intempéries. Il n'est peut-être, après tout, pas surprenant que lord Chelmsford ait refusé de pénétrer dans le Zoulouland en passant par Isandhlwana.

Cependant, les colonnes languissaient toujours sur la frontière du Zoulouland et l'argent était toujours dépensé à profusion par le service de l'intendance. L'inaction de la colonne de la côte, particulièrement, devint presque un sujet de dérision parmi le public et l'Administration faisait valoir pour toute excuse qu'elle n'avait pas regardé à la dépense pour activer la campagne. Sur la frontière nord du Zoulouland, un immense parc de wagons — il y en avait plusieurs centaines — avait été concentré pour le transport des troupes, et il n'y a pas le moindre doute que si les Zoulous avaient eu une expérience suffisante de l'art de la guerre pour organiser un plan d'escarmouches contre le service des équipages, la campagne aurait pu être indéfiniment retardée. Lorsqu'enfin un mouvement en avant fut fait par la principale colonne, sa marche se signala par un mélange extraordinaire de timidité et d'audace. L'appréhension d'une attaque soudaine des Zoulous provoqua plus d'une alarme nocturne, presque des paniques, tandis que la plus complète négligence des précautions les plus élémentaires au point de vue des reconnaissances eût pour conséquence la mort du Prince Impérial — événement qui causa une impression presque aussi vive que le désastre de janvier. Les Zoulous étaient assurément les plus francs et les plus accommodants des ennemis, car Cetywayo avait résolu de donner à l'armée anglaise exactement ce qu'elle désirait, c'est-à-dire l'occasion d'un seul engagement décisif. Mais, en attendant, les dépenses illimitées, et sans que rien les justifiât, inquiétaient le Ministère en Angleterre. On décida d'envoyer lord Wolseley pour remplacer lord Chelmsford, et le nouveau commandant en chef arriva sur la côte de l'Afrique du Sud au commencement de juillet. Il ne paraît pas improbable que la venue de lord Wolseley stimula le zèle de l'armée d'invasion, dont une partie — la colonne de la côte — avait jusqu'ici à peine quitté sa base d'opérations. La fortune se montra jusqu'à un certain point douce à lord Chelmsford. Un retard éprouvé par lord Wolseley sur la côte du Zoulouland lui donna le temps d'avancer tout près du principal kraal de Cetywayo, à Ulundi. La bataille d'Ulundi fut livrée par les troupes anglaises formées en carré contre des forces de beaucoup supérieures en nombre. Les Zoulous furent complètement défaits; Cetywayo prit la fuite; les kraals royaux furent réduits en cendre et la guerre contre les Zoulous était en fait terminée.

Ce qui restait à faire, c'était d'abord de se rendre

maître de la personne de Cetywayo et ensuite de trouver un plan quelconque d'apaisement du Zoulouland. Ces questions furent laissées entièrement à lord Wolseley, qui, outre qu'il remplaçait lord Chelmsford dans le commandement militaire, remplaça sir Bartle Frere comme Haut Commissaire, du moins dans la partie orientale du Sud Africain.

On ne réussit qu'au bout de quelques semaines à découvrir et à faire prisonnier Cetywayo, qui s'était réfugié dans les épaisses forêts du pays, aux environs de la baie de Sainte-Lucie. Il fut immédiatement expédié à Cape-Town comme prisonnier d'État et l'apaisement du Transvaal s'effectua sans difficulté. L'opinion publique, en Angleterre, indignée que l'on eût traîtreusement et sans autorisation entraîné le pays dans la guerre contre les Zoulous, était très opposée à l'annexion. D'autre part, la disparition de l'autorité centrale avait laissé un vide qu'il était difficile de remplir. Les propositions qui furent faites de réinstaller Cetywayo, sous certaines conditions, comme vassal du Gouvernement britannique, ne furent pas agréées par les autorités, bien qu'il soit très probable que l'adoption de cet arrangement eût donné d'assez bons résultats. Lord Wolseley proposa enfin, avec l'agrément de sir Henry Bulwer, lieutenant-gouverneur du Natal, un système qui, on l'espérait, permettait d'utiliser une partie des Zoulous à tenir le reste du peuple en respect. Le pays fut divisé en treize districts distincts, et onze de ces districts furent placés sous l'autorité des principaux chefs zoulous. Les deux autres, limitrophes de Natal, furent placés : l'un sous un chef Basuto, Hlubi, qui avait rendu quelques services pendant la campagne; l'autre sous l'autorité du commerçant John Dunn, qui, après avoir fait fortune en vendant des armes aux Zoulous, avait mis ses services à la disposition des Anglais lorsque la guerre fut décidée. Il n'est pas douteux que cette récompense donnée à John Dunn, au détriment du peuple zoulou, fut un gros scandale. Mais, en Angleterre, l'opinion publique en avait assez des Zoulous et du Zoulouland et était prête à accepter tout ce qui pouvait ressembler à un réglement de la question. On a prétendu que lord Wolseley avait cyniquement dit que cet arrangement aurait pour effet de renouveler, parmi les Zoulous, la légende des chats de Kilkenny et les troubles qui éclatèrent bientôt semblèrent justifier cette prédiction. Mais, pour le moment, la question zouloue était définitivement réglée. Les troupes furent rapidement rappelées; les immenses approvisionnements de toutes sortes que l'on avait accumulés furent vendus à des prix dérisoires et les colons, qui avaient été assez heureux pour faire des marchés avec le commissariat impérial, eurent le loisir de se dire que, si d'autres avaient pu souffrir dans leur fortune ou dans leur réputation, ils n'avaient, quant à eux, pas lieu de se plaindre.

CHAPITRE IV

LA CONFÉDÉRATION EN DÉFAVEUR

Si le renvoi du Ministère Molteno par sir Bartle Frere peut être considéré comme ayant marqué le point culminant de la politique fédérative, la catastrophe d'Isandhlwana a certainement marqué le commencement de son déclin. L'émotion causée par cette catastrophe, le remplacement de sir Bartle Frere comme Haut Commissaire qui en fut la conséquence eurent une influence d'autant plus grande sur les événements que lord Carnarvon, l'initiateur du projet de confédération de l'Afrique du Sud, s'était retiré du Ministère Beaconsfield, abandonnant la tâche à sir Michael Hicks-Beach, esprit beaucoup plus pratique et moins emballé. Même avant la tragédie d'Isandhlwana, le projet de confédération avait subi un échec important à la Chambre des Communes qui, surtout à l'instigation de M. Parnell et de ses disciples nationalistes, avait limité la durée de l'Acte Sud-Africain à une période de cinq années. Il n'est pas invraisemblable de supposer que cette restriction ait donné naissance au désir de hâter autant que possible la réalisation du projet de confédération. Mais, d'autre part, on ne pouvait s'attendre à voir le nouveau Ministre des Colonies, homme prudent et de sens pratique, prendre le même intérêt que son prédécesseur au projet dont il avait hérité.

Outre l'effet déprimant de la tragédie d'Isandhlwana et l'intérêt moins vif que l'on prenait en Angleterre au plan de confédération, ce plan était aussi battu en brèche par ce qui se passait au Transvaal. Il devenait évident pour tous que l'opposition des *burghers* du Transvaal à l'annexion n'était pas une fable, mais bien une réalité. En 1878, une seconde délégation, ayant toujours à sa tête M. Krüger, était partie pour l'Angleterre avec une nouvelle protestation plus énergique que la première, et recevait de sir Michael Hicks-Beach la même réponse qu'avait faite précédemment lord Carnarvon, à savoir qu'il était impossible de revenir sur l'annexion. Par une curieuse coïncidence, cette seconde députation, revenant d'Angleterre, arriva à Natal pendant la période de recueillement qui s'écoula entre l'ouverture de la campagne contre les Zoulous et le désastre d'Isandhlwana. Les délégués eurent des entretiens avec sir Bartle Frere, entretiens qui, de la part du Haut Commissaire, eurent un caractère temporisateur. Ils trouvèrent aussi un ami zélé en la personne de l'évêque Colenso, dont les sentiments élevés, l'esprit de justice avaient fait un adversaire résolu de l'annexion du Transvaal aussi bien que de la guerre contre les Zoulous. Parmi un grand nombre de colons anglais de l'Afrique du Sud également, l'injustice évidente de l'attitude prise contre les Zoulous avait attiré l'attention sur l'injustice de l'annexion du Transvaal. Ceux qui, comme M. Saul Salomon, avaient, dès la première heure, pris position contre tout le plan de conspiration, commençaient à trouver des auditeurs plus nombreux. On commençait à comprendre les objections morales que présentait une politique basée sur la violence et l'injustice. De plus, les affaires ne marchaient pas bien dans le Transvaal même. Quels que fussent les défauts de sir Theophilus Shepstone comme administrateur, c'était un civil, et un civil qui avait l'avantage de parler aux burghers du Transvaal leur propre langue. Mais, pour des raisons qui sont toujours restées obscures, il fut remplacé par le colonel (depuis sir William) Lanyon. On ne pouvait imaginer un choix plus malencontreux. En tant que militaire, le colonel Lanyon avait évidemment certaines qualités; au point de vue de l'administration civile, il n'en avait aucune, et surtout pour une situation aussi délicate que celle où l'on se trouvait à Pretoria. Si l'annexion par la Grande-Bretagne était odieuse aux burghers du Transvaal, elle le devint dix fois plus lorsqu'ils se virent soumis à la domination absolue d'un officier anglais qui ne connaissait ni leur langue ni leurs mœurs et dont l'aspect laissait supposer, à tort ou à raison, un mélange de sang d'une race inférieure.

A l'époque de l'arrivée de lord Wolseley à Natal, le mouvement de recul du projet de confédération s'accentuait rapidement. Bien que le résultat de la bataille d'Ulundi eût contribué à racheter la réputation militaire de lord Chelmsford, on sentait partout que les jours de « politique vigoureuse » étaient passés. L'état d'esprit nouveau éclatait dans le refus, fort mal accueilli du reste par un très grand nombre de colons de Natal, d'annexer le Zoulouland et le refus simultané de prendre de nouvelles mesures pour subjuguer le Pondoland. Jusqu'à quel point cette politique était dictée par des principes de justice et jusqu'à quel point elle était influencée par des principes d'économie financière, c'est un problème qui reste à résoudre. Les colons de Natal purent tristement apprécier le côté économique de la question lorsqu'ils apprirent qu'ils devaient participer pour au moins un million sterling aux frais de la guerre. La contribution fut ensuite réduite au quart de cette somme, mais l'effet n'en fut pas moins produit.

Avant l'arrivée de lord Wolseley, sir Bartle Frere s'était rendu de Natal au Transvaal, où le caractère de ses entretiens avec les chefs des burghers protestataires les avait induits à croire qu'il plaiderait leur cause auprès du Gouvernement Impérial. Sir Bartle Frere, à son retour, s'arrêta à Kimberley, où il chercha à recruter des partisans à la cause de la Confédération, et, arrivé à Cape-Town, il se mit en devoir de faire tout son possible pour aboutir. On a toujours supposé que c'est à cause de cela et dans le but de fournir à sir Bartle Frere une occasion de rétablir sa grande réputation qu'on lui laissa, pendant quelque temps, mais limités à la Colonie du Cap, les pouvoirs qui lui avaient été conférés deux ans auparavant.

L'intérêt se concentrait cependant, pour le moment, sur lord Wolseley qui, en vertu de sa nomination comme Haut Commissaire de l'Afrique du Sud orientale, exerçait un contrôle suprême à Natal et au Transvaal. On considérait alors comme tellement probable une explosion de mécontentement ou même des troubles au Transvaal, que l'on demanda un jour, ouvertement, à l'un des principaux officiers de l'état-major de lord Wolseley, pendant son séjour à la capitale de Natal si, en cas de trouble, les burghers du Transvaal seraient traités comme des belligérants ou comme des rebelles. La réponse fut : « Ni l'un ni l'autre », ce qui semblait indiquer que lord Wolseley, s'il était au courant des dangers de la situation, n'avait du moins pas encore arrêté son parti quant à l'attitude à prendre dans cette question si délicate. D'ailleurs, la question ne fut pas soulevée à ce moment. Les premiers devoirs qui incombèrent à lord Wolseley furent strictement militaires. Après l'organisation rapide du Zoulouland avec ses treize roitelets, il eut à procéder à la soumission de quelques indigènes du Transvaal. Il n'importait peut-être pas beaucoup que le chef Sekukini eût, en 1876, résisté victorieusement aux efforts faits par un chef de burghers transvaaliens pour le déloger; mais son importance se trouva accrue, en 1878, lorsqu'une colonne anglaise fut obligée de battre en retraite avant même d'avoir engagé une action sérieuse avec lui. Il fallait donc en finir avec Sekukini et, dans ce but, lord Wolseley réunit des forces considérables, vers la fin de 1879, dans le district de Lydenburg, dans le Transvaal; mais, auparavant, des mesures furent prises contre le chef insoumis Umbeline qui, de ses défilés rocheux sur la frontière du Transvaal et du Zoulouland, avait été, en mars précédent, l'auteur responsable du désastre infligé au détachement anglais campé sur la rivière Intombi. Umbeline et ses hommes furent refoulés dans leurs repaires, qui furent ensuite soumis à l'épreuve destructive de la dynamite et personne ne s'inquiéta jamais de savoir quelles furent leurs pertes tant en combattants qu'en non combattants. La soumission de Sekukini s'opéra ensuite avec l'aide d'un puissant contingent de Swazies. Il est peut-être inutile de faire revivre, après si longtemps, la controverse ardente qui eut lieu alors au sujet du traitement infligé aux captifs, combattants ou non combattants, par ce contingent swazie. La même question s'est posée au sujet du traitement des prisonniers et des blessés zoulous après la bataille d'Ulundi, et plus récemment encore, au sujet de l'invasion du Matabeleland par la Compagnie à Charte. Tout ce que l'on peut dire, c'est, que si les démentis sont naturels d'un côté, l'allégation des faits n'en subsiste pas moins, de l'autre.

Ces incidents militaires ayant été liquidés, il devenait nécessaire de résoudre le problème posé par la situation du Transvaal. Lord Wolseley, il est juste de le reconnaître, ne se fit jamais d'illusions à ce sujet. Dans des dépêches qui furent depuis rendues publiques, il avertissait très sérieusement les autorités impériales que, si des forces militaires considérables n'étaient pas maintenues dans le Transvaal, il n'y avait aucune chance de conserver ce pays sous la domination britannique. Les burghers du Transvaal étaient pourtant toujours patients, mais ils l'étaient sans doute surtout parce qu'ils entrevoyaient dans un avenir prochain, en Angleterre, par le fait du jeu de bascule de la politique, telles circonstances qui leur permettraient d'obtenir pacifiquement le redressement de leurs griefs. Dans le but de contribuer à aplanir les difficultés, leurs chefs lancèrent un manifeste dans lequel, sous condition du rétablissement de l'indépendance du Transvaal, d'importantes concessions étaient offertes à l'Angleterre, y compris l'offre d'examiner la question de la Confédération de l'Afrique du Sud et de tenir compte des idées anglaises dans les affaires indigènes. En même temps, ils ne manquaient pas de faire connaître leurs sentiments aux habitants hollandais du Cap, hommes de même race qu'eux et qui, comme eux, avaient hérité des mêmes souvenirs amers des premiers actes de persécution de l'Angleterre. Leur appel aux sympathies de leurs frères du Cap fut si efficace que le Ministère Sprigg, désireux pourtant de complaire à sir Bartle Frere par tous les moyens, dut, pendant la session parlementaire de 1880, s'avouer battu sur la question de la Confédération et se vit contraint d'adopter à contre-cœur la politique du précédent Ministère.

La Confédération de l'Afrique du Sud, pour laquelle sir Bartle Frere avait tout risqué, était morte. Et, comme elle était morte dans l'Afrique du Sud, personne en Angleterre ne se souciait de la faire revivre.

Mais, avant que le sort de la Confédération ne se trouvât réglé définitivement dans l'Afrique du Sud, par le fait de l'impossibilité où se trouva le Ministère Sprigg de grouper une majorité parlementaire en sa faveur, des événements s'étaient produits en Angleterre qui paraissaient justifier la confiance des burghers du Transvaal dans l'œuvre du temps : anticipant sur la prochaine dissolution normale du Parlement, le Ministère Beaconsfield avait, au commencement de l'année, fait appel au pays. Le résultat des élections étonna même les plus confiants des libéraux. Le dégoût et le mécontentement provoqués par les aventures et les échecs du Ministère Beaconsfield — aventures coûteuses au point de vue financier, échecs encore plus coûteux à cause des blessures infligées à l'amour-propre national — avaient préparé les voies à la plus spontanée et à la plus écrasante réaction de l'histoire de l'Angleterre. Le carnage fut effrayant dans les rangs des conservateurs. Bourg après bourg, comté après comté, se rendaient sous l'attaque des libéraux et, longtemps avant la fin des élections, il était évident que le sort du Ministère Beaconsfield était réglé. Dans l'Afrique sud-africaine anglaise, ce déplacement du centre de gravité de la politique causa quelque surprise; par les burghers du Transvaal et par leurs amis hollandais, dans tout le continent sud-africain, il fut salué avec joie. Les chefs des burghers protestataires avaient été accueillis avec sympathie par le parti libéral; ils en avaient reçu des encouragements et, bien que les chefs du parti eussent pris soin de ne pas s'engager trop à fond sur la question, il paraissait du moins y avoir tout lieu de croire que, sous un Gouvernement libéral, le mal fait par l'annexion serait défait. La déception ne se fit pas longtemps attendre. La question fut sans doute examinée, lors de la première réunion du Cabinet libéral dans lequel lord Kimberley avait repris son ancienne place au Colonial Office; mais il y avait des questions plus pressantes, des questions touchant de plus près à l'Angleterre, qui réclamaient une attention immédiate, et la question du Transvaal fut ajournée. En outre, sir Bartle Frere, qui était resté en fonctions à Cape-Town, avait fait valoir que, en raison de l'augmentation de la population anglaise du Transvaal depuis l'annexion, l'abrogation de cet Acte devait fatalement aboutir à une guerre civile qui ferait du tort à tous les intérêts du pays, et particulièrement aux intérêts anglais. Le conservatisme naturel d'une administration publique se trouvant fortifié par des arguments de ce genre, le Colonial Office laissa les choses en l'état. Les burghers du Transvaal s'aperçurent que leurs protestations et leur patience avaient été également inutiles. Il est vrai que le nouveau Ministère, sentant qu'il était nécessaire de faire quelque chose pour donner satisfaction à l'opinion publique, rappela sir Bartle Frere, sous prétexte qu'il n'y avait plus aucune chance de voir le principe de la Confédération accepté par la colonie du Cap et que sa mission était virtuellement terminée; mais le régime militaire fut maintenu sans atténuation à Pretoria, où on laissa le colonel Lanyon, et ce ne fut plus qu'une question de mois et de semaines que de savoir quand les burghers, désappointés, en appelleraient aux armes.

Entre temps, comme pour démontrer que la liste des maux importés dans l'Afrique du Sud dans la même valise que le projet de confédération de lord Carnarvon n'était pas épuisée, une guerre avait éclaté entre le Cap et les Basutos. Les causes de cette guerre sont faciles à élucider. Pendant plus de dix ans, depuis, en fait, leur défaite par les burghers de l'Etat Libre d'Orange, les Basutos avaient été les enfants d'adoption du Gouvernement anglais. On considérait que leur loyalisme était au-dessus de tout soupçon, et ils avaient donné des preuves évidentes de leurs qualités militaires. Un grand nombre d'entre eux étant allés travailler aux mines de Kimberley, ils se trouvaient en possession d'un stock respectable d'armes à feu. Le principe que les indigènes ne devaient pas posséder d'armes à feu faisait partie de la théorie du péril indigène, qui était intimement lié à la politique fédérative. On a beaucoup exagéré, dans l'Afrique du Sud, l'importance de la possession des armes à feu par les indigènes. Il est possible, il est vrai, que la possession de fusils puisse encourager une tribu indigène à se révolter, mais, sur le champ de bataille, un indigène armé d'un fusil est beaucoup moins redoutable qu'un indigène armé d'une sagaie. L'indigène africain est généralement mauvais tireur, il ne sait pas manœuvrer la hausse, et il tire d'autant plus mal qu'il a, entre les mains, un fusil plus perfectionné. C'est avec des sagaies et non avec des fusils, que s'est opéré le massacre d'Isandhlwana. Mais conformément à la théorie du danger des armes à feu entre les mains des indigènes, le Parlement du Cap, sur la proposition de sir Gordon Sprigg et sur l'inspiration de sir Bartle Frere, avait voté une loi sur les armes à feu, d'après laquelle tous les indigènes devaient livrer, à jour donné, toutes les armes à feu qu'ils possédaient. Les Basutos, malgré leur loyalisme avéré, tombaient sous le coup de cette loi. Ils refusèrent de s'y soumettre et l'on décida de les y contraindre. Cette décision fut prise à une très faible majorité à la Chambre du Cap. La mesure était si impopulaire en Angleterre, où l'opinicn publique en avait par-dessus la tête des guerres africaines, que l'on fit comprendre au Gouvernement du Cap que, s'il persévérait à vouloir faire la guerre aux Basutos, il n'aurait le concours d'aucun soldat de l'armée impériale et ne recevrait pas un penny de l'Angleterre. On ne tint aucun compte de l'avertissement. Des volontaires furent enrôlés ; le Trésor colonial dépensa des sommes énormes en acquisition d'approvisionnements, de chevaux et de matériel de guerre. La guerre, malgré tous ces préparatifs, traîna pendant des mois. Presque partout les troupes coloniales avaient le dessous, et enfin, après avoir dépensé quatre millions sterling, le Gouvernement colonial, sans avoir atteint son but, était forcé de traiter avec un peuple qui avait été complètement vaincu, après une rude lutte, il est vrai, par les burghers de l'État Libre d'Orange, dix ans à peine auparavant.

Leçon de choses qui n'était pas sans signification !

CHAPITRE V

LA GUERRE DU TRANSVAAL

Pour traiter du plus important incident de l'histoire de l'Afrique du Sud, en ces vingt dernières années, il est utile de commencer par chercher à évaluer la nature des forces qui y furent engagées. Il a déjà été signalé que l'annexion du Transvaal avait été le résultat direct d'une nouvelle politique visant l'expansion impériale et qui détruisait, en quelques instants, des combinaisons qui avaient subi avec succès une épreuve d'un quart de siècle. Ces combinaisons dataient de la signature de la Convention de *Sand River*, en 1852, où les droits à l'indépendance des deux nouvelles républiques de l'Afrique du Sud furent reconnus et par laquelle ceux qui les avaient fondées étaient, de bonne grâce, laissés maîtres de leurs destinées.

Il est vrai que sir Bartle Frere, dans sa conférence avec les burghers protestataires, en 1879, avait fait valoir que si l'on revenait à la Convention de *Sand River*, on pourrait aussi bien revenir à la création du monde. Une telle déclaration était malheureuse de la part du représentant de l'Angleterre et on ne pouvait s'empêcher de faire un rapprochement peu flatteur avec l'attitude récemment prise envers les colons de Terre-Neuve, au mépris d'un traité conclu avec la France au commencement du siècle dernier. Il est évident que ce n'est pas ce fait seul de la signature d'une convention qui importait, mais aussi le temps pendant lequel et la manière dont cette convention avait été appliquée et observée. En envisageant la situation à ce point de vue et considérant que la Convention de *Sand River* avait été respectée pendant vingt-cinq ans par les deux parties, les burghers étaient autorisés, dans leur protestation, à considérer que cette Convention garantissait leur indépendance. S'ils n'avaient pas été à tous égards bien gouvernés — et il est certain que l'administration du président Burghers fut trop aventureuse et trop théorique étant donné la situation où se trouvait le pays — c'était leur affaire. Si des Puissances étrangères avaient le droit d'intervenir dans les affaires d'un État quelconque qu'elles estimeraient mal gouverné, toute l'organisation du système international tomberait à plat.

Cependant, pour bien comprendre la situation, il est nécessaire de remonter un peu plus haut que la signature de la Convention de *Sand River*. Le problème sud-africain n'est pas précisément simple, bien qu'il ne soit pas aussi compliqué que quelques personnes se plaisent à le croire. Pour en avoir la clef, il n'est nullement nécessaire de remonter à la création du monde, mais tout simplement à l'époque où le drapeau britannique fut planté pour la première fois sur les fortifications de Cape-Town. Il faut remonter aux premières années de ce siècle, au temps où, de l'aveu général des Puissances européennes, la Grande-Bretagne se voyait confirmer la possession de l'ancienne colonie hollandaise du Cap de Bonne-Espérance. Cette colonie hollandaise, fondée d'abord dans l'intérêt de la Compagnie hollandaise des Indes orientales, contenait un certain élément étranger, non commercial, qui a joué un rôle des plus importants dans l'histoire politique de l'Afrique du Sud. Il y avait plus de deux siècles qu'un grand nombre de ces émigrés huguenots, auxquels l'Angleterre elle-même est redevable de quelques-unes de ses conquêtes intellectuelles les plus remarquables, avaient trouvé asile au Cap de Bonne-Espérance et, jusqu'à ce jour, leurs noms, souvent étrangement métamorphosés, se retrouvent encore parmi les titulaires de hautes fonctions dans le continent sud-africain. A l'époque où le Cap de Bonne-Espérance fut définitivement cédé à l'Angleterre, le Gouvernement anglais n'envisageait les colonies qu'à un point de vue exclusivement militaire. C'est seulement il y a une cinquantaine d'années, lorsque les colonies australiennes préludèrent à leur splendide épanouissement actuel, que les affaires coloniales, qui n'avaient jusqu'alors été qu'une section du Ministère de la Guerre, furent considérées comme dignes de l'attention d'un Ministère spécial.

Conformément à ces vieux errements, la colonie anglaise du Cap de Bonne-Espérance ne fut d'abord qu'une station militaire, soumise à des autorités militaires qui ne savaient presque rien et se souciaient encore moins des premiers colons. L'histoire des conflits de ces autorités militaires avec ces premiers colons, et aussi avec les colons anglais de naissance qui avaient été attirés au Cap, forme un curieux et intéressant chapitre de l'histoire du sud de l'Afrique, où le tragique le plus émouvant se mêle à chaque instant au comique le plus irrésistible. Le fait principal sur lequel l'attention doit s'arrêter est la présence dans l'Afrique du Sud, dans les premières décades du siècle, d'un groupe de colons hardis et indépendants, contenus, d'un côté, par l'autorité anglaise qu'ils acceptaient à contre-cœur, et, d'un autre côté, par des masses armées de sauvages les menaçant constamment d'une incursion qui aurait anéanti leurs tentatives de civilisation.

La présence de tels colons dans de pareilles conditions est l'un des principaux faits qu'il ne faut pas perdre de vue dans toute étude historique sur l'Afrique du Sud, car c'est dans ce fait que l'on trouvera l'explication de bien des événements qui se sont produits à une époque plus rapprochée de nous. Mais il ne faut surtout pas oublier, lorsque l'on s'occupe de l'événement le plus important de l'histoire de l'Afrique du Sud, la fameuse émigration des fermiers du Cap, il y a soixante ans. C'est aux actes et aux souffrances de ces fermiers émigrés, comme on les appelle généralement, qu'est due l'existence actuelle de ce continent civilisé qui s'appelle l'Afrique du Sud.

La grande émigration, qui commença en 1835, fut déterminée par deux causes. La première fut la ruine de centaines de familles par la manière dont furent appliquées les mesures destinées à compenser les fermiers du Cap de la perte résultant de la libération de leurs esclaves. Personne, aujourd'hui, ne songera à s'élever contre le courant du sentiment national qui aboutit à briser les chaînes de l'esclavage dans toutes les parties de l'Empire britannique, mais il n'était nullement nécessaire d'appliquer cette mesure de telle façon que les propriétaires d'esclaves du Cap, où l'esclavage était une manière d'institution patriarcale, n'aient reçu que la dixième ou la douzième partie de la compensation qui leur avait été promise. La ruine qui résulta de ces procédés iniques ne laissa à des centaines de fermiers d'autre alternative que d'abandonner leurs fermes et de se réfugier dans des régions sauvages. Il y eut plus que la ruine; un profond mécontentement avait pris naissance, un grave danger avait été créé par ce que, dans l'Afrique du Sud, on a toujours appelé « la politique de Glenelg », la politique par laquelle, après un conflit à mort entre les fermiers et les masses environnantes de tribus guerrières, entre la civilisation et la barbarie, l'œuvre accomplie par la civilisation fut détruite et les indigènes installés de nouveau dans les régions que leur avait enlevées la fortune de la guerre.

L'histoire de ce grand exode des fermiers émigrants n'est pas nouvelle. Elle a été racontée plus d'une fois. Mais on ne saurait la répéter trop souvent. On peut affirmer qu'il n'existe rien dans toute l'histoire de l'humanité de plus pathétique, de plus émouvant que l'histoire de ces hommes, qui, avec leurs femmes et leurs enfants, abandonnaient tout ce qui constitue le foyer familial, et se lançaient dans un pays inexploré, ne sachant littéralement pas où ils allaient. Ceux qui connaissent l'Afrique du Sud actuelle, avec ses trains-poste transportant les voyageurs avec un luxueux confortable à travers les plaines arides et par-dessus les gués rocheux, peuvent peut-être se faire mieux que les autres une idée de ce que pouvait être cette Afrique du Sud, au nord du fleuve Orange, lorsque Paul Krüger, qui n'était qu'un enfant de dix ou onze ans, prit part, avec ses parents, à ce mouvement qui, grâce à la grande Providence des nations, devait aboutir à la création de Gouvernements civilisés dans le continent sud-africain. Il n'y a assurément pas d'événement dans toute l'histoire moderne plus digne de servir de thème à un grand poème épique. Ce poème sera peut-être écrit quelque jour, et peut-être aussi un jour, lorsque ceux qui tirent les ficelles du pantin politique auront cessé de troubler l'Afrique du Sud, lorsque les spéculateurs se reposeront, élèvera-t-on un monument aux fondateurs de l'Afrique du Sud telle qu'elle est. Ce monument pourrait peut-être être élevé sur le sommet du mont Colesberg — peu d'endroits seraient mieux choisis — près du berceau de l'homme qui, quelles que soient ses erreurs, devra toujours être considéré comme l'un des plus grands Sud-Africains, près du berceau de Paul Krüger, dominant, par-dessus le fleuve Orange, le vaste continent que la flamme intérieure et l'endurance physique des fermiers émigrés « a sculpté dans la pierre brute et a animé d'une âme. »

Le résultat politique de leur courage et de leur endurance éclate aux yeux de tout le monde, avec la fondation de trois États sud-africains et l'écrasement de la puissance des races sauvages et guerrières qui possédaient autrefois cette contrée. L'État libre de la rivière Orange fut la première conséquence politique de l'œuvre des émigrés. La fondation de la République Sud-Africaine vint ensuite avec la destruction, après une lutte désespérée, du grand chef Mosilikatze. Un autre groupe d'émigrés, descendant le versant oriental du Drakensberg, fonda la République, aujourd'hui, grâce à l'influence anglaise venue de la côte, la colonie de Natal. Ici, la lutte avec le noyau principal de la race des Zoulous fut encore plus vive qu'au Transvaal. La trahison et les massacres firent disparaître un grand nombre des plus braves des émigrés avec leurs familles. Il y a quelques années succombait à Natal une vieille dame qui, tout enfant, avait été laissée pour morte, percée de plus de douze blessures de sagaies par les exterminateurs zoulous. C'est au moment de leur établissement à Natal que les fermiers émigrés gagnèrent une de leurs plus prodigieuses victoires, en 1838, sur les rives du fleuve

Bloed, au nord du Zoulouland, où quatre cents d'entre eux, parmi lesquels des vieillards et des gamins, armés de fusils surannés, dispersèrent et mirent en fuite quinze mille Zoulous et assurèrent à tout jamais l'influence de la race blanche dans toute la partie de l'Afrique du Sud qui s'étendait au delà des limites, alors exiguës, de la Colonie du Cap. Il n'est pas surprenant que l'anniversaire de cette bataille — Dingaan's Day — soit considéré par les descendants des émigrés comme une fête nationale.

Environ vingt ans après le commencement de l'exode des fermiers, on pouvait se rendre compte de l'influence que cet événement avait eue sur l'Afrique du Sud, qui présentait déjà une situation géographique assez semblable à la situation actuelle. On doit rendre ce témoignage à l'influence des principes libéraux en Angleterre que, au moment même où l'on comprenait la nécessité d'un Ministère spécial pour l'empire colonial, on a reconnu les droits constitutionnels des colonies et les droits nationaux des Républiques du Sud-Africain. C'est en 1854 que les affaires coloniales furent enlevées au Ministère de la guerre et confiées au Ministre spécial des colonies. En même temps que s'effectuait ce changement, les grandes communautés australiennes obtenaient de se gouverner elles-mêmes, et le Cap et Natal étaient gratifiés d'institutions représentatives, le Cap en 1854 et Natal en 1856. Vers la même époque, et évidemment sous l'inspiration de la même politique, le statut des deux républiques — la République de l'Afrique du Sud ou Transvaal et l'État Libre d'Orange — était définitivement réglé. En 1852, la complète indépendance de la République de l'Afrique du Sud avait été reconnue par la Convention de *Sand River*. En 1854, l'Angleterre renonçait à toute prétention de souveraineté sur l'État libre d'Orange et laissait aux habitants de cet État le soin de régler eux-mêmes leurs destinées. Tout cela n'est pas nouveau, mais il fallait le rappeler pour apprécier impartialement l'effet produit par l'annexion du Transvaal en 1877. Cette annexion fut considérée par les burghers du Transvaal et par toute la population hollandaise de l'Afrique du Sud comme une répudiation inqualifiable et injustifiable de la politique qui avait donné de bons résultats depuis un quart de siècle, répudiation impliquant le rétablissement de tous les maux, y compris la soumission absolue à la domination anglaise dont les fondateurs de la République avaient cherché à s'affranchir. Cette mesure était aussi odieuse aux burghers du Transvaal, imbus d'idées évangéliques, qu'aurait pu l'être le rétablissement de la tyrannie égyptienne parmi les Israélites qui, ayant traversé la mer Rouge, se croyaient hors d'atteinte de Pharaon et de ses surveillants de corvées. Ils ressentirent vivement l'abus d'autorité et ils protestèrent. Confiants dans la justice de leur cause, ils furent patients. Mais leurs protestations et leur patience ne servirent à rien; leurs amis d'Angleterre les avaient apparemment abandonnés; tout ce qui leur restait à faire, c'était de confier leur cause à l'arbitrage hasardeux d'un appel aux armes.

La révolte commença, comme tant de révoltes ont commencé, à la suite d'une tentative du Gouvernement pour prélever l'impôt. Le paiement de l'impôt par les burghers protestataires avait été officiellement interprété comme impliquant leur acceptation de l'annexion. Cette interprétation leur prouva qu'il était devenu nécessaire de faire bien comprendre leur situation réelle en refusant l'impôt. La crise économique

qui suivit les folles dépenses de la guerre contre les Zoulous se faisait vivement sentir et il n'était pas dans la nature des choses qu'un Ministère libéral pût se contenter de considérer le Transvaal comme autre chose qu'une communauté se suffisant à elle-même. Quelles que pussent être les opinions particulières des fonctionnaires chargés de l'administration du Transvaal, ces fonctionnaires n'avaient pas cessé, depuis le changement de Ministère en Angleterre, de représenter les burghers du Transvaal comme satisfaits de la domination anglaise. Dans ces conditions, les Ministres, à Londres, estimèrent qu'il n'y avait aucune difficulté à y prélever les taxes nécessaires à l'administration du pays, et les fonctionnaires de Pretoria se virent naturellement obligés de conformer leur conduite à la situation qu'ils avaient exposée. Lorsque l'impôt fut refusé, on essaya de l'obtenir par la contrainte. La première tentative dans ce sens mit le feu à la mine révolutionnaire. Le wagon d'un nommé Bezuidenhout ayant été saisi en paiement des taxes qui lui étaient réclamées, les burghers se soulevèrent comme un seul homme. Le wagon fut enlevé par force, mais sans violence, au shériff qui en avait la garde, et une proclamation fut imprimée dans les ateliers d'un journal à Potchefstroom, la vieille capitale de la République, affirmant l'indépendance du pays et nommant un Gouvernement provisoire. L'événement donna lieu à une cérémonie qui eut le caractère impressionnant d'une scène biblique. C'était le 16 décembre, jour anniversaire de la fameuse victoire contre les Zoulous, victoire qui avait assuré la paix et la sécurité de la République. Les milliers de burghers qui s'étaient assemblés à l'appel de leurs chefs, à la première nouvelle de la résolution de prendre les armes, firent un par un le serment, en mémoire de la victoire commémorée en ce jour, de ne pas déposer les armes tant qu'ils n'auraient pas reconquis l'indépendance de leur pays et chacun, après avoir prêté serment, lançait une pierre sur un point déterminé où s'éleva bientôt un monticule commémoratif. C'est à cette réunion, qui eut lieu dans une ferme appelée Paardekraal, que l'insurrection fut décidée. Il ne restait plus aux autorités anglaises qu'à aviser.

Les burghers du Transvaal avaient fait preuve d'une admirable patience ; ils avaient tout fait pour éviter l'effusion du sang : il ne pouvait donc être douteux que leur plan de campagne était arrêté depuis quelque temps déjà, et que chacun d'eux s'était préparé, aussi bien que possible, à la lutte qui pouvait éclater d'un moment à l'autre. De leur côté, les chefs du Gouvernement à Pretoria, vivant dans l'ignorance la plus complète de ce qui se passait dans les campagnes, n'entendant rien de ce que les fermiers disaient entre eux, ne savaient pas que, depuis plusieurs mois, chaque burgher amassait des munitions et des approvisionnements dans un coffre placé à l'avant de son wagon. Les burghers n'étaient certes pas aussi bien pourvus de munitions que les régiments anglais, mais ils étaient généralement mieux armés. Quant à leur plan de campagne, il était simple et pratique. Chaque garnison anglaise devait être assiégée dans ses quartiers et l'on devait occuper les routes de manière à empêcher l'arrivée des renforts. Ce plan fut immédiatement appliqué à l'égard des troupes anglaises stationnées à Potchefstroom. Elles furent assiégées, en même temps que quelques résidents anglais, dans une position fortifiée et complètement séparées de toute communication avec le reste du pays jusqu'à l'armistice, qui fut signé trois mois après. Le quartier général des républicains fut installé à Heidelberg, à environ soixante milles au sud de Pretoria, sur la grande route de la frontière de Natal et des forces considérables établirent un cordon autour de Pretoria, à six milles à peu près de la ville. En même temps les routes de Natal étaient occupées ; c'était la seule direction par laquelle pouvait vraisemblablement arriver les renforts anglais. On ne pouvait guère en attendre du côté de l'Etat Libre, où les burghers prêtaient une assistance sinon militaire, néanmoins active, à leurs frères du Transvaal. Il était fort improbable que les renforts arrivassent directement du Cap : sans parler des distances énormes et des difficultés géographiques que l'on aurait rencontrées sur cette route, l'opinion de la population hollandaise du Cap était loin d'être hostile à l'indépendance du Transvaal. On disait à voix basse, mais tout le monde en était persuadé, que si l'on tentait d'employer les lignes de chemins de fer du Cap, incomplètes comme elles l'étaient, pour transporter les renforts anglais au Transvaal, les viaducs seraient détruits par les partisans des Transvaaliens révoltés. Natal, qui était plus directement sous l'autorité de la Couronne, avec sa population européenne comptant une proportion plus forte de l'élément anglais, devint naturellement, en dehors de toute considération géographique, la base des opérations militaires entreprises pour affirmer l'autorité britannique dans le Transvaal.

Les perspectives de la lutte qui allait s'engager plongeaient dans la consternation ceux qui s'intéressaient sincèrement à la paix et à la prospérité de l'Afrique du Sud. Il était d'autre part évident, pour tous ceux qui connaissaient le mieux l'état de l'opinion dans toute la contrée, qu'une guerre des burghers du Transvaal contre les troupes anglaises, pour recouvrer leur indépendance, pouvait et devait même très probablement conduire à une guerre civile entre la race hollandaise et la race anglaise dans toute l'Afrique du Sud. Des efforts furent faits à Cape-Town par des colons représentant des intérêts anglais et hollandais pour rendre possibles des négociations avant que les hostilités aient été effectivement commencées. Sir Bartle Frere était parti pour l'Angleterre quelque temps auparavant et les fonctions de Gouverneur et de Haut Commissaire étaient temporairement remplies par sir George Strahan, qui venait de quitter le Gouvernement d'une colonie des Indes Occidentales et qui devait nécessairement s'en remettre presque entièrement aux opinions de son Ministère, dont le chef était toujours sir Gordon Sprigg. Une députation très influente essaya de trouver un terrain d'accord avec le Premier Ministre, qui, soit qu'il ne comprît pas la gravité de la situation, soit qu'il se fût laissé endoctriner par sir Bartle Frere, ne prit pas la peine de l'y aider. Une entrevue eut pourtant lieu, au cours de laquelle diverses propositions furent faites, la plus pratique peut-être tendant à l'envoi de sir John Villiers, le chef juge de la colonie du Cap, qui jouissait, à juste titre, de l'estime de la population anglaise aussi bien que de la population hollandaise, au Transvaal, au nom du Gouvernement anglais, pour essayer d'amener un arrangement amiable. La députation, tout influente qu'elle fût, fut froidement accueillie par sir Gordon Sprigg, qui se chargea pourtant de transmettre ses propositions à sir George Strahan. Celui-ci se faisait une idée si fausse de la situation, grâce aux renseignements que lui avaient donné ses conseillers que, bien qu'il pût alors communiquer en quelques heures avec le Colonial Office, il mit les recommandations de la députation sous enveloppe et les expédia par le paquebot-poste hebdomadaire.

Ainsi, grâce à l'indifférence cynique d'un premier ministre et au manque de perspicacité d'un Gouverneur colonial, l'événement que tous les hommes sérieux et influents voulaient éviter, par-dessus tout, une collision entre les troupes anglaises et les burghers du Transvaal, se produisit. Il y a un rapport direct et intime entre ce qui se passa alors à Cape-Town et les circonstances dans lesquelles se produisit le premier engagement entre les deux adversaires au Transvaal. Quelque temps avant la déclaration d'indépendance des burghers, un détachement du 94e régiment, stationné à Lydenburg, au nord-est du Transvaal, avait reçu l'ordre de retourner à Pretoria. Des bruits de mouvements hostiles des burghers commençaient à courir, mais les officiers se contentaient d'en rire. On entendit même l'officier qui commandait le 94e dire ceci : « Les Boers nous feraient voir leurs talons au premier coup de la grosse caisse. » Au point de vue militaire, il n'est pas douteux que cette concentration des troupes anglaises au Transvaal fut désirable, et, au même point de vue, les burghers devaient tout faire pour s'opposer à cette concentration. Un parti de burghers, dont les chefs étaient tenus au courant de tous les mouvements militaires des Anglais, fut expédié d'Heidelberg pour arrêter la marche de la colonne de Lydenberg. Les burghers prirent position non loin d'un gué d'une rivière assez importante, Bronkhorst-Spruit. On a dit qu'ils s'étaient retranchés dans une position fortifiée au milieu de rochers dominant la route et qu'ils avaient même mesuré la distance qui les séparait de l'endroit où les troupes anglaises devaient passer. C'est une pure invention. Le pays, dans cette région est couvert et légèrement ondulé et la seule particularité du terrain est une charmille d'arbres à épines que l'on peut encore voir à environ un mille du chemin de fer de Delagoa Bay. Quant au relevé de la distance, non seulement les tireurs du Transvaal n'ont pas besoin de prendre une pareille précaution, mais il est évident que, en prévision d'une attaque provenant de forces qui devaient occuper nécessairement un grand espace, la précaution, si elle avait été prise, aurait été inutile. La véritable signification de la situation résultait nettement d'une lettre qui fut remise, sous le couvert du pavillon blanc, à l'officier commandant les troupes anglaises. La lettre disait que les burghers comptaient toujours arriver à un arrangement avec le Gouvernement anglais; le Gouvernement provisoire des burghers armés espérait que la colonne s'arrêterait en attendant la réponse aux représentations qui avaient été adressées au Haut Commissaire. Cette lettre, en fait, exprimait un sincère désir d'éviter l'effusion du sang et d'arriver à une solution pacifique et il n'est presque pas douteux que si, à Cape-Town, on s'était rendu plus exactement compte de la gravité de la situation, l'effusion du sang aurait encore pu être évitée, en même temps que l'on eût empêché l'hostilité des deux races de s'envenimer.

Faute d'instructions autres que celles en vertu desquelles il avait quitté Lydenburg, l'officier commandant la colonne anglaise répondit, comme tout autre se fut probablement à sa place trouvé contraint de le faire, qu'il avait à se rendre à Pretoria et qu'il obéirait à cet ordre. La situation, dès lors, ne pouvait plus se résoudre que militairement. La colonne anglaise voulait, si cela lui était possible, se rendre à Pretoria ; les burghers voulaient, et cela leur était possible, l'en empêcher. Le résultat ne resta plus longtemps douteux : un feu nourri et bien réglé, dirigé par des hommes depuis longtemps accoutumés à bien tirer, fut immédiatement ouvert sur la colonne anglaise qui, au bout d'une demi-heure avait subi des pertes si sérieuses, y compris la majorité des officiers, qu'elle fut obligée de se rendre. Après la reddition, les blessés furent traités par les burghers avec la plus grande humanité. Les fermiers des environs, tout républicains résolus qu'ils fussent, firent tout ce qu'ils purent pour les secourir et un express fut expédié à Pretoria pour chercher un médecin. Il est utile de mentionner ces particularités, car il y a encore des gens qui croient qu'une défaite est moins honteuse quand on la qualifie de massacre. A cet égard, nous pouvons nous fier au jugement de l'un des officiers anglais les plus distingués, sir Evelyn Wood, jugement que, dans une réunion de militaires et de civils, moins d'un an après l'événement, il résuma en ces cinq mots : « Ce fut un combat loyal. »

La surprise et la consternation furent grandes en Angleterre lorsque la nouvelle du combat de Bronkhorst-Spruit fut publiée. La consternation eut peut-être un caractère plus politique que militaire. On ne doutait pas qu'avec des forces suffisantes l'autorité anglaise serait rétablie dans le Transvaal. On était consterné surtout parce que l'on se disait que le compte des embarras légués par le précédent Ministère n'était pas encore liquidé, et surtout parce que le Ministère, le Ministère libéral, s'était laissé acculer à n'avoir plus le choix qu'entre deux alternatives également déplorables : la conquête du Transvaal à grands frais ou la renonciation à la faute de l'annexion. Si l'on adoptait cette dernière alternative, les Ministres s'exposaient à être accusés par leurs adversaires politiques de lâcheté et de manque de fermeté impériale; si l'on s'en tenait à la première, ils se trouvaient engagés dans une guerre nécessairement odieuse et qui pouvait donner naissance à un conflit beaucoup plus important dont la fin pouvait être la perte du Sud de l'Afrique. Jamais Ministère ne s'était trouvé en présence d'un dilemme aussi embarrassant et jamais Ministre des Colonies n'aurait été plus autorisé à maudire les fonctionnaires de l'Afrique du Sud qui, en lui donnant l'assurance que les burghers du Transvaal s'accoutumaient à la domination anglaise, l'avaient si complètement trompé sur la situation. La position n'était pas plus brillante parce que M. Gladstone, qui a toujours eu l'habitude de concentrer son attention sur un seul sujet, était à ce moment uniquement préoccupé de concilier ses idées sur la nécessité de donner une loi agraire équitable à l'Irlande à l'ardent désir d'un de ses collègues d'emprisonner tous les Irlandais qui réclamaient une loi agraire. De ce fait, la direction des affaires de l'Afrique du Sud échut à lord Kimberley, qui, en dépit des puissantes influences radicales avec lesquelles il avait à compter, était dominé par cet optimisme béat, si caractéristique du *Colonial office*, d'après lequel tout doit bien finir pourvu que l'on ne fasse rien de remarquable. C'est au moment où cette paralysie administrative était dans sa période croissante que les propositions des colons du Cap, que sir George Strahan avait expédiées par la poste en Angleterre, furent soumises à lord Kimberley. Tout ce que l'on pouvait en dire à ce moment, c'est qu'elles étaient inopportunes. Si sir George Strahan avait jugé bon de se servir du câble, on se serait peut-être aperçu de leur opportunité.

Sir George Colley avait alors charge des intérêts anglais dans l'Afrique du Sud. Lorsque lord Wolseley était reparti pour l'Angleterre, il avait été nommé Gouverneur et Haut Commissaire à Natal et au Transvaal avec, pour coadjuteur, le colonel Lanyon, qui avait le titre d'Administrateur à Pretoria. Il est au moins équitable de reconnaître que sir George Colley, qui s'est fait comme Gouverneur de Natal la réputation d'un administrateur habile et populaire, comprit dès le premier moment les dessous de la situation et ne s'épargna aucune peine pour limiter et circonscrire l'irritation presque inséparable d'une pareille guerre et qui avait déjà commencée à se manifester. Il ne s'agit pas ici de savoir s'il fut un soldat heureux; mais, s'il savait tenir compte des sentiments humanitaires, il désirait sincèrement assurer la paix future et la prospérité de l'Afrique du Sud, et il n'est pas douteux que, par son attitude à cette époque critique, il ait mérité la profonde gratitude de tous ceux pour qui l'approbation des administrés et la bienveillance des étrangers sont une preuve de bonne administration. Il aurait été facile, pour un Gouverneur qui ne se serait soucié de la situation qu'au point de vue militaire, de soulever le sentiment anglais à Natal et d'engager cette colonie dans le conflit. Mais puisque, quoi qu'il pût arriver, les colons de Natal et les burghers du Transvaal étaient destinés à vivre à côté les uns des autres, sir George Colley s'attacha à démontrer que la querelle était seulement l'affaire des burghers et du Gouvernement impérial, et qu'une neutralité relative des colons de Natal était parfaitement conciliable avec leur situation de sujets anglais. Il est aussi possible, mais à cet égard on ne peut faire, faute d'éléments suffisants, qu'une supposition, que sir George Colley, homme essentiellement consciencieux, ne se sentit pas à l'abri de tout reproche de responsabilité. Lorsque lord Wolseley se trouvait à Natal en 1875, sir George Colley, qui faisait partie de son état-major, s'était rendu en mission secrète à Pretoria en même temps qu'un autre officier de l'état-major accomplissait la même mission à Blœmfontein, pour se rendre compte, autant que possible, des dispositions des burghers du Transvaal à accepter la domination anglaise. Les voyageurs qui ne connaissent que les villes du Transvaal sont aisément aptes à se tromper sur les sentiments de la population rurale, et il n'est pas douteux que sir George Colley s'est laissé induire en erreur lorsque, dans son rapport, il a conclu à la possibilité de l'acceptation de la domination anglaise dans la République Sud-Africaine. C'est surtout son rapport qui a été le point de départ de la politique d'annexion et il n'est pas difficile d'imaginer que, chez une nature sensible comme la sienne, ce n'était pas une tâche agréable que d'avoir à supporter les conséquences d'une erreur à laquelle il avait eu une si grande part.

Mais quels qu'aient pu être les sentiments intimes de sir George Colley, il n'hésita pas à prendre les précautions militaires que lui commandait la situation, autant du moins que le lui permettait les forces dont il disposait. Toutes les troupes impériales de la garnison de Pietermaritzburg furent expédiées, aussi vite que possible, à Newcastle, la ville de Natal la plus rapprochée de la frontière, d'où elles avancèrent encore plus loin, à quinze milles environ de cette frontière, au camp de Mount Prospect. Le territoire de Natal se rétrécit à cet endroit pour former un triangle assez exigu, fermé au Nord-Ouest par la frontière de l'État Libre et par le cours supérieur du fleuve Buffalo, qui coule à cet endroit dans une vallée très encaissée, au Nord-Est; enfin une ligne allant droit du Nord au Sud, partant du sommet du triangle, au point où il émerge dans le territoire du Transvaal, marque à peu près exactement la route allant de Newcastle au Transvaal. Le paysage, dans cette région, est très pittoresque. En suivant l'ancienne route de Newcastle fréquentée par les wagons, qui est plutôt encaissée pendant une douzaine de milles, et après avoir gravi une pente assez raide, on arrive à Schuins Hoogte, où eut lieu un des combats livrés par sir George Colley, et dont le sommet est garni de grosses pierres plates débordantes qui, à distance, ressemblent à des pierres tumulaires. Au nord de Schuins Hoogte, on découvre un magnifique paysage. Immédiatement au-dessous, on aperçoit une belle prairie d'un mille de long, au delà de laquelle se dessine le cours encaissé de la rivière Ingogo, qui prend sa source dans les montagnes de Drakensberg, limite des territoires de Natal et de l'État Libre. La rivière passée, le terrain s'élève en pente douce sur une distance considérable, à travers une épaisse forêt que domine le profil massif des montagnes d'Inkwelo, au delà desquelles, formant partie de la même chaîne, mais d'une arête plus vive et de moindre altitude, se trouve l'Amajuba. A l'est du versant de l'Amajuba, la chaîne s'abaisse jusqu'à une dépression appelée le col de Laing (traversé maintenant par un tunnel de chemin de fer) et un peu plus loin tombe à pic dans le lit du fleuve Buffalo. L'emplacement du camp de sir George Colley, Mount Prospect, ainsi nommé d'après une petite auberge, peut encore se voir sur une petite colline entre Schuins Hoogte et le col de Laing, avec les cyprès qui entourent la tombe de sir George Colley.

Ainsi qu'on peut aisément s'en rendre compte, la nature du terrain est telle qu'il offrait une position défensive presque sans rivale à des forces tenant le passage du col de Laing contre des troupes venant de Natal. Il fallait occuper ce passage. La frontière montagneuse de l'État Libre empêchait toute diversion vers l'ouest; la vallée profonde du fleuve Buffalo offrait la même protection à l'est. Les forces du Transvaal, qui s'étaient avancées de cinq à six milles sur le territoire de Natal, s'étaient campées au-dessous de la montagne traversée par le col, à l'ouest de la ligne actuelle du chemin de fer, entre le tunnel du col de Laing et la frontière du Transvaal. De ce camp, elles commandaient entièrement le passage et pouvaient, d'une élévation en avant de leur camp, voir à peu près tous les mouvements des troupes anglaises. Cependant, quelque forte que fût cette position, le devoir de sir George Colley était d'essayer de la forcer pour marcher au secours des garnisons assiégées dans le Transvaal. Vers la fin de janvier 1881, les forces disponibles à Mount Prospect étaient suffisantes, d'après sir George Colley, pour lui permettre d'attaquer le passage. Son plan était de bombarder les burghers transvaaliens pour les forcer à abandonner leur position sur le sommet de la montagne à l'Est du chemin du col, et de faire aussitôt marcher l'infanterie à l'assaut de front. Mais les Transvaaliens étant abrités, le feu de l'artillerie, quoique bien dirigé, n'eut aucun effet, et la cavalerie de sir George Colley, qui essaya une diversion à l'extrême gauche de la position ennemie, la trouva si bien gardée qu'elle fut obligée de se retirer avec des pertes considérables. L'attaque de front de l'infanterie échoua également. La pente du terrain était si abrupte et les assaillants étaient si complètement exposés au feu admirablement précis des burghers, que les pertes furent considérables — le commandant de la colonne, le colonel Deane, se trouvait parmi les morts — pendant l'ascension de la colonne, et que, arrivés au sommet, la fatigue était telle qu'une charge sérieuse était devenue impossible. Les troupes anglaises, profondément entamées, se retirèrent sur le camp de Mount Prospect, laissant les burghers maîtres de leurs positions. Les pertes avaient été si considérables que l'officier commandant l'un des régiments d'infanterie, le 58e, n'était plus qu'un lieutenant.

On ne s'était pourtant pas encore rendu compte de tout le danger de la position de sir George Colley. Il était humiliant qu'il n'eût pas réussi à forcer le passage du col de Laing. L'humiliation fut plus grande encore lorsque les burghers, profitant de leur aptitude à opérer des mouvements rapides, tournèrent les positions et coupèrent ses communications avec Newcastle. Ceci se passait dans la première semaine de février 1881. Ce mouvement des burghers à l'arrière des positions du général anglais ne prouvait pas seulement leur confiance dans la puissance de leurs manœuvres et de leur force, il démontrait qu'ils étaient aidés, directement ou indirectement, du côté de la frontière de l'État Libre. Il était désormais impossible à sir George Colley de rester inactif et de permettre aux Transvaaliens de le cerner et de fermer la route à ses convois de provisions. En conséquence, dans la seconde semaine de février, il quitta son camp avec une partie de ses troupes pour essayer de rétablir ses communications avec Newcastle et, par là, avec le reste du Natal. Il ne rencontra aucun obstacle jusqu'à la rivière Ingogo, que les pluies d'été avaient fait déborder comme de coutume, et qu'il traversa non sans peine; mais lorsque les troupes anglaises essayèrent de se porter au sud, les Transvaaliens leur opposèrent une résistance énergique, du haut de la position qu'ils avaient occupée au sommet rocheux de Schuins Hoogte. Le combat dura plusieurs heures. Les habitants de Newcastle entendaient, haletants, le bruit du canon qui faisait rage. Si les tirailleurs transvaaliens avaient seulement pu être délogés de leur abri derrière ces rochers à pic! L'artillerie anglaise s'y efforça avec une rare précision depuis le matin jusqu'au soir, et non sans s'exposer gravement. D'après un témoin oculaire, les canons et les caissons étaient littéralement criblés par les balles des burghers. La tentative de pointer un canon était presque un arrêt de mort. Les tirailleurs transvaaliens, abrités derrière leurs rochers, continuaient à diriger sur les Anglais leur tir précis avec le même calme que s'ils se fussent trouvés à la chasse. La montagne était enveloppée de nuages de pluie; le bruit de la bataille se perdait dans le bruit de l'orage; la rivière, débordée, séparant les troupes anglaises de leurs camarades du camp, se précipitait avec la fureur d'un torrent de montagne. Le feu cessa à la nuit, le commandant des burghers étant désormais certain que les Anglais, enserrés entre la rivière et les Transvaaliens, ne pouvaient faire autrement que de se rendre le lendemain matin. Il fut déçu : pendant la nuit, au prix des plus grands efforts, les canons et ce qui restait de la colonne anglaise repassaient l'Ingogo et, au jour, ils étaient à l'abri dans le camp du Mount Prospect.

On aurait tort de croire que ces revers successifs de l'armée anglaise aient diminué l'ardeur à continuer la guerre pour soumettre le Transvaal. On se tromperait également si l'on croyait que les burghers du Transvaal se faisaient des illusions sur l'importance de leurs succès. En dépit des assertions contraires, assertions fondées sur les déclarations de quelque burgher mécontent et propagées sans doute dans le but de surexciter le mécontentement dans le pays, les défenseurs de l'indépendance du Transvaal ne se faisaient aucune illusion sur la valeur de leurs victoires. Ils savaient parfaitement ce que pouvaient faire les troupes anglaises emprisonnées dans le Transvaal ou paralysées à Mount Prospect. Ils savaient que si la Grande-Bretagne était déterminée à conquérir leur pays, elle enverrait dans le Sud de l'Afrique des forces suffisantes pour atteindre son but, et qu'elle l'atteindrait, dût-elle, pour cela, ne laisser dans le pays que des villes en ruines et des fermes fumantes qui attesteraient la haine des habitants contre les conquérants. Mais ils avaient foi dans la justice et l'humanité du peuple anglais. Ils savaient que le refus de revenir sur l'annexion était le résultat de faux renseignements officiels. Ils croyaient que, aussitôt que l'erreur serait reconnue, l'Angleterre renoncerait à l'imposer. Ils croyaient tout cela, mais ils savaient aussi qu'il leur fallait faire preuve d'énergie et démontrer qu'ils étaient prêts à courir tous les risques plutôt que de consentir à la perte de leur indépendance. D'autre part, le peuple anglais, quoique nullement découragé par ces premiers échecs de forces militaires infimes, était maintenant convaincu, au delà de tout doute, que l'annexion du Transvaal avait été une faute, qu'elle s'était effectuée contre la volonté des habitants du pays, et que ces habitants, par leur amour de leur indépendance, par leurs démarches pacifiques avant de recourir aux armes, par leur habileté, leur courage, leur humanité depuis l'ouverture des hostilités, étaient dignes de l'admiration et du respect de toute nation libre.

Donc, en dépit des revers subis par les armes anglaises jusqu'au milieu de février, la situation était éminemment favorable aux négociations. Il est vrai que des renforts étaient expédiés en toute hâte d'Angleterre, mais un Gouvernement désireux de conserver la confiance du pays ne pouvait agir autrement même s'il avait l'intention de suivre une politique pacifique. D'autre part, on n'avait rien négligé pour se rendre un compte exact de la situation et pour trouver un mode pratique de médiation. Ce qui était clair, surtout, c'était le point de vue Sud-Africain de la situation. On avait acquis la conviction que, non seulement dans les républiques du Sud de l'Afrique, mais aussi dans les colonies anglaises, toute la population hollandaise sympathisait ardemment, pour ne pas dire plus, avec l'insurrection du Transvaal. On se trouvait donc, d'une part, en présence de l'insurrection actuelle du Transvaal et, d'autre part, en présence de l'insurrection probable de toute la population hollandaise de l'Afrique du Sud. Ces considérations donnaient, naturellement, plus de poids et d'importance aux efforts qui étaient faits de plusieurs côtés pour amener un arrangement amiable. Au premier rang de ceux qui avaient pris cette initiative se trouvait M. Brand, le président de l'Etat Libre d'Orange, homme universellement respecté par sa droiture, sa culture intellectuelle et son inébranlable patriotisme. Le tact et l'habileté diplomatique dont il avait fait preuve quelques années auparavant, dans une contestation qui avait éclaté entre l'Etat Libre et l'Angleterre au sujet de la frontière de l'Etat Libre avec le Griqualand occidental, autorisait le Gouvernement britannique à avoir en lui la plus amicale confiance, tandis que son patriotisme d'Afrikander, expression qui n'est devenue courante que quelques années plus tard, le faisait *persona gratissima* auprès des burghers du Transvaal. Encouragé par son intervention et dans l'espoir qu'une solution pacifique était encore possible, une suspension d'hostilités fut tacitement convenue et pendant plus de quinze jours les troupes anglaises de Mount Prospect et les Transvaaliens qui avaient établi leur camp derrière le col de Laing s'abstinrent de toute démonstration offensive.

Le caractère de sir George Colley était par certains côtés si digne d'admiration et il est mort d'une façon si tragique, que c'est presque à regret qu'il nous faut établir sa responsabilité dans un des événements les plus tristes de l'histoire anglaise contemporaine. Mais il n'est pas contestable que, poussé par le désir de se donner le mérite de résoudre le problème militaire avec lequel il se trouvait aux prises, sir George Colley se jeta en avant à l'aventure, alors que l'on paraissait d'accord pour attendre. L'histoire telle qu'elle a été racontée par des personnes qui se trouvaient sur les lieux et qui étaient bien placées pour savoir ce qui se passait, est claire et précise. Sir George Colley reçut, vers la fin de février, de la capitale de Natal et d'une source à laquelle il attachait une importance particulière, une communication lui annonçant que sir

Evelyn Wood arrivait d'Angleterre pour prendre le commandement de l'armée et que, si rien n'avait été fait avant l'arrivée de sir Evelyn Wood pour améliorer la situation, il (sir George Colley) se trouverait dans la situation pénible d'un militaire ayant failli dans la tâche qui lui avait été confiée. La position se trouvait à peu près la même où s'était trouvé lord Chelmsford à la veille de l'arrivée de lord Wolseley. Lord Chelmsford, favorisé par la fortune, avait livré la bataille d'Ulundi et reconquis sa réputation militaire avant que lord Wolseley ne fût sur les lieux. Sir George Colley pouvait rétablir sa réputation de la même manière. Il y avait pourtant entre eux une différence essentielle ; lord Chelmsford, lorsqu'il livra la bataille d'Ulundi, avait reçu tous les renforts qu'il avait demandés, tandis que sir George Colley ne disposait toujours que des forces qu'il avait au début des hostilités. S'il avait fait cette réflexion. il aurait peut-être résisté à la tentation. Mais la tentation était évidemment très grande. Transformer un échec en triomphe par un habile mouvement stratégique, péniblement accompli, réaliser un pareil fait d'armes, ce serait à assurer à son nom dans la postérité une popularité égale à celle des conquérants de Québec et des héros de l'insurrection de l'Inde. Il y avait des risques à courir sans doute, mais la menace du danger ne fait que pousser à l'action les hommes de cœur et les soldats courageux. Animé de l'enthousiasme que peut provoquer la perspective d'une brillante victoire, fermant volontairement les yeux aux conséquences d'un échec possible, sir George Colley résolut de tenter un mouvement vers le sommet de l'Amajuba.

Ceux qui connaissent la topographie du pays doivent comprendre que la possibilité de tourner les positions des forces transvaaliennes, en occupant le sommet de l'Amajuba, ait dû se présenter plusieurs fois à l'esprit du général anglais. Il y avait là une montagne, avec des versants abruptes et souvent inaccessibles, dominant chaque jour le camp des burghers, annulant, si l'on peut dire, leurs mouvements et leurs forces. Si cette montagne avait seulement des yeux! ou si, mieux encore, elle avait des canons! Si l'idée de cette escalade avait été discutée par sir George Colley avec son état-major, il est certain qu'elle aurait été écartée pour de nombreuses raisons. L'une de ces raisons aurait sans doute été le faible effectif dont il disposait et le danger d'une attaque possible du camp de Mount Prospect pendant que la moitié des forces anglaises serait sur la montagne. On aurait aussi fait valoir les difficultés de hisser l'artillerie sur ces pentes escarpées. On se serait sans doute demandé également si, en admettant que l'on parvînt à occuper le sommet de la montagne, on en retirerait un avantage sérieux. Il ne s'ensuit pas nécessairement de ce que l'on occupe une position beaucoup plus élevée que celle de l'ennemi, que cet ennemi soit à votre merci. On peut l'inquiéter, il est vrai, par un feu plongeant d'artillerie, mais à moins que l'on puisse profiter de sa démoralisation pour fondre sur lui, on court le risque de brûler ses munitions pour rien. D'un autre côté, on pouvait faire valoir cet argument, en faveur de la tentative, que si les burghers voulaient conserver leur position derrière le col de Laing, ils seraient obligés d'enlever le sommet de l'Amajuba aux troupes anglaises, et pour le faire, ils devraient prendre l'offensive. Et, le burgher du Transvaal, presque sans égal lorsqu'il défend une position, n'est pas exercé à la tactique de l'offensive contre une position fortifiée. Par conséquent, si le sommet de l'Amajuba pouvait être occupé, les troupes transvaaliennes pourraient être au moins forcées de combattre dans des conditions désavantageuses

C'est dans la nuit du samedi 26 février 1881 que l'expédition, destinée, on l'espérait, à changer le sort de la campagne, quitta le camp de Mount Prospect. Pour des raisons qui n'ont jamais été clairement expliquées, la colonne se composait presque entièrement de détachements de tous les régiments que sir George Colley avait sous ses ordres. Il est possible que l'on ait voulu permettre à tous ces régiments de prendre part à une action brillante. Avant même que l'on eût atteint le pied de la montagne, on avait rencontré des difficultés. Dans l'Afrique du Sud, les accidents de terrain, qui paraissent insignifiants à une petite distance ou qui ne s'aperçoivent même pas, sont souvent presque insurmontables lorsqu'on les approche. Lorsqu'on atteignit le versant escarpé de la montagne, la tâche parut à peu près irréalisable. Il fallut hisser les canons, à bras, au-dessus de chaque précipice et toute la colonne dut s'y employer pour atteindre le sommet, où l'on arriva enfin, après des heures d'un travail acharné. On se trouva alors sur un plateau d'environ quatre arpents de superficie, légèrement déprimé au centre et entouré d'une sorte de rempart naturel fait de rochers entassés; à travers l'atmosphère limpide du matin, on pouvait nettement distinguer le camp des burghers, entouré de wagons en bon ordre, et les collines aux sommets arrondis près du col de Laing, derrière lesquelles le camp était abrité, paraissaient presque au même niveau que les terrains environnants. Le but avait été atteint et des cablegrammes, expédiés en hâte, permirent aux rédacteurs des journaux de Londres d'écrire des leaders émus et d'entonner des couplets patriotiques.

Mais l'aventure n'était pas terminée. Les burghers ne tardèrent pas à se rendre compte que la montagne était au pouvoir des troupes anglaises. Ils en furent d'abord consternés. Leurs chefs n'avaient pas même soupçonné que le général anglais pût entreprendre une tâche aussi audacieuse que l'occupation de l'Amajuba. De plus, il est certain — ils l'ont dit et cela n'a jamais été nié — qu'ils comptaient sur la suspension d'armes qui avait été tacitement consentie pour essayer d'arriver à un accord amiable entre la République et le Gouvernement anglais. L'indignation se mêlait à la surprise. Mais ce qui était surtout évident, c'est qu'une action immédiate était nécessaire. On demanda des volontaires qui s'enrôlèrent spécialement pour l'attaque de la montagne. La position paraissait forte, mais on savait qu'elle ne pouvait pas être occupée par des forces considérables. Les enrôlements furent nombreux, fait qui ne manque pas d'importance, car on imposait à ces hommes, accoutumés à la guerre défensive, l'obligation de prendre l'offensive. Il est assez difficile de dire si ces volontaires avaient grande confiance dans le succès de leur téméraire entreprise. Au point de vue purement militaire, il est surprenant que des hommes marchant en tirailleurs, n'étant pas exercés et incapables d'un effort d'ensemble, aient eu l'audace d'attaquer une position qui paraissait aussi forte, occupée par des troupes régulières appuyées par de l'artillerie. Il faut croire cependant que la position n'était pas aussi imprenable qu'elle le paraissait et que son escarpement même était une cause de faiblesse. Les assaillants, marchant isolément, chaque homme s'abritant derrière les accidents de terrain qu'il rencontrait, purent donc grimper échelon par échelon, sans jamais se découvrir et laisser deviner leur effectif, jusqu'à ce qu'ils purent atteindre le rebord du plateau et, à travers les interstices des rochers, diriger un feu meurtrier sur les troupes rangées au milieu du plateau, dans le bas-fond dont il a été parlé. Les coups de feu tirés sur un des points de la circonférence du plateau trouvaient immédiatement de l'écho. La fusillade entourait déjà le plateau d'un cercle de feu, lorsque les assaillants escaladèrent les derniers contreforts. Sir George Colley tomba l'un des premiers. Il ne dût pas regretter cette mort de soldat au début du désastre qui se dessinait. Les troupes, décimées par le feu admirablement dirigé des burghers, se débandèrent et cherchèrent un refuge dans la fuite par-dessus les abîmes du versant de la montagne.

Les journalistes de Londres eurent à refaire de nouveaux articles le matin du lundi 25 février. Le peuple anglais, à son réveil, outre qu'il eut à déplorer la mort d'un général brave et chevaleresque et d'une grande partie de ses hommes, se trouvait en face d'une situation dont les difficultés inextricables étaient peut-être sans égales dans l'histoire de l'Empire britannique.

CHAPITRE VI

LA CONVENTION DU TRANSVAAL

La lamentable tragédie de l'Amajuba, l'événement le plus inattendu et le plus déplorable qui pût survenir, eut du moins l'avantage de rejeter au second plan, sur le moment, toutes les autres controverses politiques. On oublia même, pendant quelques jours, le conflit aigu entre le Ministère Gladstone et les nationalistes irlandais que l'exclusion en masse de la Chambre des Communes de tous les députés irlandais avait, quelques semaines auparavant, porté au paroxysme. Le revers était si complet, la tragédie si émouvante, que toute la nation ne pensa plus à autre chose. On attendait avec impatience une déclaration du Gouvernement faisant connaître ses intentions. M. Gladstone, laissant de côté ses études du problème irlandais, se donna complètement à l'examen de la situation de l'Afrique du Sud. Sa grande intelligence devina immédiatement les facteurs déterminants du problème. Il y en avait trois. D'abord, on ne pouvait plus douter que les burghers du Transvaal voulaient fermement le rétablissement de leur indépendance. En second lieu, on ne pouvait également douter que le peuple anglais n'avait aucune envie de leur enlever cette indépendance par la force des armes. Enfin, il est tout aussi certain que, avant le désastre de l'Amajuba, on désirait arriver à une solution pacifique. Cependant ce désastre avait considérablement accru les difficultés de la situation. Une blessure avait été infligée à l'orgueil national et bien que, raisonnablement, rien ne rendait impossible un arrangement amiable, le sentiment de l'injure reçue et l'irritation qui en résultait protestaient contre les conclusions auxquelles on arrivait par le raisonnement.

La question à trancher était délicate. Le Gouvernement anglais entreprendrait-il, à grands frais, une guerre de conquête, pour soutenir une cause évidemment mauvaise, au risque d'entraîner toute l'Afrique du Sud dans une guerre civile ruineuse? Ou bien, dédaignant les accusations de lâcheté et de faiblesse qui ne manqueraient pas de se produire dans le parti militaire, le Ministère persévèrerait-il dans son intention d'arriver à un arrangement pacifique avec le Transvaal? Aucun esprit impartial et raisonnable ne pouvait hésiter entre ces deux alternatives. Les avantages de la seconde étaient évidents; ceux de la première étaient imaginaires. Pour donner satisfaction au parti militaire, il fallait au moins être préparé à employer la force si cela était nécessaire; pour donner satisfaction à l'immense majorité de l'opinion publique, en même temps qu'à la raison, à la justice, à l'humanité, il ne fallait rien négliger pour trouver un terrain d'entente. La première mesure qui fut prise ne pouvait qu'être approuvée par le parti militaire. Sir Frederick Roberts, qui venait d'arriver en Angleterre avec l'auréole toute fraîche de sa fameuse marche de Caboul à Candahar, fut envoyé en toute hâte dans l'Afrique du Sud pour prendre le commandement en chef. Il lui fallait trois semaines pour arriver au terme de son voyage et ces trois semaines devaient être mises à profit pour trouver, si cela était possible, un terrain d'entente.

La tâche n'était pas précisément facile. Elle l'était d'autant moins que les représentants de l'autorité anglaise à Natal étaient des militaires. Le poste de Haut Commissaire à Cape-Town était virtuellement vacant, car, bien que sir Hercules Robinson eût été nommé à la place de sir Bartle Frere, il était encore en Angleterre, et on n'était guère disposé à confier la direction des affaires, dans un tel moment, à un simple intérimaire. Sir George Colley, le Haut Commissaire Sud-Africain oriental, était mort. L'Administrateur du Transvaal était cerné à Pretoria par les burghers. La mission de négocier avec les chefs républicains revenait donc à sir Evelyn Wood qui, en sa qualité de doyen des officiers dans la colonie, avait pris charge du Gouvernement. Ce devoir était aussi désagréable que possible pour un officier, et sir Redvers Buller, chef de l'état-major, ne se trouvait guère dans une situation plus enviable. Sans porter atteinte au sentiment du devoir qui animait ces deux officiers, on est autorisé à croire que ni l'un ni l'autre n'avait foi dans la possibilité d'une entente. Les premiers pourparlers entre les représentants des deux parties n'étaient guère encourageants. Les deux officiers anglais avaient affaire à de rudes partenaires: M. Krüger, avec son solide bon sens et sa merveilleuse perspicacité, et le docteur Jorissen, le conseil légal du triumvirat républicain, avec sa finesse et son esprit sarcastique, étaient des hommes avec lesquels il fallait compter et, s'ils n'avaient consulté que leurs propres sentiments, les deux officiers auraient sans doute rompu les négociations et intimé l'ordre aux troupes transvaaliennes d'évacuer leur camp dans les vingt-quatre heures. De leur côté, les représentants des burghers constataient avec surprise que si leur indépendance était reconnue, elle serait soumise à des conditions et à des restrictions tout à fait inacceptables. Il semble en réalité fort probable que, sans une influence médiatrice qui se produisit, les négociations auraient été rompues et que sir Frederick Roberts aurait eu seul à trancher la question. Cette influence médiatrice vint de M. Brand, président de l'État Libre d'Orange. Il arriva du col de Laing, après avoir été retardé par le mauvais temps dans son voyage de Blœmfontein, juste à temps pour empêcher le désastre de la reprise des hostilités, car c'eût été un désastre irréparable. C'est grâce à ses instances et à ses assurances que les représentants des burghers se décidèrent à accepter, non pas tout ce qu'ils pouvaient équitablement réclamer, mais tout ce que le Ministère Gladstone, tenant compte des questions personnelles et des susceptibilités des partis, pouvait leur donner pour le moment.

Grâce à la médiation effective de M. Brand, les conditions de l'arrangement furent signées entre les représentants du Gouvernement anglais et le triumvirat républicain le 24 mars. Ces conditions devaient faire l'objet d'une convention qui serait soumise au Volksraad du Transvaal. Que les représentants du Transvaal l'aient su à cette époque ou non, il n'est pas moins certain qu'ils ont dû les conditions inacceptables de l'arrangement qu'ils furent contraints par la suite de signer aux divisions du Cabinet Gladstone et surtout à l'influence de feu M. W. Forster, qui était alors chef-secrétaire pour l'Irlande. M. Forster, avec tous ses mérites, était un homme d'un caractère très inégal. Avec les meilleures intentions de faire le bien, il était si naturellement porté à croire le mal, que, souvent, quand il croyait bien faire, il faisait précisément ce qui était le plus mauvais. En possession, grâce à la manière dont il avait traité la question de l'éducation, de la confiance absolue des non-conformistes, tenant en suspicion tous les nationalistes irlandais, il réussit à pousser dans une politique de coërcition contre les Irlandais un Ministère convaincu, en majorité, de l'inutilité et de l'injustice de cette politique. Par une curieuse particularité de son esprit, il était arrivé à se persuader qu'il pouvait témoigner à un peuple une méfiance absolue, dans toutes ses paroles et dans tous ses actes, et cependant arriver à inspirer à ce peuple la plus grande confiance et la plus profonde reconnaissance. Il se méfiait des nationalistes irlandais, peut-être parce qu'ils étaient pour la plupart catholiques; il se méfiait tout autant des Hollandais de l'Afrique du Sud, bien qu'ils fussent protestants En sa qualité de représentant autorisé des non-conformistes anglais, il put plus que neutraliser, aussi bien pour l'Irlande que pour l'Afrique du Sud, l'influence des vrais principes libéraux. Il ne s'opposa pas à l'adoption d'une loi agraire pour l'Irlande, qui aurait remédié à des injustices manifestes; il prit soin, très consciencieusement, que cette loi agraire fût rendue complètement inefficace par l'institution légale d'une suspicion perpétuelle. De même, tout en ne s'opposant pas à l'acte de justice qui rendit aux burghers du Transvaal leur indépendance, il fit consciencieusement tout ce qu'il put pour enlever à cet acte justice toute sa grandeur et toute son efficacité, en perpétuant la suspicion dans laquelle il tenait la race hollandaise dans l'Afrique du Sud. Le succès qu'il avait obtenu en faisant triompher ses idées par l'expulsion des nationalistes irlandais de la Chambre des Communes avait augmenté son influence, et lorsque, quelques semaines après, on discuta la question des conditions à accorder aux burghers du Transvaal, son influence parmi les philanthropes des deux partis de la Chambre des Communes vint encore s'ajouter à celle qu'il avait déjà comme chef-secrétaire pour l'Irlande. La guerre ne devait pas être continuée au Transvaal : sur ce point, M. Forster était d'accord avec M. Gladstone et avec la fraction radicale du parti libéral. Mais, aussitôt que ce point fut acquis, on dut restreindre par tous les moyens possibles les concessions de l'arrangement, parce que M. Forster et les philanthropes do la Chambre des Communes se méfiaient des procédés hollandais en matière de politique indigène. L'influence de M. Forster se manifesta de plusieurs manières. Elle se manifesta surtout par ce fait que le principal organe libéral, le *Daily News*, qui, jusqu'à la conclusion de la paix à *Laing's Nek*, avait traité la question du Transvaal avec un sens très élevé du droit et de l'équité, du moment où cette paix fut conclue, adopta les vues de la Société protectrice des aborigènes, dont M. Forster était le grand chef. Elle se manifesta aussi par ce fait que, tant que M. Forster ne fut pas forcé de se retirer du Ministère à la suite de l'échec complet de sa politique irlandaise, on ne fit rien pour atténuer les erreurs que l'on avait commise dans les premières propositions faites au Transvaal. Elle se manifesta encore plus dans l'attitude de M. Forster lorsque, deux ans après, on discuta les conditions de la convention modifiée, par les efforts énergiques qu'il fit pour créer en Angleterre un mouvement d'opinion contre le Transvaal.

Les conditions provisoires de l'arrangement furent signées à Laing's Nek le 24 mars 1881. Il restait à rédiger une convention d'après ces préliminaires et à la faire sanctionner par le Volksraad convoqué à cet effet.

La situation n'était plus aussi tendue. Sir Frederick Roberts, à son arrivée à Cape-Town, apprit, ainsi qu'il s'y attendait sans doute, que la paix était provisoirement faite et que ses services n'étaient pas immédiatement requis contre les burghers du Transvaal. D'autre part, sir Hercules Robinson était prêt à prendre ses fonctions de Gouverneur du Cap de Bonne-Espérance et de Haut Commissaire dans l'Afrique du Sud. On raconte, et l'anecdote doit être vraie,que lorsque lord Kimberley, Ministre des Colonies, lui parla pour la première fois de sa nomination, il lui dit : « Nous avons plus de cinquante colonies et l'Afrique du Sud nous donne plus de tracas que toutes les autres réunies. Je vous demande d'y aller. » Cet aveu des difficultés que l'Angleterre rencontra dans l'Afrique du Sud appelle naturellement une interrogation : Pourquoi ? On trouvera peut-être dans ces pages une réponse impartiale à cette interrogation. On doit admettre, cependant, que le choix de sir Hercules Robinson pour ce poste délicat était heureux et qu'il a rendu des services qui justifient amplement sa nomination. Il est surtout un point sur lequel sir Hercules Robinson a particulièrement donné des preuves de ses aptitudes à remplir ces fonctions difficiles, c'est la façon dont il agissait d'après les faits, après les avoir vérifiés.

Cette qualité eut surtout ses mérites dans la première affaire qu'il eut à régler. Presque immédiatement après son arrivée, il se rendit avec sir Evelyn Wood et sir J. H. de Villiers, le chef-juge du Cap, à Pretoria, pour arrêter les termes de la convention entre le Gouvernement anglais et les burghers du

Transvaal. La tâche ne pouvait en aucun cas être aisée, et elle était rendue encore plus difficile à cause de l'influence prépondérante du parti philanthropique dans les cercles officiels et parlementaires en Angleterre. Les réclamations d'indemnités des sujets anglais, les conditions du Gouvernement des indigènes, le règlement des relations du pays avec les Puissances étrangères : toutes ces questions nécessitaient un examen délicat. En ce qui concerne les demandes d'indemnités, on s'aperçut qu'elles étaient presque toutes ridicules. Un des réclamants prétendait obtenir une indemnité de £ 50.000 parceque ses sentiments avaient été blessés par la restauration de l'indépendance du Transvaal. La Commission, ou plutôt la majorité de la Commission, eut à traiter une question beaucoup plus sérieuse : sir Evelyn Wood, l'un des commissaires, proposa de tracer la frontière orientale de la République le long du 30e degré de longitude Est, ce qui avait pour conséquence de couper tout contact entre le Transvaal et la colonie portugaise et de lui enlever une bande de territoire large de cent milles. Cette proposition, on le sut à l'époque, était basée sur la croyance qu'il existait de riches gisements aurifères dans la région que l'on voulait enlever au Transvaal — et elle mérite d'autant plus d'être signalée que l'on dit parfois que si, en 1881, on s'était douté des richesses aurifères du Transvaal, l'Angleterre n'aurait jamais renoncé à sa domination. Si cette proposition avait été acceptée, elle aurait, même si le Volksraad y avait acquiescé, suscité une irritation et des troubles interminables et, de plus, en ce qui concerne les gisements aurifères, elle n'aurait servi à rien. Elle aurait, il est vrai, laissé les territoires miniers de De Kaap et Lydenburg en dehors de la République, mais les mines du Rand, qui devaient être bientôt découvertes, lui seraient restées. Fort heureusement, sir Hercules Robinson était plus enclin à s'appuyer sur les connaissances et l'expérience de sir J.-H. de Villiers que sur les avis, inspirés plutôt par l'esprit militaire, de sir Evelyn Wood. La proposition fut écartée et une convention fut enfin rédigée, contenant, on peut le croire, tout ce que le Ministère Gladstone était disposé à concéder, et le strict minimum de ce que les burghers du Transvaal, par l'intermédiaire de leur Volksraad, pouvaient être persuadés d'accepter.

Bien que les négociations eussent abouti jusque-là, la situation n'était pas encore exempte de danger. Dans les cercles militaires, les circonstances dans lesquelles la paix avait été conclue avaient provoqué une très vive irritation, surtout parmi les troupes nouvellement arrivées, qui n'avaient pas pris part au commencement de la guerre et qui étaient animées d'un très ardent et, d'ailleurs, au point de vue strictement militaire, assez légitime désir de prendre part à une revanche. Il est juste d'ajouter que ce désir n'était pas partagé par ceux qui s'étaient mesurés avec les burghers et qui avaient appris à apprécier leur valeur comme soldats et leur humanité comme citoyens. Il se produisit même un incident touchant : le major Stewart, chef d'état-major de sir George Colley, offrit au général Piet Joubert une épée qui avait servi à son grand-père, pendant la guerre péninsulaire, sous les ordres de Wellington. Des présents de ce genre ne sont ni offerts ni acceptés que par des hommes dignes d'un mutuel respect. Cet incident eut, quelques années plus tard, une suite qui prouva encore mieux de quelle étoffe était le commandant général des burghers :

lorsque le major Stewart, devenu sir Herbert Stewart, fut tué dans sa généreuse tentative pour secourir Khartoum, le général Joubert renvoya l'épée à la famille de l'officier avec une lettre de remerciements et d'éloges. Des incidents de ce genre méritent d'être signalés, car ils sont caractéristiques des sentiments qui animaient les deux adversaires dans un conflit qui aurait pu si facilement être évité.

Il faut néanmoins reconnaître que l'irritation dominait généralement ces sentiments et que tout ce qui aurait pu conduire à une reprise des hostilités aurait été bien accueilli, non seulement dans les cercles militaires, mais aussi parmi la partie la moins sage des colons anglais de l'Afrique du Sud. Ce courant était, du reste, favorisé par le bruit qui courait que les plus hautes autorités militaires ne croyaient pas à la ratification de la convention de Pretoria par le Volksraad. Cette impression, née évidemment du désir de voir recommencer les hostilités, tendait à prendre de la consistance à la fin de l'année, après le retour de sir Hercules Robinson à Cape-Town et avant que le Volksraad eût pris une décision. L'atmosphère était chargée de rumeurs au sujet de ce qu'on appelait l'obstination des Boers et au sujet des mouvements militaires projetés. On racontait même, avec force détails circonstanciés, qu'en prévision du refus certain du Volksraad de ratifier la convention, des troupes devaient être immédiatement expédiées des régions basses de Natal vers la frontière du Transvaal pour occuper des positions importantes. Si ce fait s'était produit, si les membres du Volksraad avaient pu croire que l'on voulait exercer une pression militaire sur eux pour les décider à ratifier une convention qu'ils étaient très loin d'approuver complètement, il est fort probable que la ratification aurait été refusée. Heureusement, on comprit le danger à Londres, et des instructions furent envoyées dans l'Afrique du Sud à l'effet d'interdire tout mouvement de troupes qui ne serait pas expressément approuvé par sir Hercules Robinson, à Cape-Town.

Lorsque, en octobre 1881, le Volksraad se réunit à Pretoria pour examiner la convention, des protestations très sérieuses s'élevèrent immédiatement contre plusieurs de ses conditions. A la vérité, le triumvirat composé de MM. Krüger, Pretorius et Piet Joubert n'avait pas présenté la convention comme une œuvre dont ils étaient satisfaits. Le vote du Raad, le 25 octobre, par lequel la ratification nécessaire était accordée, énonçait en termes explicites les motifs des objections, aussi bien que le faisait l'adresse soumettant la convention à l'examen du Raad. « Nous ne pouvons nous flatter, disait M. Krüger, en sa qualité de vice-président, de l'espoir que la convention vous satisfera dans toutes ses dispositions : elle ne nous a pas satisfaits nous-mêmes; mais nous pouvons vous donner cette assurance que nous l'avons signée sous l'empire de la conviction que, dans les circonstances où nous nous trouvions, notre amour sincère de notre patrie et notre sollicitude pour le bien de l'Afrique du Sud nous commandaient de ne pas refuser de signer cette convention. » M. Krüger continuait en donnant au Raad l'assurance que tous les efforts avaient été faits pour obtenir que les conditions qui leur paraissaient inacceptables fussent modifiées, et ajoutait qu'il était convaincu que le Gouvernement anglais lui-même serait amené à proposer des modifications. Le Volksraad, dans la résolution qui approuvait et ratifiait la convention, se fit l'écho des objections du triumvirat, et constatait qu'en donnant leur assentiment à la ratification, les membres du Raad étaient influencés par les mêmes motifs qui avaient déterminé le triumvirat à signer ce document. « Ces motifs, disait la résolution, on peut les faire connaître sans aucune restriction au monde entier. Ils peuvent se résumer en quelques mots : la crainte de voir se renouveler l'effusion du sang entre deux races destinées à vivre à côté l'une de l'autre et à s'estimer ; la crainte de voir se renouveler le conflit entre les deux principaux représentants de la race blanche dans l'Afrique du Sud, conflit qui ruine la prospérité commune de tous les Etats ou colonies de l'Afrique du Sud. » Les motifs pour lesquels la convention n'était pas acceptée sans objection, étaient énoncés avec une loyauté parfaite. En termes généraux, le Raad se plaignait de ce que les conditions de la convention n'étaient pas les mêmes que celles de la paix signée à Laing's Nek au mois de mars précédent. « Lorsque les conditions de la paix furent discutées, déclarait la résolution, le droit du peuple à avoir un Gouvernement libre et indépendant a été reconnu, et le droit de contrôler les relations extérieures était seul concédé au souverain. » Les points spéciaux que le Raad désirait voir modifiés étaient ensuite énumérés en détail, à savoir :

1° Au lieu de la direction des affaires extérieures, le contrôle seulement ; 2° aucune ingérence dans la législature du pays ; 3° le Résident ne serait que le représentant du souverain et rien de plus ; 4° l'Angleterre devait donner une compensation pour la diminution du territoire à l'est et à l'ouest ; 5° les dettes du pays ne devaient être payées par les burghers qu'après avoir été régulièrement et légalement constatées ; 6° des compensations pour les pertes encourues pendant la guerre ne pourraient être dues que lorsque les pertes ne résulteraient pas d'une nécessité de la guerre.

Ces objections méritent d'autant plus d'être signalées qu'elles ont été presque toutes reconnues fondées lorsque l'on discuta la revision de la convention deux ou trois ans après, et le fait qu'elles ont été soulevées par le Volksraad prouve jusqu'à quel point les intentions primitives du Ministère Gladstone ont été faussées par l'influence du parti philanthropique de la Chambre des Communes, entre la signature de la paix à Laing's Nek, en mars, et la signature de la convention à Pretoria, en août. L'influence de ce parti fut aussi néfaste qu'injustifiable. Elle fut injustifiable parce qu'il n'y avait pas le moindre soupçon de preuve que le Gouvernement républicain ait eu l'habitude de traiter injustement les indigènes et de les léser dans leurs intérêts, et que, au contraire, le principal argument officiel en faveur de l'annexion était la crainte d'une prétendue menace d'une union des indigènes contre les établissements européens. Il est évidemment impossible de justifier le même acte par des arguments contradictoires. Il est concevable que les burghers du Transvaal aient eu besoin d'une assistance pour les protéger contre les indigènes qui les entouraient; il est aussi admissible que les indigènes aient eu besoin d'une protection contre les burghers; mais on ne peut, selon les circonstances, adopter l'une ou l'autre proposition. L'influence du parti philanthropique fut néfaste parce qu'elle démontrait la persistance des calomnies contre la race hollandaise dans l'Afrique du Sud, calomnies qui furent cause de tant d'ennuis dans les premiers temps de l'établissement des Anglais dans l'Afrique du Sud. Les Hollandais se plaignaient, à juste titre, d'avoir été pourchassés partout où ils se réfugiaient, et de génération en génération, par des calomnies fondées sur des témoignages qui n'ont jamais été vérifiés et qu'on ne leur avait jamais fourni l'occasion de réfuter. En faisant revivre ces calomnies au moment d'accomplir un acte d'équité rendu nécessaire par la reconnaissance d'une erreur colossale, on dépouillait cet acte de justice de tous ses mérites et on jetait la semence de maux sérieux pour l'avenir; or, il n'y a pas le moindre doute que c'est au parti philanthropique, dirigé par M. Forster, que cela doit être attribué. Le Volksraad n'a pas accepté la situation qui lui était faite sans protester et sans tout tenter pour atténuer le mal. Reconnaissant en M. Gladstone l'incarnation de cet esprit de justice de l'Angleterre qui avait décidé l'abandon de l'annexion, le Volksraad s'adressa à lui pour obtenir de nouvelle concessions. Mais on ne put rien obtenir sur l'heure, sauf une vague promesse que la convention pourrait être revisée s'il était reconnu, dans la pratique, qu'elle laissait à désirer. Le Raad dut, pour le moment, se contenter de cette promesse, sur le conseil d'amis qui comprenaient les difficultés avec lesquelles le Ministère Gladstone se trouvait aux prises, et au grand soulagement de la grande masse des habitants de l'Afriquo du Sud; mais c'est au grand désappointement de ceux qui espéraient se distinguer dans une guerre que la convention de Pretoria fut ratifiée. Les troupes impériales furent rappelées de Natal, et toutes les parties en cause eurent le loisir de supputer les gains et les pertes résultant de la concession, de l'essai d'application et de l'échec de la politique impérialiste tentée par lord Carnarvon sous forme d'un plan de confédération de l'Afrique du Sud.

CHAPITRE VII

LES HOLLANDAIS SE RÉVEILLENT

Le plan de confédération de lord Carnarvon échoua donc et n'atteignit aucun des buts en vue desquels il avait été conçu ; mais il eut des conséquences importantes et durables. Il créa et consolida le parti hollandais dans l'Afrique du Sud. En 1877, lorsqu'eut lieu l'annexion du Transvaal, la population hollandaise des colonies anglaises n'était pas représentée et ne jouait aucun rôle dans la vie politique. Lorsque la convention de Pretoria fut signée en 1881, cette population exerçait, de l'avis de tous, une influence prédominante au Parlement du Cap et dans toute l'Afrique du Sud. Il est certain que l'Afrique du Sud a bénéficié de ce mouvement en ce sens qu'elle a pris conscience de son importance politique, mais il y a eu quelques mécomptes et il n'est pas douteux qu'en ces dernières années la puissance politique du parti hollandais au Cap s'est employée à des causes qui étaient absolument imprévues il y a dix ans. Toutefois, le réveil des Hollandais a été, en somme, profitable à l'Afrique du Sud. Il a mis en jeu des forces qui, étant intimement liées au progrès et à la prospérité industrielle et commerciale du pays, sont beaucoup plus sûres, en dépit d'erreurs occasionnelles, que des forces éloignées qui n'entrent en contact avec la vie pratique de l'Afrique du Sud que par bonds soudains et capricieux, à la suite, le plus souvent, d'interprétations complètement erronées et d'impressions très partiales.

Tel est le fait dominant, le résultat final des événements des dix années écoulées entre 1877 et 1887. La tentative venue du dehors pour enserrer l'Afrique du Sud dans les chaînes des influences impériales échoua complètement et laissa le facteur anti-impérial, ce qui n'a jamais signifié nécessairement anti-anglais ni avant, ni après, beaucoup plus fort qu'il ne l'était avant cette tentative.

Combien complètement le plan de confédération avait échoué, jusqu'à quel point il était contraire aux conditions des choses dans le continent sud-africain, on a pu le constater par un petit incident qui s'est produit peu de temps après la ratification de la convention de Pretoria. On semblait avoir conservé une vague idée, dans quelque recoin du Colonial Office, que s'il avait été impossible d'effectuer une confédération de toute l'Afrique du Sud, il pouvait, néanmoins, être encore possible de réaliser quelque chose d'approchant en confédérant les deux colonies anglaises. Il avait déjà été suggéré que, bien que Natal fût une colonie ayant sa vie propre, sa charte séparée et distincte, le Gouverneur de Natal pourrait adresser ses communications au Colonial Office par l'intermédiaire du Haut Commissaire résidant à Cape-Town. Cette suggestion était très impopulaire parmi les colons de Natal, dont les intérêts commerciaux n'étaient pas du tout identiques à ceux de la colonie du Cap, et qui redoutaient naturellement l'influence d'un Haut Commissaire qui, dans toutes les questions d'intérêt local tout au moins, n'aurait pas manqué de prendre l'avis des Ministres du Cap. On avait renoncé à cette idée, lorsque sir George Colley remplissait les fonctions de Gouverneur de Natal et de Haut Commissaire de l'Afrique du Sud-Est. Après la nomination de sir Hercules Robinson comme Gouverneur et Haut Commissaire au Cap, et après le règlement de la question du Transvaal, on sembla revenir à l'idée de faire dépendre Natal plus ou moins du Haut Commissaire et, par lui, de ses Ministres du Cap. On apprit qu'un personnage complètement inconnu de l'administration coloniale, sir W. J. Sendall, qui occupait alors une situation importante dans le *Local government Board* à Londres, avait été nommé lieutenant-gouverneur de Natal. L'abaissement de Natal, qui avait pris une grande importance sous le Gouvernement de sir George Colley, au niveau d'une colonie administrée par un lieutenant-gouverneur, fut très mal accueilli. L'irritation se transforma en indignation lorsque l'on apprit que M. Sendall était une créature de sir Hercules Robinson. On n'avait aucune objection personnelle contre M. Sendall qui, depuis, a rempli avec succès d'importantes fonctions aux colonies. Sa nomination fut sévèrement critiquée et souleva une vive opposition, parce qu'elle indiquait nettement l'intention de soumettre les intérêts de Natal à ceux du Cap, dans le but de tenter l'essai d'une réduction du projet de confédération. Il est probable, toutefois, que les protestations de la colonie seraient restées sans effet si la législature coloniale n'avait en même temps proposé de porter le traitement du représentant de la couronne de £ 2.500 à £ 4.000 par an, cette offre étant accompagnée d'une résolution limitant les crédits, à cet effet, aux quatre derniers mois de l'exercice financier. Cette offre produisit son effet, en ce sens qu'un Gouverneur fut nommé dans des conditions qui garantissaient la reconnaissance de l'indépendance des droits constitutionnels de la colonie. La reconnaissance de ces droits n'a pas été sans importance, en ce sens qu'elle a exercé une influence certaine sur les relations politiques et commerciales entre les Etats et les colonies de l'Afrique du Sud, ainsi que l'on peut le voir maintenant. Pour l'instant, la résistance de Natal, à une proposition qui aurait abouti à une confédération partielle par un moyen détourné, permit d'en finir avec les reliques du plan de lord Carnarvon, et laissa expirer, en 1882, l'Acte de l'Afrique du Sud de 1877, dont la durée avait été limitée à cinq ans, sans qu'un seul regret ait été exprimé sur sa tombe (1).

Le projet de confédération, avec sa longue suite de malheurs, était définitivement abandonné, et, au lieu de subir l'influence d'une politique impérialiste, l'Afrique du Sud se trouvait sous la domination de ces colons hollandais, si longtemps silencieux, et dont les sentiments nationaux avaient été si profondément froissés par l'injustice manifeste du traitement infligé à leurs frères d'au delà du Vaal. Il est important, pour comprendre les événements qui suivirent, de connaître les véritables origines du mouvement qui permit aux Hollandais de l'Afrique du Sud d'entrevoir la possibilité de s'unir dans un but national. Ce mouvement eut, en fait, une double origine. Le nom de M. Hofmeyr a été, depuis plusieurs années, intime-

(1) Il est peut-être intéressant de rappeler que l'idée de se débarrasser d'une nomination impopulaire au moyen de l'offre d'une augmentation de traitement fut suggérée par feu sir Robert Fowler, membre du Parlement, qui se trouvait par hasard en voyage à Natal au moment où la question se posa. Causant avec un journaliste assis à côté de lui à un dîner à l'hôtel du Gouvernement, sir Robert Fowler lui dit : « Vous ne pouvez vous attendre à avoir un homme de valeur si vous le payez aussi chichement. » La suggestion fut comprise et, dès le lendemain, une proposition tendant à l'augmentation du traitement du Gouverneur était déposée à la législature alors en session.

ment lié à celui de l'*Afrikander Bond*. M. Hofmeyr ne fut pas, cependant, le fondateur de cette ligue, et l'idée en vue de laquelle elle fut fondée ne fut même pas approuvée par lui, surtout pendant les cinq ou six dernières années. La Ligue prit naissance à Blœmfontein, capitale de l'Etat Libre, et naquit de la conviction qu'il était nécessaire d'encourager le développement de l'idée d'une nationalité sud-africaine. Les liens de sympathie qui avaient uni l'Etat Libre et le Transvaal, pendant que ce dernier pays luttait pour recouvrer son indépendance, étaient évidemment d'une qualité telle qu'ils ne devaient pas rester purement passifs. Si le Transvaal n'avait pas réussi à sauvegarder son indépendance, celle de l'Etat Libre aurait été très sérieusement menacée. Le principe républicain était en jeu, en même temps que le droit des deux Républiques de conserver la liberté absolue de se gouverner elles-mêmes, liberté dont elles avaient joui pendant si longtemps. Il n'y a pas le moindre doute que les burghers de l'Etat Libre ont matériellement aidé leurs frères du Transvaal, en leur donnant des hommes, des chevaux et des armes. Ce n'est pas un secret qu'une assistance analogue, mais moins publique, leur a été donnée par les fermiers hollandais de Natal. Dans la colonie du Cap également, les sympathies de la population hollandaise, de cette partie d'entre elle surtout qui était établie dans les provinces orientales de la colonie, étaient prêtes à se manifester aussi activement à la première occasion. Parmi les fermiers hollandais de la province occidentale de la colonie, où l'on cultive la vigne, les sympathies étaient aussi fortes, mais plus disposées à s'en tenir aux paroles sans aller jusqu'aux actes, peut-être, entre autres causes, en raison de leur éloignement du théâtre de l'action. Les conditions différentes où se trouvaient ces diverses agglomérations déterminèrent naturellement la forme que prit un mouvement résultant d'une seule et même cause. Avant même la lutte du Transvaal pour son indépendance, il y avait au Cap une association dont M. Hofmeyr était le fondateur et l'orateur au Parlement et qui était connue sous le nom d'Association protectrice des fermiers. Se confinant presque exclusivement à des questions de politique locale, son but était de protéger et d'encourager l'agriculture. Jusque-là, les politiciens du Cap n'avaient jamais songé à une politique de protection. Bien que, à certains égards, les tarifs douaniers fussent très élevés, beaucoup plus élevés, en fait, qu'à Natal, ces droits étaient purement fiscaux et s'ils avaient, en certains cas, le caractère de droits protecteurs, ce n'était qu'accidentellement. Cette politique persista jusqu'à la découverte des mines de diamant de Kimberley. Le but des Ministres coloniaux fut, dès lors, de tirer tous les avantages possibles pour la colonie du nouveau commerce résultant de l'industrie diamantifère, en s'efforçant d'empêcher, par l'addition de tarifs trop élevés, ce commerce de se détourner du côté de Natal. Dans de telles conditions, les intérêts agricoles de la colonie devaient forcément être négligés. De là, l'idée de M. Hofmeyr, de créer un nouveau parti politique basé sur les intérêts agricoles, qui pourrait, jusqu'à un certain point, contrecarrer les tendances exclusivement commerciales des Ministres et du Parlement.

Ce parti agricole en était à ses débuts lorsqu'éclata la guerre du Transvaal. Naturellement, ses membres, presque tous d'origine hollandaise, sympathisaient avec les burghers du Transvaal, bien que cette sympathie ne fut pas aussi active que celle des burghers de l'Etat Libre. Dans cet Etat, le caractère national de la situation était plus franchement avoué, et l'idée se présenta aux personnages dirigeants de la République qu'il était indispensable d'organiser une ligue défensive — nationale dans le sens sud-africain du mot — contre des actes d'ingérence brutale de l'impérialisme, tel que celui qui avait abouti à l'annexion du Transvaal avec son cortège de conséquences désastreuses. C'est donc dans la capitale de l'Etat Libre que l'*Afrikander Bond* fut créé dans ce but. Parmi ses principaux fondateurs, se trouvaient M. Frédéric William Reitz, alors chef-juge de l'Etat Libre, et depuis son président; M. Edward Essilen, qui n'était alors qu'un jeune avocat d'avenir, et M. Borckenhagen, propriétaire et rédacteur en chef du *Free State Express*. M. Reitz, qui avait fait son droit en Angleterre et qui avait exercé comme avocat au Cap, peut être considéré, avec son prédécesseur à la présidence, M. Brand, et avec le chef-juge du Cap, J. H. de Villiers, comme représentant l'élite de l'intelligence, de l'instruction et du patriotisme dans l'Afrique du Sud, et il est à jamais regrettable que la durée de sa présidence ait été écourtée en raison de sa mauvaise santé. M. Essilen, dont le frère représenta pendant quelques années le Gouvernement du Transvaal dans le Swaziland, est un homme d'un talent indiscutable; il prit une part considérable au Gouvernement du Transvaal pendant la période qui suivit la restauration de son indépendance, et fut secrétaire de la délégation qui se rendit en Angleterre en 1884, lors de la revision de la convention de Pretoria. M. Borckenhagen, Allemand de naissance, est un homme d'une intelligence peu commune et d'une rare culture, et n'a probablement pas son égal, dans l'Afrique du Sud, comme écrivain politique.

Il n'est pas inutile d'indiquer les origines exactes d'un mouvement qui a eu une influence si considérable sur la politique de l'Afrique du Sud et d'insister également sur ce fait que, bien qu'évidemment anti-impérialiste, en ce sens qu'il avait pour but de s'opposer à ce que l'Afrique du Sud fût gouvernée de l'extérieur et à l'encontre des vœux de la population européenne, l'*Afrikander Bond* n'a jamais été et n'a jamais dû être une ligue anti-anglaise, quoique l'un de ses fondateurs fût Allemand de naissance et que les deux autres fussent Allemands d'origine. C'était une grande audace d'adopter le terme d'*Afrikander* qui, jusqu'alors, avait été généralement appliqué à la population de couleur de l'Afrique du Sud. Ce mot, en tant que titre de la nouvelle association, eut tout de suite une signification bien caractéristique et très importante. On comprit qu'il s'appliquait, et il s'appliqua, en effet, à tous les Européens, quels que fussent leur origine et le lieu de leur naissance, qui considèrent l'Afrique du Sud comme leur patrie et qui sont résolus à avoir le contrôle des intérêts sud-africains, sans aucune intervention ni aucune ingérence du dehors. Les malheurs qui avaient récemment désolé le pays étaient attribuables à la subordination des aspirations de la population sud-africaine aux intérêts d'une politique étrangère, et l'on espérait éviter le retour de ces malheurs, grâce à la formation de l'*Afrikander Bond*.

La création de l'*Afrikander Bond*, indiquant la naissance d'un sentiment national dans l'Afrique du Sud, arrivait fort à propos pour les chefs de l'Association protectrice des fermiers de la Colonie du Cap. M. Hofmeyr comprit immédiatement que le parti politique, dont il poursuivait la création, deviendrait beaucoup plus influent s'il pouvait s'identifier avec le sentiment national des Afrikanders, dont le drapeau avait été hissé à Blœmfontein. C'est ainsi que, sans difficulté aucune, l'Association protectrice des fermiers du Cap se rallia à l'*Afrikander Bond*. En réalité, ce n'était encore surtout qu'une Société de protection des fermiers ; mais elle prétendait à beaucoup plus, elle se donnait l'importance et l'autorité d'un mouvement national, et sa puissance et son influence s'en ressentirent.

Il était inévitable que, dans les premiers temps, on se soit mépris sur son compte. C'est le sort de toutes les institutions de ce genre à leurs débuts. On la dénonça comme anti-anglaise et M. Hofmeyr, dont le nom était alors principalement mis en avant, fut déclaré, par les journalistes anglais, n'être, à peu de chose près, qu'un traître. Cela n'empêcha cependant pas la ligue de faire œuvre utile, en dehors de toute question politique. Avant sa fondation, la langue hollandaise était complètement proscrite par le Gouvernement du Cap, bien que le hollandais fût la langue usuelle de la majorité de la population européenne de la colonie. L'anglais seul était employé au Parlement et dans les actes officiels, et dans les bureaux du télégraphe, on n'acceptait que les dépêches rédigées en anglais. La ligue ne tarda pas à réclamer l'égalité de traitement pour l'anglais et le hollandais et obtint gain de cause, au grand scandale des fonctionnaires de l'ancien régime. Cette réforme, toute juste et raisonnable qu'elle fût, inquiéta pourtant, pendant quelque temps, l'élément strictement anglais de la population. On craignait que ce ne fût qu'un premier pas et qu'on n'en arrivât à demander la disparition complète du drapeau anglais dans l'Afrique du Sud.

En réalité, M. Hofmeyr, qui en était arrivé à être considéré comme l'incarnation de l'idée séparatiste, n'y avait jamais songé un seul instant. Mais la popularité de l'idée nationale sud-africaine donna une plus grande cohésion au *Bond party*, comme on l'appela, au Parlement du Cap, et cette cohésion, à son tour, lui permit, sous la direction de M. Hofmeyr, d'obtenir du Parlement colonial la concession d'avantages matériels.

Lorsque M. Hofmeyr se rendit en Angleterre, au moment du jubilé de la reine, en 1887, on ne fut pas peu étonné de le voir transformé en protagoniste de l'idée de fédération impériale. La conversion ne parut pas moins étonnante que ne le fût celle de Saül, le persécuteur de Paul, le prêcheur. La vérité est, pourtant, qu'il n'y eut jamais de conversion. M. Hofmeyr s'était fait l'avocat de la fédération impériale uniquement en vue des avantages que pourraient en retirer ses amis et ses partisans au Parlement du Cap. Si la fédération pouvait être adoptée, ses amis, les vignerons de la province occidentale de la colonie du Cap, récolteraient le bénéfice résultant du droit d'envoyer leurs vins en Angleterre, en payant des droits moins élevés que les vins étrangers. C'était là un avantage solide, un avantage du genre de ceux que comprenaient les suivants de M. Hofmeyr au Parlement, de même qu'ils comprenaient les avantages qui résulteraient, pour le Parment du Cap, d'une détaxe de l'eau-de-vie et de lois plus rigoureuses sur les serviteurs indigènes. Aussi longtemps que l'idée nationale, qui avait inspiré les fondateurs de la ligue pouvait servir les intérêts du *Bond party* au Parlement du Cap, il resta fidèle à l'idée nationale; mais, l'événement l'a prouvé, du moment où il devenait utile de s'en débarrasser, la rupture se fit sans hésitation et sans scrupule.

En attendant, en dépit des différences d'intention qui ne devaient se manifester que plus tard, le réveil de la nationalité hollandaise dans l'Afrique du Sud était très réel. Ce fut presque une révélation pour une population qui s'était accoutumée à considérer tous les actes des fonctionnaires et de la législature du Cap avec autant d'indifférence que de mépris, de constater, qu'elle pouvait, grâce à une organisation politique et par des voies strictement constitutionnelles, exercer une influence et un contrôle sur la politique et la législation du pays. Du moment où elle eut pris conscience de ce pouvoir, elle ne tarda pas à manifester le désir de s'en servir, et de s'en servir sans assumer aucune des responsabilités généralement inhérentes à la possession d'une puissance politique. Une des premières conséquences du succès de la lutte des burghers pour reconquérir leur indépendance, fut que le Ministère Sprigg, discrédité par l'échec de sa politique de confédération et par la manière désastreuse dont il s'était tiré de l'affaire du désarmement des indigènes, dut abandonner le pouvoir dès le début de l'année 1881 et fut remplacé par le premier Ministère qui fut contraint de compter avec la ligue, bien qu'aucun de ses chefs n'en fît partie. On ne peut guère considérer cette abstention comme une interprétation sage et sensée des principes d'un Gouvernement constitutionnel, et il n'est pas douteux que l'application de cette maxime que l'on pouvait exercer le pouvoir sans en avoir la responsabilité a eu des suites fâcheuses.

C'est ici l'occasion de faire remarquer que le Gouvernement constitutionnel, tel qu'il existe dans les colonies anglaises de l'Afrique du Sud, et probablement dans les autres colonies anglaises, est un système défectueux et impraticable, qui a pour effet d'encourager les abus et de rendre impossible une bonne administration. La constitution anglaise, malgré les fictions transparentes sur lesquelles elle repose et malgré la série d'accidents qui l'ont faite ce qu'elle est, a, au moins, le bénéfice d'être respectée à cause de son âge. Mais, essayer de faire une constitution destinée à une colonie, c'est-à-dire à une communauté jeune, sur le modèle des fictions et des accidents de la constitution anglaise, est une chose presque aussi absurde que de vouloir construire en Australie une station de chemin de fer sur le modèle de l'abbaye de Westminster. Toutes les forces sociales et autres, qui font de la constitution anglaise une chose respectable malgré ses anomalies sans nombre, n'existent pas dans une colonie. On ne peut y trouver la même élévation de ton et d'idées dans la vie publique. Les bénéfices attachés aux fonctions politiques dirigeantes, quelque faibles qu'ils soient en comparaison des avantages résultant de situations analogues en Angleterre, possèdent néanmoins, pour des hommes besogneux, une attraction démoralisante. Les tentations de prévarication deviennent plus puissantes et les occasions deviennent plus fréquentes. On se trouve encouragé à ne plus croire à l'existence d'opinions honnêtes et indépendantes. L'expérience administrative est diminuée. En fait, et cette conviction est le résultat d'une longue expérience, la forme de constitution qui existe dans les deux Républiques de l'Afrique du Sud, en laissant même de côté les différences inhérentes à un second Volksraad à Pretoria, semble s'adapter bien mieux aux conditions d'existence d'Etats jeunes et en croissance que les reproductions imparfaites du Parlement impérial que l'on rencontre dans tant de colonies anglaises. D'après la constitution de l'Etat Libre d'Orange, par exemple, aucun chef rétribué d'une administration publique ne peut siéger ni voter au Volksraad. Tout chef d'administration peut prendre la parole au Volksraad pour expliquer le fonctionnement de ses services ou pour appuyer une mesure proposée par le Gouvernement, mais le vote appartient seulement aux représentants du peuple. Les chefs d'administration sont, dans ces conditions, des hommes expérimentés, qui sont responsables devant le Volksraad, qui doivent appliquer ses décisions et qui peuvent être congédiés s'ils sont désapprouvés, mais ils ne sont jamais tentés de louvoyer pour essayer de sauvegarder leur traitement. Une telle constitution est beaucoup plus simple que celles que l'on a cru bon d'infliger à tant de colonies anglaises, et laisse la porte beaucoup moins ouverte à des influences corruptrices et au scandale résultant du soupçon de motifs intéressés. La garantie contre des changements constitutionnels irréfléchis est, dans l'Etat Libre d'Orange, aussi simple qu'efficace et aucune proposition de revision constitutionnelle n'est possible tant qu'elle n'a pas été approuvée dans deux sessions consécutives et ordinaires du Volksraad par une majorité des deux tiers. Il est donc possible, même en matière de droit constitutionnel, d'apprendre quelque chose des pionniers de l'Afrique du Sud.

CHAPITRE VIII

CONFUSION ET DÉPRESSION

Il n'était guère possible que l'agitation créée par des événements tels que les guerres des Zoulous et du Transvaal pût se calmer immédiatement et ne laissât aucune trace dans l'état des affaires sud-africaines. Dans le Zoulouland aussi bien qu'au Transvaal, malgré les tentatives qui furent faites pour en finir d'un coup avec les troubles qui étaient résultés de l'action impériale, la situation était restée telle que l'on pouvait redouter une grave irritation, et, d'autre part, l'impossibilité où s'était trouvé le Gouvernement du Cap de mener à bien sa politique de désarmement des Basutos avait donné naissance à un danger chronique que l'on ne pouvait négliger. Il est curieux, il est même nécessaire de constater que, malgré une dépense de cinq millions de livres sterling par le Gouvernement impérial et de quatre millions par le Gouvernement du Cap, le but que l'on voulait atteindre en adoptant une politique « vigoureuse» était plus éloigné que jamais et que les dangers contre lesquels on voulait se prémunir étaient devenus plus menaçants. Le rêve de la confédération d'une Afrique du Sud maintenue en un seul faisceau par des influences impériales et soumise à un contrôle impérial, était complètement évanoui, laissant derrière lui un facteur antiimpérialiste que l'on eût vainement cherché cinq ans auparavant. En ce qui concerne le danger d'une entente des indigènes contre les Européens, que dans les milieux officiels on avait fait valoir comme argument en faveur de l'annexion du Transvaal et de la guerre des Zoulous, ce danger n'avait jamais existé avant l'annexion du Transvaal. Mais on l'avait, jusqu'à un certain point, provoqué par les événements des trois ou quatre années qui ont suivi l'annexion, événements qui furent la conséquence de la politique dont l'annexion du Transvaal ne fut qu'un incident. La défaite subie par les troupes du Cap dans la campagne contre les Basutos avait créé de toutes pièces un véritable danger. Elle avait appris aux Basutos et, par eux, aux autres races indigènes de l'Afrique du Sud, ces deux leçons : d'abord, qu'un Gouvernement européen pouvait être injuste et, ensuite, que l'on pouvait lui résister avec succès. Il n'y a pas le moindre doute que cette double leçon eut une influence directe dans les pays indigènes, à la paix desquels le Gouvernement du Cap était profondément sinon directement intéressé. Le meurtre d'un magistrat par un chef indigène dans le Transkei, c'est-à-dire dans le territoire indigène situé à l'est de la frontière de la colonie du Cap, dut rester impuni et l'est encore à ce jour. Les indigènes, il est vrai, aussi bien dans cette région que dans le Basutoland, se trouvaient satisfaits d'avoir tenu tête à l'autorité européenne et ne firent aucune tentative en dehors de leur propre territoire. Mais, tandis qu'avant l'adoption de la politique vigoureuse il n'y avait aucunement à craindre une entente des indigènes, ce danger avait été jusqu'à un certain point fomenté par les mesures maladroites qui furent prises pour le conjurer.

Le nouveau Ministère du Cap, accablé sous le poids

de l'emprunt de guerre contracté par ses prédécesseurs, était condamné à l'inaction et obligé de ne pas s'occuper des Basutos et des autres tribus indigènes, heureux, au fond, que les Basutos fussent assez bons pour lui permettre de ne rien faire. Quant au Zoulouland, la situation y était rien moins que calme. L'exil de Cetywayo, dont l'autorité avait tout au moins servi à contenir son peuple, avait laissé un vide que l'on n'avait même pas essayé de combler. L'opinion publique anglaise, désorientée et découragée par les troubles inattendus de l'Afrique du Sud, n'était disposée ni à sanctionner, ni même à tolérer l'annexion du pays zoulou. Cependant, si l'on avait mieux connu la situation vraie, on aurait compris que, Cetywayo parti, ç'aurait été, à bien des égards, un acte de justice et d'humanité de placer le Zoulouland sous l'autorité directe d'une administration civilisée. L'établissement d'une autorité centrale était une condition essentielle de toute combinaison durable dans le Zoulouland. Les chefs qui avaient été chargés du gouvernement des provinces créées n'étaient pour la plupart animés, les uns envers les autres, que d'une bienveillance relative, et on ne pouvait compter sur eux pour assurer la paix. Si Cetywayo, après sa soumission, avait été réinstallé dans ses fonctions de chef suprême, sous le contrôle d'un agent britannique, les choses auraient marché aussi bien que possible. Mais on avait fait, officiellement, un si sombre portrait de Cetywayo, que cette mesure fut probablement jugée trop risquée. Débarrassés du pouvoir central auquel ils étaient accoutumés, les chefs zoulous purent donner libre cours à leurs sentiments de jalousie les uns envers les autres. Des querelles et des disputes éclatèrent de tous les côtés; le sang coulait à tout propos, et il devenait fort probable que le sort des chats de Kilkenny, qu'il eût été prédit ou non, serait celui de l'une des plus belles et des plus malléables des races indigènes du continent sud-africain.

Pendant ce temps les affaires ne marchaient pas toutes seules au Transvaal. De propos délibéré ou non, soit en réponse à la pression des influences puissantes que subissait le Cabinet et dont il a déjà été question, soit dans le but de prouver que la Constitution de Pretoria était inapplicable, l'attitude du Colonial Office envers le Gouvernement républicain réinstallé était nettement dure et hostile. Le moindre fait, quelque futile qu'il fût, fournissait prétexte à une dépêche de remontrances au Gouvernement de Pretoria. Les restrictions impliquées par le maintien du droit de suzeraineté étaient sans cesse interprétées de la manière la moins bienveillante. L'existence de cette suzeraineté était évidemment interprétée à Downing Street comme conférant des droits dont on devait tirer la quintessence, mais comme n'imposant aucun devoir. Les conditions relatives aux relations du Transvaal avec l'étranger étaient appliquées avec une telle rigueur que le Gouvernement de Pretoria n'avait le droit de communiquer avec les autorités portugaises de la baie de Delagoa que par la voie détournée de Londres et de Lisbonne. L'emploi de la vieille dénomination de République de l'Afrique du Sud était sévèrement réprouvée comme contraire à la convention de Pretoria qui, prétendait-on, avait imposé le nom d'État du Transvaal. Le Gouvernement de Pretoria avait, en même temps, à tenir tête aux efforts continuels des Européens établis dans le pays, pour surexciter les indigènes contre lui, efforts que les colons anglais du Cap et de Natal étaient assez aveugles pour encourager quelquefois.

Outre tous ces éléments d'anxiété et de confusion, tout le pays souffrait de la dépression qui suit naturellement une période de développement exagéré du commerce. La guerre des Zoulous et du Transvaal, accompagnée de l'importation d'une somme énorme d'argent dans le pays, avaient eu pour effet de provoquer une activité commerciale presque entièrement factice. L'exploitation de l'industrie diamantifère à Kimberley avait une conséquence analogue, et le bilan du commerce se trouvait en outre gonflé, aussi bien au Cap qu'à Natal, par la construction des chemins de fer. Le commerce provoqué par les opérations militaires avait cessé; les travaux de chemins de fer étaient momentanément terminés; l'industrie du diamant, à Kimberley, en raison des graves difficultés qui s'étaient produites lorsqu'il fallut exploiter les mines plus profondément, périclitait. On avait, il est vrai, fait récemment de grands efforts pour lancer des Compagnies de diamant; une réclame avait été organisée qui enrichit quelques spéculateurs. Mais la lune de miel de cette industrie était finie. Les hommes n'y affluaient plus comme au début pour s'adonner sans répit à un travail qui pouvait les enrichir et qui, même en cas d'échec, ne les laisseraient pas dans une situation pire. Kimberley était toujours un grand centre de consommation et les Ministres du Cap croyaient toujours de leur devoir d'engager à fond le crédit de la colonie pour créer un triple réseau de chemins de fer aboutissant à cette ville. Mais la vie et la source du crédit avaient disparu. Les deux colonies étaient endettées. Les sacrifices qu'elles étaient obligées de faire pour payer les intérêts dus aux porteurs de titres de leurs emprunts devenaient tous les ans plus lourds, et les recettes des chemins de fer, sur lesquelles on comptait naturellement pour amortir les dettes contractées dans le but de les construire, avaient une tendance à diminuer. D'autre part on n'entrevoyait alors, dans un avenir immédiat, aucune cause qui pût déterminer une reprise des affaires. Les mines d'or du Transvaal, dont on avait tant parlé au moment de l'annexion, ne se révélaient pas. On racontait bien que de nouveaux filons avaient été découverts sur la frontière orientale de la République, mais ces nouveaux filons avaient la spécialité de ne laisser que des déceptions à tout le monde, sauf aux propriétaires des terrains où on devait les découvrir et qui se hâtaient de les vendre. En fait de nouveaux filons, on avait à peu près abandonné les vieilles mines d'or de Pilgrim's Rest, à l'extrême pointe nord-est du Transvaal.

Cette période de dépression, toute pénible qu'elle fut pour ceux qui l'ont subie, eut pourtant des avantages. Elle développa parmi les habitants de l'Afrique du Sud l'esprit d'économie; elle les força de se mettre au travail pour étudier les ressources naturelles du pays, et, par-dessus tout, elle commença à les accoutumer à l'idée d'une nationalité sud-africaine que les fondateurs de l'Afrikander Bond s'étaient efforcés de développer. Le parti de l'Afrikander Bond, qui avait son existence avouée au Parlement du Cap, cessa de servir de cible aux injures de la partie strictement anglaise de la population. Les services rendus par les membres de ce parti, en discutant les dépenses publiques, furent reconnues utiles et avantageux; on commença à comprendre que le pays ne pouvait vivre uniquement de diamants et que les autres articles d'exportation qu'il pouvait produire méritaient d'être étudiés. On se mit à discuter la question de la création d'un lien plus étroit entre les différentes communautés sud-africaines, d'un lien qui pourrait prendre au début la forme d'une politique commune au sujet des questions fiscales et de chemins de fer. Cette question fit même l'objet d'une conférence de délégués de deux États sud-africains, l'État Libre et Natal. Il ne résulta, il est vrai, pas grand'chose de cette conférence, sauf l'adoption de quelques propositions générales concernant la nature des relations qui doivent exister, en matière fiscale, entre un État maritime et un État non maritime. Ce n'en fut pas moins un mouvement dans la bonne direction, et il est juste de reconnaître que la Législature de Natal, qui prit l'initiative de la conférence, témoigna ainsi qu'elle avait conscience des besoins de l'époque. On doit regretter, et le regretter de plus en plus, que la colonie du Cap, dotée comme elle l'était d'une constitution indépendante, doyenne des communautés sud-africaines, ait rarement eu l'occasion de faire preuve d'idées larges et politiques au sujet des besoins et des capacités de l'Afrique du Sud et se soit toujours bornée à tirer son épingle du jeu. Ce fut pourtant le cas du *Bond party*, parti qui, depuis sa création, n'a cessé de diriger la politique de tous les Ministères au Cap. On verra, par la suite, quelles furent les conséquences graves de cette mesquinerie.

On aurait pu croire que la situation déplorable où se trouvaient le Transvaal et le Zoulouland aurait déterminé un effort quelconque en vue d'une amélioration. A moins que ses remontrances continuelles ne fussent suivies d'une action décisive, le Colonial Office ne pouvait persister à morigéner le Gouvernement de Pretoria, au sujet de prétendues violations d'une convention qu'il n'avait cessé de déclarer impraticable Il n'était pas davantage possible de laisser les chefs zoulous s'attaquer les uns les autres au risque de compromettre la paix générale dans cette partie de l'Afrique du Sud. En ce qui concerne les relations du Transvaal avec le Gouvernement britannique, M. W. E. Forster, dont l'influence avait été si néfaste, s'était retiré du Ministère à la suite de l'échec de sa politique irlandaise, et l'occasion était propice pour étudier la revision de la convention de Pretoria, revision qui avait été promise, sous condition, au moment de sa ratification. Mais avant que cette proposition de revision pût être prise en considération, l'opinion publique, en Angleterre, avait forcé le Gouvernement à mettre à l'étude l'organisation du Zoulouland. Les récits des troubles avaient pris un tel caractère qu'il était devenu évident qu'il fallait faire quelque chose. Ces récits pouvaient être exagérés sur certains points. En dehors des dépêches officielles, les renseignements concernant le Zoulouland arrivaient en Angleterre par deux voies : des lettres de l'évêque de Natal aux membres du parti philanthropique à la Chambre des Communes et des télégrammes adressés au *Times* par son correspondant à Durban, un membre très connu de la législature de Natal. Ces deux informateurs étaient également anxieux de mettre fin à l'état actuel des choses, mais pour des motifs différents : un grand nombre de colons réclamaient l'annexion pure et simple du Zoulouland; les partisans de l'évêque désiraient la restauration de Cetywayo en prenant, toutefois, des garanties pour assurer sa loyauté. Dans ces conditions, sans vouloir exagérer les maux résultant de la situation du Zoulouland, tous deux prenaient soin de ne laisser échapper aucun fait qui pouvait tendre à discréditer le régime existant. D'autre part, le monde officiel étant d'avis que les choses devaient rester en l'état, les efforts officiels tendaient plutôt à atténuer les dangers de la situation. Mais les alarmistes l'emportèrent, et, grâce à la pression parlementaire exercée par le parti philanthropique, l'opinion officielle fut écartée et il fut décidé que Cetywayo serait réinstallé sous certaines conditions et réserves laissées à la discrétion des fonctionnaires de Natal.

Il est inutile de rappeler, après douze ans, les détails d'une controverse qui atteignit alors un degré extraordinaire d'acuité. On peut dire pourtant qu'il n'y avait absolument rien d'impraticable dans l'idée de réinstaller Cetywayo dans le Zoulouland, de même qu'il n'y aurait rien eu d'impraticable dans l'idée de faire de lui un chef tributaire, aussitôt après la défaite définitive de l'armée zouloue à Ulundi. Ceux qui n'étaient pas pratiques, c'étaient, au contraire, ceux qui voyaient la seule chance de salut dans l'établissement du Gouvernement direct de l'Angleterre dans le Zoulouland. Il n'est pas nécessaire, pour élucider cette question, d'examiner les conditions dans lesquelles elle se présenta au début à l'esprit de sir Bartle Frere. On peut concéder, pour les besoins de la discussion, que l'ultimatum d'où résulta la guerre des Zoulous était nécessaire et qu'il fallait dompter la puissance des Zoulous. Mais ces concessions faites, demandez-vous ce que le peuple, qui a su le mieux s'y prendre avec les indigènes, les Hollandais, eussent fait en pareilles circonstances. Sans aucun doute, ils auraient fait appel au pouvoir et à l'autorité du chef indigène et l'auraient rendu responsable du maintien de l'ordre.

C'est ce qu'ils ont fait, lorsque, après la défaite complète des Zoulous commandés par Dingaan, ils remplacèrent ce dernier par Pandos, assurant ainsi vingt-cinq années de paix à l'Afrique du Sud, en ce qui concerne du moins les rapports des Européens avec les Zoulous. Mais les colons hollandais n'avaient à compter avec aucun autre pouvoir que le leur; ils l'avaient trouvé suffisant, même dans les circonstances les plus graves et les plus délicates, et, confiants dans leurs seules ressources, ils étaient libres d'adopter une politique intelligente et logique. Cette liberté constituait un immense avantage, et il n'est peut-être pas exagéré de penser que la crainte, fondée sur l'expérience, des caprices des autorités impériales de Londres, excuse jusqu'à un certain point ceux qui réclamaient une solution radicale, c'est-à-dire l'annexion immédiate du Zoulouland.

Ce conflit d'opinions et d'intérêts aboutit, assez naturellement, à la pire des solutions qui pouvait être adoptée. En essayant de donner satisfaction à tout le monde, on mécontenta tout le monde. Pour plaire au parti philanthropique anglais, on réinstalla Cetywayo, et pour apaiser les craintes des colons de Natal, on laissa une bande de territoire neutre entre la colonie et le reste du Zoulouland. Quant aux fonctionnaires de Natal, qui s'opposaient formellement à la restauration de Cetywayo, à quelque condition qu'elle fût faite, on leur donna la satisfaction de régler à leur guise les détails de la politique adoptée par le Colonial Office. On ne peut arriver à comprendre, même aujourd'hui, comment sir Henry Bulwer, qui avait été renommé gouverneur de Natal après l'annulation de la nomination de M. Sendall, n'ait pas refusé de collaborer à une politique dont on savait qu'il était l'adversaire déclaré. A tort ou à raison, il avait toujours approuvé la division du pays telle que l'avait conçue lord Wolseley, et il était tout aussi opposé à l'annexion qu'à la restauration du chef dépossédé. Il aurait pu, il le semble tout au moins, témoigner sa désapprobation en refusant de prendre la responsabilité de la restauration proposée. S'il l'avait fait, il aurait assurément eu avec lui la majorité des colons de Natal et aurait contraint le Colonial Office à écouter ses objections. On ne pouvait, dans tous les cas, compter le voir prendre un intérêt sincère dans la mise en pratique d'une politique qu'il réprouvait entièrement. En fait, tous les détails de l'organisation furent laissés à des fonctionnaires qui étaient en quelque sorte forcés de désirer l'insuccès de cette restauration. Dans ces conditions, l'échec ne pouvait surprendre personne. En tenant compte des antécédents et des circonstances, et surtout des appréhensions de la population européenne de Natal, cette restauration n'était qu'une expérience qui, pour réussir, aurait exigé le doigté le plus délicat et le plus judicieux. Il n'en fut et n'en pouvait peut-être pas être ainsi, et l'échec fut aussi complet que pouvaient le souhaiter ses adversaires les plus intransigeants. Les chefs, qui avaient intérêt à conserver l'influence qu'ils avaient exercée pendant l'absence de Cetywayo, ne tardèrent pas à savoir qu'il serait rendu responsable de tous les troubles qu'elle qu'en fût l'origine. Cela suffit. Six mois à peine après sa restauration, Cetywayo avait pris la fuite. Peu de temps après il se rendait de nouveau aux autorités anglaises et mourait peu après en captivité, désespéré, victime de son sincère désir de remplir les engagements qu'il avait pris envers le Gouvernement impérial, à des conditions que l'on s'était attaché à rendre impossibles.

Un des résultats inévitables et imprévus de ces malheureux événements fut l'ébranlement de la réputation du Gouvernement anglais parmi les indigènes de l'Afrique du Sud et, par contre, l'exaltation des Hollandais. Ce résultat devint bien évident lorsque, peu de temps après la mort de Cetywayo, la majorité des Zoulous firent appel aux fermiers du Transvaal pour les aider à mettre fin au carnage et au désordre qui ruinaient et dépeuplaient le Zoulouland. Cette assistance leur fut accordée, peut-être pas dans un but entièrement désintéressé, et fut efficace, pour un temps du moins. Mais, en fin de compte, les Zoulous n'en tirèrent aucun profit. Les fermiers qui leur avaient porté secours s'étaient fait payer en concessions territoriales qui devinrent le noyau d'une République indépendante, laquelle fut ensuite, avec l'assentiment du Gouvernement anglais, incorporé dans le territoire du Transvaal.

Par une coïncidence curieuse, et qui démontre bien les contradictions de la politique sud-africaine, tandis que les Zoulous subissaient le poids du mécontentement impérial, les Basutos, qui avaient victorieusement résisté aux tentatives de désarmement du Gouvernement du Cap, étaient l'objet des faveurs impériales. Le Ministère du Cap, renonçant à rétablir son autorité chez ces indigènes, entama des négociations avec le Gouvernement impérial, dans le but de le décider à exercer une autorité directe sur leur pays. Les négociations aboutirent, grâce, on l'a cru, à l'influence des autorités de Natal qui cherchaient alors à se faire pardonner leur insuccès au Zoulouland. « Aidez-nous à nous débarrasser des Basutos », dirent sans doute les Ministres du Cap aux fonctionnaires de Natal, « et nous vous aiderons à obtenir votre liberté d'action au Zoulouland. » Les intérêts d'importantes tribus indigènes devenaient, ainsi, les enjeux d'une partie engagée entre des fonctionnaires dans le seul but d'assurer leurs commodités personnelles. Les seuls véritables bénéficiaires de ces intrigues furent les burghers du Transvaal, qui purent se tailler dans le Zoulouland une augmentation considérable du territoire de la République sud-africaine.

Un incident beaucoup plus important de cette période fut l'abolition de la convention de Pretoria et son remplacement par une nouvelle convention, signée à Londres, par laquelle furent accordées toutes les concessions réclamées en 1881 par le Volksraad du Transvaal. Il y a tout lieu de croire que c'est surtout la retraite de M. W. E. Forster, lequel ne faisait plus partie du Ministère Gladstone, qui rendit cette revision possible. Elle coïncida, en outre, avec l'émigration de lord Kimberley du Colonial Office au Ministère de l'Inde et avec l'acception de la direction des affaires coloniales par lord Derby, qui s'était graduellement rapproché des libéraux. Lord Derby ne peut guère être taxé de sympathies exagérées pour les races indigènes de l'Afrique du Sud et on l'a parfois soupçonné de connaître très imparfaitement la géographie moderne ; mais il était doué d'un grand bon sens, qui lui permit de découvrir les bévues de la convention de Pretoria, et son expérience diplomatique lui disait que c'était folie de faire des traités qui, au lieu d'être des gages de conciliation, ne pouvaient être que des instruments d'irritation. M. Krüger se rendit en Angleterre pour la troisième fois. Les événements qui s'étaient passés depuis son dernier voyage, en 1878, avaient considérablement augmenté sa réputation en Europe. Les concessions pour lesquelles le Volksraad avait lutté en 1881 furent toutes accordées et une nouvelle convention fut conclue, d'après laquelle le droit d'intervention de l'Angleterre dans les affaires du Transvaal se bornait à désapprouver, dans des cas et pour des motifs déterminés, les traités que la République pourrait conclure avec des puissances étrangères. Il n'est pas inutile de rappeler que cette nouvelle convention fut signée en dépit des efforts faits par les principaux membres du parti philanthropique à la Chambre des Communes (M. W. E. Forster en tête) pour créer un mouvement populaire contre M. Krüger et son Gouvernement. Les causes de cette attitude, qui fut renouvelée quelque temps après à propos de Bechuanaland, ont jusqu'ici échappé aux recherches de ceux qui croient que toute chose a une cause, mais qui se refusent à admettre qu'un homme d'Etat, qui a de belles œuvres à son actif, ait pu se laisser dominer par le désir de faire une niche à ses collègues qui, après une longue patience, avaient fini par désapprouver sa politique irlandaise.

CHAPITRE IX

SITUATION CRITIQUE

Comme on devait s'y attendre, les progrès du parti hollandais au Cap et la reconnaissance générale de l'importance du facteur hollandais dans l'Afrique du Sud ne pouvaient manquer de provoquer un mouvement de réaction. Les nouvelles influences qui s'affirmaient firent entrevoir la possibilité de la disparition de l'influence directe du Gouvernement impérial dans la contrée ; d'après quelques-uns, elles devaient même aboutir à la disparition du drapeau britannique. On sait maintenant que cette dernière crainte n'était pas fondée. Les membres les plus exaltés du *Bond party* au Cap ne songeaient nullement à l'établissement d'un gouvernement républicain. Ils commençaient plutôt, guidés par M. Hofmeyr, à envisager la possibilité de tirer des avantages commerciaux d'une forme quelconque de fédération impérialiste. Cependant, les plus timides des habitants de la colonie du Cap avaient une crainte vague, d'abord timide et insignifiante, puis assez bruyante pour faire momentanément illusion, même à un homme aussi prudent et aussi bien équilibré que sir Hercules Robinson.

Le personnage qui prit la part la plus active à cette agitation fut M. J. W. Leonard, avocat du barreau du Cap, qui avait été, pendant quelque temps, attorney général sous deux Ministères. M. Leonard, dont il a été si souvent question à propos des derniers événements, était doué des dons intellectuels les plus remarquables, mais affligé d'une certaine faiblesse de caractère. Orateur éloquent, au courant de toutes les choses littéraires, il n'avait néanmoins pas réussi à conquérir dans l'Afrique du Sud le respect qui doit entourer un homme public important. M. Leonard réussit pourtant à faire figure dans la politique de la colonie du Cap. Sous ses auspices, une ligue fut fondée sous le nom ronflant de Ligue impériale, dont le but avoué était d'endiguer le flot montant de la prépondérance hollandaise et d'arriver à rétablir l'influence directe du Gouvernement impérial dans les affaires sud-africaines. Des meetings, organisés par la Ligue, furent tenus dans plusieurs petites villes du Cap, où furent votées des résolutions en faveur du programme de la Ligue. Ces meetings et ces résolutions eurent un grand retentissement, grâce aux conditions spéciales de la vie politique dans l'Afrique du Sud. Les habitants qui sympathisaient avec la Ligue étaient peu nombreux mais très riches, et ils en profitaient pour propager leurs idées au moyen de la presse. La majorité de la population, qui désapprouvait la campagne de la Ligue, gardait le silence, ou, si elle manifestait son opinion, elle le faisait dans de petits journaux hollandais locaux, qui étaient rarement lus au delà des provinces dans lesquelles ils étaient publiés. Et, comme cela s'est produit pour l'annexion du Transvaal, la situation fut, en conséquence, complètement dénaturée. On crut, et sir Hercules Robinson lui-même fut victime de cette erreur, qu'il y avait un véritable mouvement de réaction, que la plupart des colons du Cap étaient revenus sur leurs idées de 1881 et qu'un mouvement en faveur de l'affermissement de l'impérialisme dans l'Afrique du Sud en général et au Transvaal en particulier serait favorablement accueilli au Cap, la plus importante des communautés sud-africaines.

Les événements qui se passèrent ailleurs contribuèrent à affermir cette impression. Depuis la signature de la convention de Pretoria, en 1881, le tracé exact de la frontière de la République de l'Afrique du Sud était resté incertain. En fait, la frontière établie par la convention coupait en deux le territoire d'un chef qui portait le nom très résonnant de David Massouw Riet Taaibosch, laissant la moitié de ce territoire en dehors des limites du Transvaal, ce dont le chef indigène se plaignait, fort satisfait qu'il était de vivre sous la loi transvaalienne. La complication qui résulta de cet incident donna lieu à de volumineux rapports et dépêches, qui n'ont plus aujourd'hui ni intérêt ni valeur. Mais pendant les négociations, Massouw fut attaqué par un autre chef, Mankoroane, dont le territoire était situé immédiatement à côté, à l'ouest, et avec lequel Massouw avait une vieille querelle. Massouw, comme les chefs zoulous l'avaient fait, demanda l'assistance de volontaires européens, offrant en échange des concessions de terres, système que la Compagnie à charte devait si efficacement employer dix ans après, lorsqu'elle organisa l'invasion du Matabeleland. Le résultat fut que Mankoroane fut battu et que les volontaires européens réclamèrent les fermes promises dans le Bechuanaland, au delà de la frontière du Transvaal. De même que les fermiers qui, vers la même époque, assistèrent les Zoulous, ils établirent un Gouvernement de leur façon dans une ville qu'ils créèrent sous le nom de Vryburg; dans le nord du Zoulouland, la capitale qui avait été fondée avait reçu le nom de Vryheid.

Personne n'eut à souffrir de ces changements, sauf le chef Mankoroane qui, du reste, n'avait qu'à s'en prendre à lui-même, puisqu'il avait déclaré la guerre. Loin d'avoir à se plaindre, beaucoup, au contraire, n'eurent qu'à se louer de ces arrangements, lesquels mirent fin à des troubles qui menaçaient sérieusement la paix de tout le pays environnant.

Malheureusement le chef Mankoroane était l'enfant gâté et le protégé d'une mission évangélique, représentée au Bechuanaland par le révérend John Mackenzie, qui avait fait un pompeux éloge de ce chef et de son peuple. M. Mackenzie, au zèle d'un évangéliste, joignait de profonds préjugés contre les Hollandais, tout comme le plus éminent des missionnaires sud-africains, David Livingstone. Il serait hors de propos de discuter ici les causes de ces préjugés, qui eurent une influence nuisible sur l'histoire de l'Afrique du Sud dans les premiers temps de l'occupation anglaise et dont le plus ardent protagoniste fut Livingstone, lequel, cependant, fut contraint d'aller chercher aventure dans l'intérieur, beaucoup plus par l'hostilité du Gouvernement anglais de Cape-Town que par l'attitude et les actes des colons hollandais du Transvaal. M. Mackenzie avait autant d'égards pour ses ouailles à la peau noire que d'hostilité contre toute influence venant du Transvaal. Par lui-même, il n'aurait pu rien faire ; mais il avait, en Angleterre, de puissants patrons religieux et politiques. Le plus influent de ces patrons était M. W. E. Forster, qui, après avoir fait tout son possible pour discréditer les burghers du Transvaal et leur Gouvernement lors de la discussion de la convention de Pretoria, renouvela sa campagne avec la même vigueur lorsqu'il s'agit de la revision de cette convention. Ses relations toutes particulières avec le parti parlementaire non-conformiste d'une part, et d'autre part avec la masse des non-conformistes anglais, faisaient de lui un terrible adversaire au projet du Ministère Gladstone d'améliorer les relations de l'Angleterre avec la République de l'Afrique du Sud. Par sa présence sur les plate-formes des meetings organisés par les missionnaires, par ses attaques contre le Gouvernement à la Chambre des Communes et par ses protestations contre toute manifestation publique de l'hospitalité offerte au président Krüger, qui était de nouveau en Angleterre, M. Forster réussit à créer de grands embarras au Ministère, qui s'était efforcé de repousser sa politique irlandaise. Pendant quelque temps, les événements semblèrent lui donner raison, car pendant le voyage du président Krüger en Angleterre, un fonctionnaire subalterne prit sur lui de hisser le drapeau du Transvaal au delà de la frontière. On n'a jamais su si cette mesure avait été le résultat d'une ignorance bien intentionnée ou d'un secret désir de brouiller les cartes; mais le mal était fait et les conséquences ne tardèrent pas à se manifester. Les conservateurs anglais faisant cause commune avec le parti philanthropique et la Ligue impérialiste réclamèrent l'envoi de renforts dans l'Afrique du Sud pour mettre un terme aux empiètements du Transvaal et pour déterminer les droits de propriété sur les territoires situés le long de la frontière occidentale de la République de l'Afrique du Sud.

Le Ministère Gladstone se trouvait acculé et forcé de prendre des mesures pour donner satisfaction à l'opinion publique et même à un grand nombre de ses partisans. L'énergie était en outre commandée par les rapports de sir Hercules Robinson, qui, à

Cape-Town, trompé par l'agitation provoquée par la Ligue impérialiste, était convaincu que la grande masse de la population du Cap réclamait tout au moins une démonstration contre le Transvaal. Une expédition militaire fut organisée en toute hâte, composée des troupes en garnison à Cape-Town renforcées par des détachements venus d'Angleterre. Sir Charles Warren fut chargé du commandement comme étant celui des officiers supérieurs qui connaissait le mieux le pays dans lequel on devait opérer, et, d'autre part, pour bien démontrer qu'il s'agissait d'un succès remporté par les amis de M. Forster, les philanthropes et les non-conformistes, M. Mackenzie fut appelé à remplir à peu près les fonctions de suppléant du Haut Commissaire dans le Bechuanaland. Entre temps, le Ministère qui avait été constitué au Cap en 1881, avec, comme premier Ministre, d'abord sir John Molteno et ensuite sir Thomas Scanlen, avait été renversé. La cause avouée de sa chute était sa négligence à prendre des mesures pour protéger le pays contre l'introduction du phylloxera, mais il était tombé en réalité par suite de la méfiance croissante du parti hollandais à l'égard d'un Ministère qui avait été l'instrument de la soumission du Basutoland à l'autorité directe de l'Angleterre et qui était soupçonné d'encourager la reprise de la politique de coërcition au Transvaal. Un nouveau Ministère avait été formé dont sir Thomas Upington et sir Gordon Sprigg, qui avait été le premier attorney général et le second premier Ministre de 1878 à 1881, étaient les personnages les plus influents. Le sans-façon avec lequel ces deux Ministres avaient traité les opinions du parti hollandais en 1880 avait fait place à un ardent désir de servir ses intérêts et tandis que l'expédition du Bechuanaland s'organisait, ils firent tous leurs efforts pour assurer un arrangement amiable de la difficulté qui l'avait provoquée, allant même jusqu'à se rendre eux-mêmes, dans ce but, dans le pays alors à peu près inconnu. Il est vrai que leurs efforts ne furent guère encouragés par sir Hercules Robinson, qui croyait toujours l'expédition approuvée par la masse des colons.

L'état-major du corps expéditionnaire était déjà arrivé à Cape-Town que personne ne pouvait encore dire exactement contre qui elle devait être dirigée. On raconte même qu'un officier ami de sir Charles Warren le rencontrant à son débarquement lui demanda après diverses autres questions : « Avez-vous amené l'ennemi avec vous ? » A moins que les troupes ne fussent destinées à opérer contre le Transvaal, il n'y avait guère d'ennemi assez redoutable pour justifier les préparatifs qui avaient été faits. L'opinion générale était du reste, aussi bien parmi les officiers que parmi les colons anglais du Cap, que c'était en réalité contre le Transvaal qu'elle devait être dirigée. Seule la majorité modérée ne pouvait se décider à croire que le Gouvernement impérial fût disposé à provoquer une guerre générale entre les Hollandais et les Anglais dans l'Afrique du Sud dans l'intérêt d'un ou deux chefs indigènes de minime importance. Néanmoins, la nomination d'un homme ayant des idées aussi avancées que M. Mackenzie à des fonctions officielles causait un certain malaise et donna un grand poids au courant d'opinion qui se manifesta aux élections générales qui eurent lieu à ce moment critique. Il fut acquis que la Ligue impérialiste n'avait qu'une poignée de partisans, que la politique dont la nomination de M. Mackenzie et l'expédition Warren étaient l'expression publique était formellement condamnée par la grande majorité des colons du Cap, et que si cette politique était continuée, un mouvement pouvait se produire au Cap même qui mettrait en péril la domination anglaise dans le Sud de l'Afrique.

Cette subite révélation du véritable état de l'opinion publique plaçait sir Hercules Robinson dans une situation difficile. Sous l'empire d'une conception fausse, il avait encouragé l'envoi de l'expédition Warren et se trouvait dans une certaine mesure engagé. D'autre part, il avait maintenant la preuve éclatante que cette expédition était une faute et que, en l'autorisant à se mettre en marche, il allait au-devant de dangers beaucoup plus graves que ceux qu'il avait voulu prévenir. Les mesures prises par sir Charles Warren et M. Mackenzie dès leur arrivée dans le Bechuanaland n'étaient pas pour calmer les appréhensions du Haut Commissaire. Méprisant les principes les plus élémentaires en matière de témoignages et les questions de juridiction, ils s'étaient arrogé le droit de condamner sommairement et même de faire exécuter les fermiers qui avaient pris possession de leurs concessions territoriales et avaient constitué un Gouvernement pour maintenir l'ordre. M. van Niekerk, le chef de ce Gouvernement provisoire, fut jeté en prison sous l'accusation de meurtre et il avait bien des chances, avec les principes militaires de sir Charles Warren et les préjugés de M. Mackenzie, d'être pendu d'abord et jugé ensuite. Un appel à l'autorité judiciaire de Cape-Town conjura heureusement le danger, et l'influence de sir Hercules Robinson, maintenant au courant de la situation réelle, se mit à l'œuvre pour enrayer et limiter le zèle de M. Mackenzie et de sir Charles

Warren. Ce dernier eut, avec le président Krüger, retour d'Angleterre, une entrevue dont les détails sont restés secrets, et ce fut tout. L'expédition, après un séjour de quelques semaines dans le Bechuanaland fut rappelée. On avait subitement découvert que ces mécréants de colons du Stellaland — c'est ainsi que la nouvelle République avait été nommée — étaient, après tout, de fort braves gens. Le secrétaire impérial, sir Graham Bower, envoyé de Cape-Town pour faire un rapport sur la situation, signala le grand nombre de pianos qu'il avait entendus résonner dans la nouvelle ville de Vryburg. M. Mackenzie donna sa démission et sir Charles Warren retourna en Angleterre où, comme commissaire de police, il fit éprouver quelques désillusions à ceux qui l'avaient si chaudement appuyé en Afrique. Et le Gouvernement du Cap, qui naguère avait péniblement négocié un petit emprunt à 5 pour cent réussit, à l'aide des circonstances, à persuader le Gouvernement métropolitain à lui avancer, à bas intérêts, la somme nécessaire pour terminer une ligne de chemins de fer de 80 milles, du fleuve Orange à Kimberley, qui était toujours l'objet de la plus vive sollicitude de la colonie du Cap.

Comment la situation avait-elle pu se modifier à ce point? Tout simplement grâce à l'opposition constitutionnelle du parti hollandais ou *Bond party*, au Cap. Cette opposition rendait impossible tout essai de politique impérialiste, et l'agitation de la Ligue impérialiste avait eu pour unique résultat de fortifier ses adversaires. Ces événements, importants en eux-mêmes, le sont d'autant plus que, ainsi qu'on le verra par la suite, le parti qui réussit à mettre un frein à l'action impériale eut également la puissance nécessaire pour en favoriser le développement. Mais, en attendant, il était évident pour tous que, quoi que l'on pût dire du pouvoir suprême dans l'Afrique du Sud, la population hollandaise en était le facteur le plus influent. Du reste, à considérer les choses froidement, personne ne pouvait y trouver à redire. On n'avait plus à redouter une tentative dans le but d'établir une république générale dans l'Afrique du Sud. On avait acquis la preuve que les plus fanatiques adhérents du *Bond* étaient de loyaux sujets de la Couronne britannique, bien qu'adversaires de l'exercice direct de l'autorité impériale. Le sentiment d'une unité nationale commençait à se répandre d'une capitale à l'autre, de plus en plus populaire à mesure que les chemins de fer rapprochaient les distances. Enfin, la dépression commerciale, si intense en 1885, tendait à disparaître. Les mines d'or de De Kaape commençaient à faire naître un nouveau commerce d'importation ; les revenus des chemins de fer et des douanes avaient une tendance à la hausse. Les vagues de tempête soulevées par l'annexion du Transvaal paraissaient enfin s'être apaisées. Anglais et Hollandais marchaient d'accord au grand avantage de tous. Cette bonne harmonie était si complète que, lorsque, deux années après, sir Hercules Robinson déclara, dans un discours d'adieu, à Cape-Town, que le « facteur impérial » n'avait plus de place dans l'Afrique du Sud, il fut acclamé partout, et sa déclaration fut accueillie comme l'annonce d'une ère nouvelle, destinée à assurer la prospérité de l'Afrique du Sud, sans porter atteinte, du reste, à la légitime influence de l'Angleterre sur le continent Sud-Africain.

Combien de temps cet état de choses satisfaisant devait-il durer ? Quelles devaient être les forces perturbatrices ?

CHAPITRE X

L'OR DU TRANSVAAL

En 1887, dix ans après l'annexion du Transvaal, l'histoire de l'Afrique du Sud entra dans une phase nouvelle. L'irritation et l'agitation créées par cette mesure malencontreuse s'étaient dissipées. On croyait unanimement qu'il ne serait plus jamais question d'intervention impériale. On estimait que, sans nuire aux justes intérêts de l'Angleterre, sans aucune modification à ses relations avec les colonies et les États de l'Afrique du Sud, ces États et ces colonies pouvaient dorénavant être libres de se donner les lois qui leur plairaient, de régler comme ils l'entendraient leurs relations mutuelles et d'adopter une politique commune lorsqu'ils auraient des intérêts communs. Tout le monde, sauf de rares exceptions, envisageait l'avenir tel qu'il s'annonçait avec la plus vive satisfaction. A ceux qui s'étonneraient d'un aussi rapide et aussi complet changement, on pourrait répondre que l'Afrique du Sud est un pays où l'herbe pousse très vite. Les sujets de discussion sont facilement oubliés lorsque les causes ont disparu. Aussi longtemps que les colons d'origine anglaise avaient pu croire à une reprise de l'intervention active du Gouvernement métropolitain dans les affaires de l'Afrique du Sud, ils s'étaient tenus prêts à marcher derrière le drapeau anglais et à rechercher les avantages pouvant résulter des marchés de fournitures pour les troupes. Du moment où il était devenu évident que cette éventualité n'était plus possible, ils avaient fait cause commune avec leurs voisins hollandais et s'étaient mis à l'œuvre pour développer les ressources du pays.

Il est nécessaire de dire ici quelques mots des relations normales des Hollandais et des Anglais dans l'Afrique du Sud. Les journaux et les hommes politiques en Angleterre passent leur temps à dire que l'on doit apprendre aux Anglais et aux Hollandais à vivre en bons termes, et n'ont pas tari d'éloges envers M. Cecil Rhodes parce qu'il s'était inspiré de ce principe. En fait, Hollandais et Anglais sud-africains ne se sont jamais querellés que lorsqu'ils y ont été poussés par des hommes d'État et des Ministères anglais, mal renseignés et partant nuisibles. En second lieu, pour ce qui est des éloges mérités par M. Rhodes pour ses efforts dans le but d'amener les Anglais et les Hollandais à vivre en paix, aucun homme n'a plus fait, directement ou indirectement, consciemment ou inconsciemment, pour atteindre le résultat contraire. L'exactitude de cette affirmation ne tardera pas à être démontrée; mais, pour ce qui est de la question en elle-même, on ne doit pas oublier que, il y a dix ans, pour ne pas remonter plus loin, avant la fusion des mines de Kimberley, avant que M. Rhodes ne se fût révélé comme un facteur politique, Anglais et Hollandais vivaient côte à côte dans l'Afrique du Sud sans la plus légère méfiance, animés des mêmes espoirs, travaillant aux mêmes fins; et le moment ne paraissait pas éloigné où, de la reconnaissance d'intérêts communs, naîtrait la création d'un Conseil fédéral quelconque. Lord Carnarvon, en tentant d'imposer la confédération, avait divisé les races européennes de l'Afrique du Sud. Du moment où on les laissa livrées à elles-mêmes, du moment où elles comprirent que cela durerait, elles s'unirent de nouveau et aspirèrent à donner à cette union nécessaire une expression plus claire.

En 1886, la période de dépression commerciale était terminée. Les difficultés financières qui en avaient été la conséquence avaient été victorieusement surmontées au Cap et à Natal, et la situation financière s'était trouvée améliorée d'autant plus que l'on commençait à trouver que les emprunts coloniaux pouvaient être des placements sûrs et avantageux. Il est difficile de dire combien de temps eût duré cette heureuse situation, si l'on en était resté aux mines de De Kaape; toujours est-il que l'ouverture de ces mines fut suivie de la découverte, plus séduisante de promesses encore, de celles du Witwatersrand.

Ces mines, découvertes en 1886, ne commencèrent pourtant à attirer l'attention que l'année suivante. Par une de ces contradictions coutumières de la nature humaine, tandis que les mines de De Kaape, qui n'ont donné que des mécomptes, furent saluées avec enthousiasme, les filons du Witwatersrand ne trouvèrent guère que des sceptiques. On disait que c'était trop beau pour être vrai. Mais la bonne nouvelle se répandait et l'on comprit que la localité qui commençait déjà à être connue sous le nom de Johannesburg pourrait devenir le centre d'une industrie beaucoup plus florissante que celle des diamants de Kimberley, d'où naîtrait une nouvelle ère de prospérité pour le continent Sud-Africain, et que tous les intérêts, particulièrement les intérêts des deux colonies anglaises, en retireraient de gros avantages. Il y avait d'autant plus lieu de se réjouir, que l'industrie du diamant déclinait évidemment. On continuerait certainement à trouver autant de diamants que par le passé; mais les difficultés de l'exploitation des mines avaient considérablement ralenti l'activité de l'industrie et les mineurs devenaient moins prodigues. Le commerce avait une tendance à la baisse, et les recettes des trésors coloniaux, droits d'entrée, revenus de chemins de fer, subissaient le même mouvement décroissant.

Le nouveau centre de commerce qui s'établissait à Johannesburg ne promettait pas seulement de combler le déficit laissé par les consommateurs de Kimberley, mais encore de conduire le pays à un degré de prospérité qu'il n'avait jamais atteint. Le ciel était presque sans nuages. Mais on s'aperçut bientôt que cette prospérité n'était pas sans danger. Elle provoqua, en Angleterre, un regret analogue à celui que les Israélites éprouvèrent après leur départ d'Égypte. Pourquoi avait-on laissé échapper un pays aussi riche? Pourquoi n'essayerait-on pas de le reconquérir? Il y eut un autre danger résultant, celui-là, d'hommes d'argent sans scrupules, alléchés par la perspective de pouvoir acquérir une fortune presque illimitée. Enfin, troisième danger, qui se manifesta bientôt, les colons du Cap eurent l'ambition de diriger l'administration d'un pays qui allait devenir si riche. On verra l'influence de ces différents facteurs.

La poussée vers Johannesburg ne ressembla en rien à ce qui s'était produit en Californie et en Australie. L'or d'alluvion manquait et le mineur isolé ne tarda pas à s'apercevoir qu'il n'avait rien à attendre d'un travail personnel. Des Compagnies par actions pouvaient seules obtenir des résultats sérieux. D'autre part, les administrateurs et les directeurs de Compagnies eurent une tendance assez générale à considérer que leur mission était plutôt de lancer des Compagnies que de chercher de l'or. Les opérations minières furent entreprises dans des conditions sans précédent dans l'histoire des exploitations minérales. Des tranchées furent creusées le long de la ligne, vraie ou supposée, du filon principal; les matières extraites étaient broyées par des procédés aussi peu scientifiques que possible, mais à grands frais, et, pendant ce temps, on émettait des titres à cœur-joie. Des Compagnies surgissaient comme par enchantement et les actions jetées sur le marché étaient avidement absorbées par de naïfs spéculateurs. Dans tous les centres de l'Afrique du Sud, pour ne rien dire de Londres même, le jeu fit fureur. Des hommes qui ne possédaient pas un billet de cinq livres serling se trouvaient subitement possesseurs — du moins au cours des actions — de millions de livres. Ce n'était plus qu'une affaire de chance. On peut dire que, sur mille cas, il ne se rencontrait guère plus d'un enrichi qui ait dû sa fortune à son intelligence et à sa prévoyance. Le hasard avait fait qu'ils s'étaient trouvés avoir en poche du papier que d'autres hommes eurent la fantaisie d'acheter fort cher. Des hommes, qui s'étaient ainsi enrichis par hasard, étaient évidemment incapables de résister à l'idée qu'ils étaient nés spéculateurs. Ils crurent qu'ils devaient leur succès à leur discernement et ils étaient persuadés que ce discernement leur garantissait de nouveaux succès. En conséquence, au lieu de se débarrasser de leurs titres aussitôt qu'ils pouvaient le faire avec bénéfice, ils augmentaient sans cesse leurs engagements, et le résultat fatal, que leur prétendu flair ne leur avait pas permis de deviner, se produisit : les actions cessèrent de monter. Les Banques, devenues prudentes, lancèrent un jet d'eau froide sur la fumée des valeurs minières de Johannesburg, et ces valeurs, gonflées, s'aplatirent. Les fortunes, qui n'étaient que fictives, s'évanouirent. Tous ceux dont les intérêts étaient en jeu essayèrent vainement de maintenir les cours. Le marché continuait à baisser. Les faillites, les disparitions et les suicides succédèrent aux lancements de nouvelles Compagnies. Si, un an après la folie de 1888, on avait fait une enquête sur la position de ceux qui avaient fait le coup, on aurait probablement constaté que le nombre de ceux qui avaient fait fortune et avaient conservé cette fortune pouvait se compter sur les doigts d'une seule main.

La débâcle, toute grave qu'elle fût, sauva pourtant l'industrie de l'or. Tant de capitaux étaient engagés dans l'exploitation des mines d'or, qu'il était de nécessité urgente de faire la part de ce qui pouvait être sauvé du naufrage général. Aux jours des folies du *boom*, les travaux sérieux avaient été négligés. Il était beaucoup plus profitable de se rendre acquéreur d'un terrain quelconque et de lancer une Compagnie sur la foi de prospectus plus ou moins frauduleux que de s'adonner à de véritables opérations minières. Cependant, il n'était pas douteux qu'il y avait de l'or et, si l'on pouvait sortir de la crise, la seule chose à faire était de se mettre à l'extraire sérieusement. L'expérience commençait également à démontrer qu'il n'était pas nécessaire, pour que l'exploitation fût avantageuse, que le pourcentage de l'or fut aussi considérable qu'on l'avait cru au début. Aux beaux jours du *boom*, on dédaignait les mines qui ne donnaient pas au moins une proportion de deux onces. On s'apercevait maintenant que cette proportion était exagérée. Les propriétaires de mines qui l'annonçaient ne rencontraient que des incrédules et même des méfiants qui suspectaient leur bonne foi. Une once par tonne constituait une production rémunératrice. On pouvait s'en tirer avec quinze, douze, dix et même huit *pennyweights* en travaillant économiquement et en employant des procédés perfectionnés. Bien plus, le public avait plus confiance que jamais dans l'étendue et les ressources du filon du Witwatersrand. La confiance se rétablit, continuellement encouragée par les résultats obtenus par ceux qui avaient des capitaux suffisants pour acheter des machines et perfectionner leur outillage. Les Compagnies que le krach avait ruinées se reconstituaient et se lançaient de nouveau. La production mensuelle augmentait sans cesse et les assises de l'industrie devenaient de plus en plus solides. Mais le progrès était lent. La confiance du public dans le Witwatersrand avait été si fortement ébranlée que l'on ne pouvait la reconquérir en un jour. La puissance des faits se faisait graduellement sentir; la sécurité de l'industrie s'affirmait, et Johannesburg n'était plus contesté comme un des plus importants des centres de production d'or du monde.

Mais avant que la valeur des mines d'or du Witwatersrand se fût complètement établie, il se passa bien des événements résultant directement ou indirectement de la découverte de ces mines. Il est important de les résumer brièvement et de faire ressortir leur connexité. L'un des premiers de ces résultats — lequel put être constaté avant même le *boom* de 1888 — fut la prééminence donnée à la question d'une union douanière. L'origine de cette question remonte à l'époque de la reconnaissance des deux Républiques par le Gouvernement anglais. Le Gouvernement anglais concéda à l'État Libre d'Orange, sinon à la République de l'Afrique du Sud, le droit de prélever une part équitable des droits perçus dans les ports de ses deux colonies sur les marchandises destinées à l'État Libre. Il est vrai que cette concession était restée lettre morte. Les droits perçus dans les ports coloniaux, au Cap aussi bien qu'à Natal, furent intégralement versés aux Trésors de ces deux colonies, et l'État Libre ne fut jamais en situation, peut-être n'y songea-t-il même pas, de réclamer l'exécution de cet engagement. Il est juste de reconnaître, à la louange des membres de la Législature de Natal, qu'ils furent les premiers à vouloir régler cette question dans un esprit équitable. Dès 1882, cette Législature avait voté une résolution tendant à inviter les Gouvernements des deux Républiques à une Conférence destinée à examiner la question de l'union douanière. L'initiative en fut prise, non par l'Administration, qui dépendait alors du Ministre des Colonies, mais par les membres élus de l'Assemblée. C'est probablement à cette particularité qu'il faut attribuer le peu d'empressement que l'on mit à agir. La résolution devait être ratifiée par le Haut Commissaire à Cape-Town et par le Ministre à Londres, et le premier n'était naturellement pas pressé de donner suite à un projet dont ses conseillers politiques, à Cape-Town, n'étaient guère partisans. On considérait en effet, dans cette dernière ville, l'initiative de la Législature de Natal comme téméraire et déplacée. De son côté, le Gouvernement du Transvaal déclina l'invitation, probablement à cause du traité très favorable qu'il avait conclu avec le Portugal, une des rares mesures pratiques de l'administration du Président Burgers, en vue de la construction future d'un chemin de fer allant de la baie de Delagoa à Pretoria. Mais l'État Libre accepta l'invitation. En fait, une Conférence eut lieu à Harriswith, petite ville de l'État Libre sur la frontière de Natal, entre les délégués de cette

République et ceux de Natal, en 1884, conférence qui n'aboutit à aucun accord pratique visant l'union douanière, mais qui vota deux résolutions établissant les principes de cette union. Ces résolutions, destinées à définir les droits réciproques d'un pays sans débouchés sur la mer et d'un État maritime, méritent d'être tout de même signalées, car elles constituent la base possible d'une union douanière de l'Afrique du Sud qui s'effectuera peut-être quelque jour. Elles étaient ainsi conçues :

« Une puissance maritime n'a pas le droit d'imposer à une puissance voisine et amie un tarif douanier arbitraire.

« Un État non maritime n'a pas le droit de prétendre au transit de ses produits, à l'importation et à l'exportation dans un des ports d'un État maritime, sans contribuer, pour une part équitable, aux dépenses d'administration de ce dernier État. »

Le Gouvernement du Cap ne s'occupa pas de la conférence d'Harriswith et de ses résultats; il ne parut pas, du moins, disposé à s'engager dans la voie indiquée : il se contenta d'établir un poste douanier sur la frontière, entre Kimberley et l'État Libre, de manière à pouvoir imposer les produits expédiés de Natal à Kimberley, ou les marchandises importées par la voie de Natal à destination de Kimberley. La question fut laissée de côté pendant quelques années, pendant lesquelles la lutte devint de plus en plus active entre Natal, où les tarifs douaniers étaient très bas, et le Cap, où ils étaient très élevés, pour se disputer le commerce de l'intérieur de l'Afrique du Sud. Mais lorsque la découverte des mines d'or du Witwatersrand donna un nouvel élan au commerce d'importation de toute la région, la question de l'union douanière fut remise sur le tapis, à la demande, cette fois, du Gouvernement du Cap. Le motif de ce changement était aisément explicable. Par sa position géographique, le port de Natal, Durban, devait attirer le nouveau commerce de Johannesburg beaucoup plus naturellement que les ports du Cap. Chaque mille de transport par terre, dans un pays où les voyages sont lents et les tarifs élevés, mérite d'entrer en ligne de compte, et la route de Johannesburg par Natal avait, sur celle partant du port le plus rapproché du Cap, un avantage d'environ deux cents milles. Outre cette supériorité au point de vue de la distance, Natal offrait un tarif douanier plus bas que celui du Cap, et il était très vraisemblable que tout le commerce de Johannesburg, un facteur commercial qui s'annonçait dès lors de toute première importance, adopterait la route de Natal. C'est dans le but de parer à ce danger que le Gouvernement du Cap proposa, à la fin de 1887, de réunir une conférence à Cape-Town, dans le but de discuter toute proposition tendant à une union douanière générale de l'Afrique du Sud. Le Transvaal, l'État Libre et Natal furent tous trois invités à envoyer des délégués à cette conférence. Une fois de plus le Transvaal déclina l'invitation, mais les deux autres l'acceptèrent, l'État Libre surtout, pour obtenir, si possible, une reconnaissance pratique des droits qui lui avaient été conférés au moment de la reconnaissance de son indépendance trente-cinq ans auparavant.

Les motifs qui avaient déterminé le Gouvernement du Cap à prendre cette initiative méritent d'autant plus de nous arrêter, qu'ils se retrouveront à diverses étapes de l'histoire des années qui vont suivre, et l'on peut, à cette occasion, exprimer une fois de plus le regret que la colonie du Cap, placée comme elle l'est à la tête de l'agglomération sud-africaine, historiquement et autrement, ait rarement envisagé les questions sud-africaines autrement que dans un esprit égoïste et rapace. Il s'est cependant rencontré dans la colonie des hommes animés d'intentions désintéressées et ayant des vues larges, parmi lesquels il faut citer feu M. Saul Salomon et le leader actuel de l'opposition, M. Rose-Innes. Ce fut M. Saul Salomon qui inspira la résistance, juste et constitutionnelle, au projet insensé de confédération de lord Carnarvon. Mais il serait difficile d'attribuer à M. Molteno et à ses collègues de 1877 un sentiment profond des principes qui faisaient agir M. Saul Salomon. L'attitude de M. Molteno et de ses collègues était évidemment inspirée surtout par ce fait que le plan de confédération paraissait menacer la suprématie politique que Cape-Town avait acquise en achetant, au moyen d'un chemin de fer inutile, les votes de la frontière. Nous avons déjà indiqué qu'il y avait aussi une bonne part d'intérêt dans l'appui moral que la province occidentale du Cap donna à la révolte du Transvaal et cet élément intéressé se retrouve également dans les événements subséquents. Si le Gouvernement du Cap l'avait pu, il aurait imposé une confédération à celui de Natal, immédiatement après la guerre du Transvaal et la tentative qui fut faite de placer à la tête de l'administration de Natal une créature de sir Hercules Robinson n'avait pas d'autre but. La colonie du Cap se trouvait dans une situation difficile, à la suite des dépenses considérables occasionnées par la guerre des Basutos et ses hommes politiques voyaient d'un mauvais œil la persistance de Natal à ne pas élever ses tarifs douaniers. De 1887 à 1888, les Ministres du Cap n'avaient pas perdu cette question de vue, et ils étaient allés jusqu'à se faire autoriser par le Parlement à accorder, en cas de nécessité, une réduction de droits sur les marchandises destinées à l'intérieur, de manière à ramener les tarifs du Cap au même niveau que ceux de Natal.

Lorsque la découverte de l'or du Witwatersrand vint démontrer l'importance que pouvait acquérir le commerce du Transvaal, le Gouvernement du Cap n'eut plus qu'une préoccupation : enrayer le commerce de Natal en persuadant à cette colonie de renoncer à son tarif réduit et d'accepter, avec une union douanière, une échelle beaucoup plus élevée. Dans ce cas, il aurait nécessairement fallu reconnaître le droit de l'État Libre de participer, dans une forte proportion, aux droits perçus sur les marchandises qui lui étaient destinées ; mais on considérait que cette concession n'eût pas payé trop cher le frein que l'on voulait mettre au commerce d'importation de Natal, auquel sa position géographique, par rapport au Transvaal, donnait déjà un immense avantage.

Ce fut donc pour des motifs exclusivement égoïstes que, vers la fin de 1887, le Ministère du Cap souleva la question de l'union douanière, initiative qui fut chaudement appuyée par le *Bond party* qui, lui aussi, poursuivait un but intéressé, notamment pour assurer une plus grande protection à l'agriculture du Cap sur une plus grande surface de l'Afrique du Sud. Le *Bond party* visait en outre l'entrée libre des vins du Cap au Transvaal, l'un des principes de l'union douanière, principe très juste, du reste, devant être le libre-échange des produits de l'Afrique du Sud.

Le refus du Transvaal fut fort mal accueilli par le *Bond party*, qui n'en laissa pourtant rien voir, sur le moment du moins, et la conférence se réunit à Cape-Town au commencement de 1888.

Étant données les circonstances, le Gouvernement du Cap se croyait sûr de faire triompher aisément sa politique. Les délégués de l'État Libre, en présence des avantages qui devaient résulter de la reconnaissance de leur vieille revendication, étaient disposés à ne pas trop chicaner et laissèrent manipuler les tarifs au profit des produits du Cap. Les délégués de Natal se montraient également assez accommodants et une convention fut en conséquence arrêtée, provisoirement, en attendant les ratifications législatives des trois États représentés à la conférence.

La ratification par le Parlement du Cap était certaine. Le Cap avait tout à gagner et rien à perdre à la convention. Le Volksraad de l'État Libre, bien que n'approuvant pas quelques détails, ne voulait pas laisser échapper l'occasion d'obtenir la reconnaissance formelle d'un droit si longtemps méconnu. Mais, à Natal, cela marcha moins bien : le principe de l'unité sud-africaine qu'impliquait la convention, était assurément fort beau ; mais les colons de Natal devaient y regarder à deux fois avant d'accepter, sous prétexte d'une simple apparence d'unification, une convention à laquelle ils avaient tout à perdre et rien à gagner. Il était difficile de prendre un parti. Si Natal acceptait l'union proposée, il assurait un marché libre à quelques-uns de ses produits — pas à tous, car le sucre était excepté — dans l'État Libre et au Cap. Mais, d'autre part, il perdait les avantages directs et indirects, fort importants, résultant du maintien d'un tarif réduit. Si Natal refusait d'entrer dans l'union douanière, il conserverait tous ces avantages, augmentés de ceux qui résulteraient, et ils étaient déjà sensibles, de l'augmentation du commerce du Transvaal. D'un autre côté, il était certain que, dans ce cas, les produits de Natal continueraient à être fortement taxés au Cap et dans l'État Libre et qu'une barrière fiscale serait élevée sur la route commerciale de l'État Libre et de Natal. Tout bien réfléchi, la Législature de Natal, avec un courage qui mérite les éloges de tous les libre-échangistes, décida de s'en tenir à son tarif réduit, de l'abaisser encore si possible et de rester en dehors de l'union douanière.

Donc, l'un des premiers résultats de la découverte de l'or dans le Witwatersrand fut la naissance d'une union douanière sud-africaine, de nom tout au moins, car elle n'avait d'union que le nom. Ce ne fut qu'un arrangement intéressé entre deux pays de l'Afrique du Sud, dont l'un, le Cap, s'y accroche parce qu'elle a été conçue dans son intérêt, et l'autre, parce qu'elle reconnaît, bien qu'inéquitablement, un principe équitable. Jamais aucun autre État indépendant n'adhèrera à cette union et elle barre la route à une convention plus équitable. En effet, si l'on doit jamais arriver à une union douanière de l'Afrique du Sud, digne de ce nom, il faudra commencer, avant tout, par abroger celle qui existe actuellement. Et cependant, à en juger par ce qui se dit et par ce qui s'écrit, on serait parfois tenté de croire que cette convention partiale et obstructive remplit d'aise des personnes qui prétendent s'intéresser à la prospérité et au progrès de l'Afrique du Sud !

CHAPITRE XI

OÙ LE MILLIONNAIRE ENTRE EN SCÈNE

L'histoire de la découverte et du développement des mines de diamants de Kimberley est un des romans de l'exploitation minière. Il y a vingt-cinq ans, ou un peu plus, le Cap était une colonie exclusivement agricole. Son commerce était insignifiant, ses moyens de communication rudimentaires, ses villes n'étaient que des centres très calmes, où s'échangeaient les produits des champs et des fermes. Alors, comme à présent, une grande partie du territoire de la colonie n'était qu'un désert, un désert accidenté, coupé çà et là par des collines escarpées et rocheuses, et couvert d'une bruyère vert foncé qui n'atteint jamais plus d'un pied de haut, connue sous le nom de «karoo scrub». Gelé l'hiver, brûlé l'été, chichement arrosé par quelques cours d'eau qui se dessèchent et forment des marais stagnants, ce désert peut être considéré comme un des territoires les plus désolés de la surface du globe. C'est une véritable souffrance que de le traverser en chemin de fer; quand on est contraint d'y voyager par un autre mode de transport, on a comme un avant-goût du purgatoire.

C'est dans une ferme désolée de ce pays désolé qu'un individu quelconque heurta un jour du pied un caillou qui ne ressemblait pas aux autres cailloux. Comment ce caillou se trouvait-il à la surface du sol? C'est un mystère, surtout pour ceux qui connaissent la formation géologique à laquelle il appartient. Il n'y avait rien à la surface du sol qui pût révéler l'existence d'une mine de diamant. Il peut se trouver actuellement des mines aussi riches que la plus riche de celles qui ont été découvertes dans cette région, que le plus habile prospecteur n'a pas trouvée et qui ne sera peut-être jamais découverte. Six pouces de terres d'alluvion, répandues sur le sol par les pluies d'été, peuvent suffire pour cacher à tout jamais des trésors incalculables. Sous cette légère couche de terre rapportée se trouvent peut-être d'immenses puits ou cratères, s'enfonçant, entre deux murailles perpendiculaires, à des profondeurs incommensurables, remplis à éclater de ce débris volcanique dans lequel, telles des bulles solides, produit d'une mystérieuse opération chimique, se trouve le diamant du commerce élégant. Qu'était la terre à l'époque où s'est produite l'opération chimique d'où est né le diamant? Par quelles terribles explosions, par quels bouleversements la croûte terrestre fut-elle alors tourmentée? Il est difficile au géologue le plus expert de le dire. Ce que nous savons, c'est que, il y a un peu plus de vingt-cinq ans, un promeneur, marchant au hasard sur la surface d'un de ces immenses réceptacles des richesses inconnues de la terre, mit le pied sur un caillou qui se trouva être un diamant.

Et après ? Après, naturellement, se produisit la poussée. Une proie aussi alléchante ne pouvait manquer d'attirer les aigles. On n'avait jamais rien vu de pareil dans l'histoire du monde. La Californie et l'Australie avaient jadis exercé leur fascination et des hommes s'y étaient enrichis qui ne possédaient pas cinquante centimes. L'or avait son attraction. Mais le diamant fut irrésistible. Du courage et des muscles, un panier et un pic, c'était tout le capital nécessaire. Ceux qui ne pouvaient s'offrir le luxe de la diligence voyageaient dans des wagons traînés par des bœufs ; ceux qui ne pouvaient s'offrir un wagon, voyageaient à pied. Les premiers aventuriers qui gagnèrent les mines de diamant, en diligence, en wagon ou à pied, durent subir des souffrances inouïes. C'est après dix années d'exploitation des mines qu'il y eut un chemin de fer allant à moitié chemin à peu près, cinq, six ou sept cents milles, entre le port de débarquement et la terre promise de l'aventurier. Quelles souffrances inouïes ont eu à endurer les femmes et les enfants entassés dans les voitures, en traversant le désert du Karvo, tantôt aveuglés par des tempêtes de sable, tantôt embourbés dans les marais formés par des pluies torrentielles ! Et puis, c'étaient les privations et les difficultés de la vie aux mines; lorsque l'on y était enfin parvenu, l'abri insuffisant mais pourtant recherché d'une tente ou d'une cabane de planches, où l'on n'était protégé ni contre le soleil, ni contre la pluie. Quant au côté moral et social de cette vie, il était ce qu'il pouvait être. Les hommes avaient une sorte d'honnêteté primitive, les femmes n'étaient pas plus méchantes que d'autres; quant aux autres vertus, on ne se montrait pas trop exigeant. On ne demandait qu'une chose : avoir la chance de devenir riche. Toute la journée c'était un nouveau coup de dé et le dé était aussi aveugle que la plus aveugle justice.

Au bout de quelque temps, tout cela se régularisa. Il y avait trois mines principales et les routes qui y conduisaient formèrent bientôt le tracé extérieur d'une ville, dont les rues furent formées par les sentiers entre les rangées de tentes et de cabanes. La vie, si elle était rude, avait l'avantage d'être simple. Chacun déterminait son *claim* (lot) et le propriétaire de ce claim pouvait y creuser aussi longtemps qu'il le voulait, expédiant à ses associés le produit de ses extractions en des paniers dans chacun desquels se trouvait peut-être une assez belle fortune. Les débris des fouilles d'un claim, rejetés au hasard, remplissaient un autre claim ; parfois, on empiétait un peu dans le sous-sol d'un voisin. Un beau jour, une panique s'empara de tout ce monde de mineurs. Ceux qui avaient poussé le plus loin leurs fouilles constatèrent que, à soixante pieds, la terre jaune de laquelle on extrayait le diamant disparaissait pour faire place à une terre bleu pâle dont il n'y avait rien à attendre. C'était, en réalité, la vraie fortune, car la terre bleue était beaucoup plus riche en diamants. La panique n'en dura pas moins quelque temps et quelques mineurs timorés cédèrent leurs claims aux plus audacieux. Mais à mesure que l'on enfonçait dans le bleu, les moyens mécaniques devenaient plus compliqués et chaque jour amenait de nouvelles difficultés causées par les querelles des propriétaires de claims Le travail continuait pourtant. On se mettait, autant qu'on le pouvait, en garde contre les voleurs et contre les rivalités aiguës des courtiers dont les petits bureaux en bois s'entassaient au bord des puits. Il y régnait un ordre spécial et une loi spéciale, et aussi un esprit d'indépendance qui n'aurait pas subi la routine administrative, mais qui pouvait se trouver fort bien en contact avec les troupes anglaises envoyées pour réprimer une insurrection excusable.

Le travail continuait, les mines se creusaient. Les difficultés provenant des empiétements des *claims* les uns sur les autres se compliquèrent bientôt d'une autre difficulté plus grave et de même origine. La muraille de la mine, le filon, comme on l'appela assez improprement, commença à dégringoler un peu partout. Auparavant, pour éviter des contestations et l'interruption des travaux, on avait réuni des claims en blocs, et de ces blocs on avait fait des Compagnies. L'expédient avait eu son heure d'utilité, mais il ne servait plus à rien du jour où la chute du filon mettait en question en même temps l'exploitation de deux ou trois Compagnies. Le Gouvernement devait intervenir, ce Gouvernement que l'industrie du diamant faisait vivre en grande partie et dont les revenus se trouvaient considérablement augmentés par les droits prélevés sur les marchandises importées à destination des mines. Le Gouvernement mit à l'étude différents projets et diverses propositions destinées à permettre à la poule aux œufs d'or de continuer à pondre sans interruption. Ces projets étaient pour la plupart insensés. Les auteurs de l'un de ces projets, et ce n'était pas celui que l'on jugeait le plus fou, proposaient que la colonie empruntât quelques millions pour maçonner entièrement les parois des mines sur une distance et à une profondeur déterminées.

Tandis que l'on étudiait ces propositions baroques, survint un *boom* ; au lieu de chercher des diamants, on se mit à lancer des Compagnies, tout comme à Johannesburg, quelques années plus tard, on lança des Compagnies au lieu de chercher de l'or. Le *boom* fut organisé dans les conditions ordinaires. Des capitalistes se firent voir, puis disparurent, emportant leur bénéfice, et laissant derrière eux des hommes de paille pour supporter le choc du krach. Lorsque la période du krach fut terminée, les Compagnies dont les actions, après être montées aux nues, étaient tombées à plat, durent se débrouiller pour montrer aux actionnaires au moins la couleur de leur argent. Quelques-unes le purent, d'autres ne le purent pas, espérant se relever un jour pour se trouver le lendemain sur le point de liquider. Il y avait toujours des diamants sans doute, mais les frais d'extraction absorbaient tous les bénéfices que l'on pouvait obtenir avec un marché instable. Et il advint que l'industrie périclita jusqu'à ce que les choses en arrivèrent au point qu'un Ministère colonial doué d'un peu de courage et de prévoyance aurait pu transformer, à peu près aux conditions qu'il aurait voulues, les mines de diamant en une industrie nationale.

Mais les Ministères du Cap n'eurent jamais une telle prévoyance. Il leur suffisait d'équilibrer tant bien que mal les revenus et les dépenses, et de grouper une majorité pour se maintenir au pouvoir. Mais d'autres personnes comprirent que, si l'industrie du diamant pouvait être centralisée, elle deviendrait beaucoup plus rémunératrice qu'elle ne l'avait été sous le régime des Compagnies distinctes, et graduellement, dans le but d'arriver à cette centralisation, la propriété des mines se concentra entre deux groupes : il y eut le groupe de la mine de Kimberley, ayant à sa tête M. Barnato, et le groupe de Beers, dirigé par M. Cecil Rhodes. Pendant quelque temps, on se demanda lequel de ces deux groupes absorberait l'autre, lorsque quelques membres du groupe Barnato prirent peur et commencèrent à vendre. Le groupe Rhodes profita de ce moment de faiblesse et, avec l'aide des Rothschild, acheta tous les titres du groupe Barnato. On vend encore à Kimberley, comme une curiosité photographique, le fac-similé du chèque de plus de cinq millions et demi de livres sterling qui fut payé par la Compagnie de Beers comme prix d'achat de l'actif des principaux propriétaires de la mine de Kimberley — la Compagnie centrale. — Les conditions dans lesquelles s'opéra cette transaction devinrent évidentes lorsque l'on constitua la direction des *De Beers Consolidated Mines*. M. Barnato en fut nommé gouverneur à vie, et une situation importante dans le Conseil fut réservée au représentant des Rothschild.

Cette fusion des mines de diamants de l'Afrique du Sud peut être envisagée sous deux points de vue : l'un commercial, l'autre politique. On a dit souvent que, commercialement, la fusion avait ruiné l'industrie du diamant et Kimberley. Un examen attentif de la situation démontre que cette accusation n'est pas fondée. L'exploitation d'une mine de diamant est actuellement une industrie difficile et coûteuse, dont les produits n'ont qu'un marché restreint et incertain. Le public ne peut en absorber qu'une certaine quantité tous les ans, du moins à des prix rémunérateurs. Si l'on essaye de jeter sur le marché une plus grande quantité, les prix tombent immédiatement au-dessous du cours rémunérateur. Dans ces conditions, c'était le cas où jamais, pour les mines de Kimberley, de faire une combinaison pour restreindre la production. Dans les premiers temps de l'exploitation, lorsque l'extraction était facile et peu coûteuse, l'irrégularité des cours ne signifiait pas grand'chose. Mais à mesure que les fouilles devinrent plus profondes, il devint beaucoup plus difficile de travailler à ciel ouvert. Des blocs de claims très étendus couraient le risque d'être temporairement bouchés par des éboulements et de rester improductifs pendant les travaux de déblaiement. Le seul moyen d'exploitation productif était, dès lors, le travail souterrain en mines, avec couloirs et puits étagés. Mais cette méthode de travail nécessitait de grosses dépenses, sans compter que le travail souterrain pouvait devenir dangereux si la direction en était subdivisée. De plus, la rivalité des Compagnies devait naturellement avoir une influence sur le marché et amener, dans les prix, une instabilité dont toutes les Compagnies devaient souffrir. Si la fusion ne s'était pas faite, toutes les Compagnies d'exploitation des mines de diamant auraient presque certainement été forcées de liquider et la situation de Kimberley aurait été beaucoup plus mauvaise qu'elle ne l'est aujourd'hui. La fusion a sauvé l'industrie, elle a rendu possibles des méthodes scientifiques de travail, méthodes qui, bien que plus coûteuses au début, sont, en somme, beaucoup plus économiques et beaucoup plus sûres. En fait, commercialement et scientifiquement, l'exploitation des mines de diamant de Kimberley ne craint pas la comparaison avec celle d'aucune mine du monde entier. D'autre part, le contrôle de la production annuelle empêche des variations sensibles et une dépréciation des cours.

Mais la question se présente aussi sous un autre point de vue. Par l'impulsion que leur découverte a donnée à la vie commerciale et industrielle du Cap et de toute l'Afrique du Sud, les mines de diamant de Kimberley étaient en quelque sorte une propriété nationale. Dans ces conditions, leur existence était liée à une foule d'intérêts qui tous méritaient d'être pris en considération. Si le Gouvernement du Cap avait eu seulement un peu de discernement et de prévoyance, il aurait acquis les mines de diamant, en aurait organisé l'exploitation et aurait appliqué les bénéfices que l'on en aurait retirés à l'extinction de la dette de la colonie. Après avoir laissé échapper l'occasion de faire cette acquisition à un prix raisonnable, le Gouvernement laissa cette propriété nationale (car une propriété de laquelle dépend la moitié du commerce d'un pays doit nécessairement être considérée comme telle) passer entre les mains de quelques personnes, sans s'inquiéter de ce qui se faisait et sans imposer une seule condition. L'industrie du diamant n'est, à ce jour, grevée d'aucune taxe. Elle ne verse pas un centime dans le Trésor, et les mines ne sont même pas imposées au profit de la ville de Kimberley.

Le résultat de cette inconcevable incurie est que la fusion des mines de Kimberley a mis entre les mains d'un petit groupe une fortune hors de proportion avec la fortune moyenne des habitants du pays, et a, en conséquence, donné aux membres de ce groupe une influence politique et une puissance des plus dangereuses.

L'Afrique du Sud n'est pas un pays riche. Il s'y rencontre des hommes de valeur, parmi lesquels un grand nombre, tout en occupant de hautes situations politiques et sociales, continuent péniblement la lutte pour la vie. Aux États-Unis, un millionnaire de plus ou de moins passerait inaperçu. Dans l'Afrique du Sud la comparaison seule donne au millionnaire une importance et une influence démoralisantes. Le danger serait grand, même si le millionnaire se contentait d'être millionnaire, se bornait à s'amuser à avoir un yacht ou une maison dans Park Lane; mais, en réalité, le millionnaire de l'Afrique du Sud, le millionnaire type, ne se contente pas de ces bagatelles. Il aspire à conquérir tous les avantages que sa position peut lui procurer. Il tient à faire sentir son influence dans toutes les manifestations de la vie sociale et politique. Il pense, et, malheureusement, il n'a que trop de raison de le penser, que l'argent est le seul but de la vie humaine, et qu'il n'existe aucun principe de morale qui ne puisse capituler, si l'on y met le prix.

S'il a du mépris pour la valeur morale de ses égaux, le millionnaire type du Sud de l'Afrique n'a aucun souci des intérêts et des sentiments de ses inférieurs. L'homme à qui il paye des gages ne doit avoir aucune volonté. Le travailleur doit être convaincu que le seul moyen d'éviter un congé brutal et sans motif, c'est d'abdiquer tout instinct de morale ou d'indépendance politique. Dans ces conditions l'élévation de celui qui s'attache à devenir l'espion de ses camarades devient inévitable. Il arriva donc que la mine de Kimberley où la vie fut, aux premiers jours, assez primitive et dissolue, devint, depuis la fameuse fusion, une ville où la moralité et la liberté individuelle ne sont plus qu'un mot, et où le plus grand crime d'un salarié est de croire qu'il peut exercer ses droits de citoyen anglais habitant une colonie anglaise.

Cette intrusion du millionnaire, de l'incarnation vivante de l'esprit de Mammon dans la politique de l'Afrique du Sud, est un facteur dont l'importance ne saurait être exagérée. Elle représente l'avènement d'une volonté constante et persistante de faire usage, par tous les moyens possibles, d'une fortune disproportionnée pour satisfaire des visées égoïstes, sans souci de la violation des principes moraux et des existences qui peuvent être sacrifiées dans la poursuite de ces desseins. Le millionnaire Sud-Africain ne recule devant aucun moyen pour atteindre son but. Les vertus de l'homme sont mises à contribution aussi bien que ses vices. Si un appel au patriotisme peut être utile on n'hésite pas d'y recourir. Si le sentiment ou le fanatisme religieux peuvent être d'une aide quelconque, on les prostituera sans remords. La justice n'est qu'une fiction. Le mensonge et la vérité sont mises au même niveau. L'achat des consciences est un procédé vulgaire employé dans les circonstances les plus futiles. Le mépris et la haine ont toujours quelque chose de pénible, mais il est des cas où ces sentiments s'imposent, où l'on ne peut s'en affranchir et où la tolérance et le silence seraient presque des crimes.

CHAPITRE XII

LA CHARTE ET LE RAND

La fusion des mines de Kimberley, qui a mis en scène le millionnaire, a mis dans les mains de ce personnage des pouvoirs peu ordinaires. Sa personnalité ne s'est pas fait sentir seulement dans l'Afrique du Sud. L'homme qui a la puissance de déterminer les archanges de la finance européenne à prendre ses affaires en main, a aussi le pouvoir de mettre à contribution, en faveur de ses intérêts, les plus hautes autorités impériales et les plus brillantes étoiles du firmament social. Un personnage qui dispose des archanges de la finance peut offrir l'occasion de s'enrichir à ceux dont les titres sont la seule fortune, et qui inspirent confiance, avec l'approbation du *Times*, aux autorités impériales. On pouvait donc s'attendre, étant donné, d'une part, une ambition sans limites et, d'autre part, une camaraderie bienveillante, à ce que la fusion des mines de Kimberley, par laquelle une grande propriété nationale devint la propriété de quelques individus, serait le prélude d'autres aventures du même genre. Et cela n'était pas à prévoir uniquement pour des considérations financières.

L'Afrique du Sud — lord Kimberley s'en était plaint quelques années auparavant à sir Hercules Robinson — avait sans cesse été une cause de préoccupation pour le Colonial Office. Pendant les cinq ou six années qui suivirent la signature de la convention de

Pretoria, l'horizon s'était, il est vrai, partiellement éclairci. On commençait à s'apercevoir que l'Afrique du Sud pouvait se débrouiller toute seule sans le concours des antiques augures du Colonial Office et que « l'élimination du facteur impérial », qui s'était manifestée vers la fin de 1887, n'était peut-être qu'une bénédiction déguisée du ciel. Assurément, on eut un vague regret « Egyptien » lorsque, l'année suivante, on vit le Transvaal entrer dans une ère de prodigieuse prospérité financière; mais on ne jugea pas utile d'aller jusqu'à soupirer après le rétablissement de la domination anglaise. La rétrocession du pays était un fait accompli, bien accompli. Il n'aurait servi à rien de pleurer le pot au lait. Les Ministres coloniaux pouvaient s'agiter; les premiers Ministres tories pouvaient écumer; le fait était là: la République Sud-Africaine avait été autorisée à se constituer et le souvenir des conséquences de l'annexion n'était pas encourageant pour le renouvellement de la tentative.

Tel devait être à peu près l'état d'âme du roi Achab lorsqu'il vit repousser ses propositions d'achat de la vigne de Naboth. Il était froissé et tout près à accueillir celui qui lui indiquerait un moyen détourné d'arriver à son but, pourvu que cela se pût faire sans scandale. La chose put se faire; mais il dut ne pas se montrer trop curieux au sujet des moyens employés. Il peut être supposé qu'une comédie du même genre, mais sur une plus vaste échelle, fut jouée dans le voisinage de Whitehall, lorsque M. Rhodes, tout frais émoulu de la fusion des mines de Kimberley, fit des ouvertures en vue de l'octroi d'une charte à une Compagnie anonyme dans le but d'exploiter une concession donnée par Lo Bengula, roi du Matabeleland.

Quoi que l'on ait pu penser alors, quelque soupçon que l'on ait pu concevoir de la portée réelle de la proposition de M. Rhodes, tout le monde peut voir clairement aujourd'hui que les mots « Anglais impérialistes » et « peinture en rouge de la carte de l'Afrique du Sud », avaient un sens précis. Au fond, on en voulait à l'indépendance des républiques hollandaises de l'Afrique du Sud, du Transvaal particulièrement, parce que c'était la plus riche, et l'on poursuivait la réalisation du programme de lord Carnarvon, la confédération, la soumission de l'Afrique du Sud à l'influence impériale, plan qu'avait fait échouer la résistance de ceux qui devaient en faire les frais.

Cette fois, il ne devait y avoir aucune action impériale directe. Le « facteur impérial » avait été « éliminé ». Une nouvelle formule avait été inventée, et elle fut bientôt officiellement consacrée. Le mot de passe de la nouvelle croisade contre la vigne de Naboth, plus riche et plus attrayante que jamais, était : « l'impérialisme par la colonisation ». La formule ne disait évidemment pas tout ; mais, à la lueur des derniers événements, on comprend tout, et il n'est pas douteux que lorsque M. Rhodes demanda une charte pour sa Compagnie projetée de l'Afrique du Sud, il fit valoir, parmi les arguments en faveur de sa proposition, la perspective, si on lui en donnait le temps et si on l'appuyait, de ramener la République Sud-Africaine sous la domination impériale. Il avait d'autant plus de chances de succès, qu'il s'adressait à un Ministère tout naturellement disposé à reconquérir le terrain qu'il considérait avoir été perdu dans l'Afrique du Sud. Si la requête avait été adressée à un Ministère libéral, elle eût pu être repoussée, bien que les Ministères libéraux, eux-mêmes, aient accordé la consécration d'une charte à une aventure aussi douteuse.

La concession de la charte de la Compagnie de l'Afrique du Sud est peut-être la plus scandaleuse usurpation de pouvoir que l'on ait constaté depuis que les Papes donnèrent le Pérou à Pizarre. Sur la foi d'une vague entente avec les autres puissances européennes au sujet des limites de leurs « sphères d'influence » sur le continent africain, le Gouvernement impérial donna virtuellement tout « l'hinterland » de l'Afrique du Sud, en pleine propriété, à sept personnes qui, pour la plupart, n'avaient jamais mis les pieds dans le pays, et dont l'une n'était même pas sujet anglais. Le Gouvernement anglais n'avait à aucun moment exercé une autorité quelconque sur l'immense territoire dont il faisait ainsi cadeau à M. Rhodes et à ses amis. C'était un déni de justice contre les droits naturels de tous les Gouvernements et de tous les peuples de l'Afrique du Sud, dont le travail, l'industrie et l'esprit d'entreprise avaient seuls donné une valeur commerciale et politique aux pays de l'intérieur. C'est comme si, au milieu du siècle dernier, l'Angleterre avait donné à une demi-douzaine de personnes tout le continent américain à l'ouest du Mississipi et du Missouri. Un tel acte eût avancé de plusieurs années, et à juste titre, la lutte qui se termina par l'indépendance de l'Amérique.

On se demandera peut-être comment il n'y eut ni résistance ni protestation dans l'Afrique du Sud. La réponse est simple. Dans les deux Républiques et dans la grande masse silencieuse des habitants hollandais des colonies anglaises, on s'indigna et on protesta. Mais, comme cela est toujours arrivé lorsque les opinions des Hollandais de l'Afrique du Sud ont été proférées, l'expression de leur ressentiment a été lente à se produire et ne fut presque pas remarquée par les pourvoyeurs habituels de nouvelles. Quant à l'opinion publique des deux colonies, elle était alors soumise à des influences qui la rendaient indifférente aux questions constitutionnelles. Depuis la découverte des mines d'or à Johannesburg, tout le monde n'y pensait plus qu'à gagner de l'argent. Tout semblait réussir à tous ; pourquoi se serait-on mis martel en tête à propos d'une question aussi abstraite que le droit du Gouvernement impérial de faire cadeau à sept personnes de l'*hinterland* de l'Afrique du Sud ? Il n'en avait peut-être pas le droit, mais qu'importait ? Il faut ajouter que, au Cap, et particulièrement dans les centres politiques de Cape-Town, où l'égoïsme domine de plus en plus en politique, toutes les objections constitutionnelles qui auraient pu se présenter étaient immédiatement écartées, en partie parce que la colonie pouvait bénéficier de ce que perdraient les autres pays sud-africains, en partie parce que cela ennuyait le Transvaal, qui avait eu la mauvaise grâce de ne pas accepter l'union douanière qui lui avait été offerte. Il est une autre raison pour laquelle la charte ne souleva pas d'objections au Cap. M. Saul Salomon, dont la perspicacité, l'expérience et l'amour du bien public avaient provoqué l'opposition au plan de confédération de lord Carnarvon, avait dû, pour cause de mauvaise santé, abandonner la vie publique, laissant la politique du Cap à la merci de politiciens nombreux, parmi lesquels il ne se trouvait pas un seul homme d'État.

La charte fut accordée, conférant des droits souverains sur un territoire de plus de 750.000 milles carrés à trois membres de l'aristocratie anglaise, dont l'un daigna, après plusieurs années, visiter le pays qu'il administrait. Ce qui rendait l'opération tout à fait singulière, c'est qu'elle était basée sur une concession du roi des Matabélés qui, lui-même, n'avait aucune autorité sur une grande partie du territoire cédé. On a dit, depuis, que la charte avait été accordée pour arrêter les Allemands, qui avaient des dispositions à s'étendre au delà des limites de la sphère d'influence qui leur avait été assignée dans une autre partie du continent africain. Mais, pour faire justice de cet argument, il suffit de constater qu'il ne fut nullement question des Allemands au moment où la charte fut accordée et que, si l'on redoutait l'influence allemande, c'était s'y prendre bien mal que d'avoir donné la charte à un groupe comprenant un Allemand. En fait, la prétendue crainte de l'influence allemande ne fut qu'une idée d'après coup. Mais, en admettant même que l'on eût redouté l'intervention de l'influence allemande dans les régions situées au sud du Zambèze, que devait-on faire pour agir régulièrement et constitutionnellement? On devait faire appel à tous les gouvernements intéressés dans l'Hinterland de l'Afrique du Sud et les décider, ce qui n'aurait pas été difficile, à s'unir contre l'influence allemande. Il aurait fallu, pour cela, des hommes d'État, et l'Afrique du Sud est malheureusement un pays où cette denrée ne se rencontre pas.

C'est la reprise du Transvaal qui était le but principal, mais secret, de l'octroi de la charte de la Compagnie anglaise du Sud de l'Afrique, et cela suffisait sans doute pour excuser toutes les anomalies et toutes les fautes que l'on a commises. M. Rhodes, l'organisateur et l'organe agissant de la Compagnie à charte devait avoir les mains libres, de même que l'épouse d'Achab eut le libre choix des moyens pour arriver à l'annexion de la vigne de Naboth. Conformément aux usages dans les représentations théâtrales, un vaudeville servit de lever de rideau à la comédie, la pièce de résistance. A la grande joie et à la stupéfaction de toute l'Afrique du Sud, un détachement de *Lifeguards* fut transporté au Cap pour être présenté au roi des Matabélés, sans doute à titre de spécimen des troupes auxquelles il aurait affaire, s'il lui arrivait quelque jour de faire le récalcitrant.

La première question sérieuse se posa lorsqu'il s'agit de remplacer sir Hercules Robinson dans sa double fonction de Gouverneur du Cap de Bonne-Espérance et de Haut Commissaire dans l'Afrique du Sud. L'hésitation fut longue et fut diversement expliquée. L'explication la plus généralement acceptée fut que, dans son discours d'adieu au moment de quitter Cape-Town, sir Hercules Robinson s'était exprimé sur la question de « l'élimination du facteur impérial » d'une manière beaucoup trop franche au gré d'un Ministère tory. En s'exprimant comme il l'avait fait, il n'avait été, assurément, que le porte-paroles de la presque unanimité de la population européenne de l'Afrique du Sud. Mais s'il avait été renommé, comme il en fut un moment question, le Gouvernement impérial aurait fait acte d'adhésion à ses opinions, qu'il était alors loin de partager. La candidature de sir Hercules Robinson écartée, on eut quelque peine à lui trouver un successeur. On apprit enfin que le poste avait été accepté par sir Henry Loch, qui, après vingt ans de repos dans la délicieuse oisiveté de l'île du Man, avait été, pendant cinq ans, gouverneur de la colonie de Victoria. On ne saisit pas d'abord la signification exacte de ce choix, mais l'incertitude ne fut pas longue.

Tandis que ces événements se produisaient, l'industrie minière du Transvaal avait progressé par bonds rapides. Bien que l'extraction mensuelle des mines ne fut pas encore très considérable, il était dorénavant acquis que l'industrie était durable et susceptible d'un développement presque indéfini. Le camp des mineurs du Witwatersrand s'était transformé avec une rapidité presque incroyable en une grande ville bourdonnante. Elle n'était pas encore reliée par des chemins de fer au reste de l'Afrique du Sud, mais elle était déjà le centre d'un mouvement de voyageurs sans cesse croissant, et de nombreuses lignes de diligences la mettait en communication avec les stations extrêmes des chemins de fer coloniaux. La route passant par Kimberley était la plus recherchée. Mais un mouvement considérable existait également sur les deux routes de Natal, passant l'une par l'historique col de Laing, l'autre, par Drakensberg et l'État Libre, et, en raison de leurs avantages géographiques, ces deux dernières routes accaparaient presque le trafic en marchandises. Le voyage en diligence aux dernières stations du chemin de fer était toujours fatigant, mais ce n'était rien en comparaison de ce qu'il fallait endurer au début lorsque l'on se rendait en voiture à Kimberley. Le transport des provisions, qui arrivaient en grande abondance d'Europe pour être consommées au nouveau centre industriel, subissait aussi des retards. Les rivières débordées en été, et le manque d'herbe en hiver, étaient souvent des obstacles insurmontables. Malgré tout, cependant, la population européenne de Johannesburg était pleine d'espoir. Le prolongement des chemins de fer jusqu'aux mines devait leur donner la vie à bon marché et plus de confort ; l'accomplissement de travaux sérieux dans les mines devait augmenter la production mensuelle. Les hôtels étaient toujours pleins ; les bars et les cantines faisaient des affaires d'or. La population qui s'était précipitée vers la nouvelle ville comprenait naturellement un grand nombre d'hommes et de femmes dont on se serait volontiers passé. Mais cela était inévitable. Cette population ne ressemblait en outre pas à l'ancienne population minière de Kimberley. Les mines d'or du Witwatersrand n'avaient rien pour tenter les efforts de mineurs isolés. Dès le début, on ne travailla que le filon ; il n'y avait pas de terres d'alluvion dans lesquelles le mineur pouvait lancer son pic, avec l'espoir de gagner au moins son pain quotidien. Les mineurs, la plupart venant du Cornwall, louaient leurs bras aux Compagnies ; les autres, ceux d'une classe inférieure, se tiraient d'affaire au hasard et faisaient la fortune des cantines. Les mineurs étaient satisfaits de leur sort. Ils gagnaient des gages élevés ; ils vivaient à bon marché ; ils faisaient des économies. Le Gouvernement ne les inquiétait jamais, et ils ne donnaient aucun embarras au Gouvernement. La classe d'individus et les circonstances qui ont fait des révolutions ou des révoltes dans d'autres pays miniers, en Australie par exemple et même aux mines de diamant de Kimberley, n'existaient pas à Johannesburg. La classe plus aisée n'avait également pas à se plaindre. La loi minière du pays était, au début, très libérale, et le Gouvernement se montrait très disposé à modifier cette loi en ce qu'elle pouvait avoir de défectueux. Loin de se montrer indifférent au bien-être de la nouvelle population, le Gouvernement, pendant une saison exceptionnellement sèche, vers la fin de l'année 1889, s'était donné beaucoup de mal pour hâter l'arrivée des marchandises destinées à renouveler l'approvisionnement qui s'épuisait. Si une partie de la population étrangère eut à souffrir de la disette, ce fut non par le fait d'une négligence du Gouvernement, mais par la faute des commerçants, étrangers eux-mêmes, qui se syndiquèrent pour faire monter les prix des vivres. S'il y eut des menaces de troubles ou de désordres, elles provinrent de la plus basse classe de la population étrangère, composée d'individus médiocrement respectueux de toutes les lois, toujours prêts, à la première occasion, à crier et à faire parade de leur nationalité étrangère en même temps que de leur mépris pour le Gouvernement sous lequel ils vivent.

L'occasion de se montrer se présenta au commencement de 1890. Le président Krüger, qui avait été invité par les principaux habitants de Johannesburg à visiter leur ville, s'y arrêta, une nuit, en se rendant de Pretoria à la frontière du Cap, sur un point connu sous le nom de *Fourteen Streams*, où il devait se rencontrer avec le nouveau Haut Commissaire, sir Henry Loch. La réception faite à M. Krüger fut assurément cordiale, et l'on s'efforça de la rendre telle, mais dut néanmoins surprendre quelque peu un homme qui, quoique naturellement enclin à voir les choses par leur bon côté, n'était pas accoutumé aux habitudes d'une populace anglaise et qui ignorait la langue dans laquelle s'exprimait cette foule. Il devait difficilement comprendre, qu'en chantant le *God save the Queen*, que ces gens, qui ne connaissaient pas le chant national de la République Sud-Africaine, avaient l'intention de lui faire plaisir. Tout s'était pourtant bien passé jusque-là, et M. Krüger, lorsqu'il harangua la foule fut acclamé par des hommes qui, pour la plupart, ne comprenaient pas un mot de ce qu'il disait. Mais plus tard, sans doute sous l'influence de copieuses libations alcooliques, une partie de la foule devint houleuse, et, à la tombée de la nuit, le bruit se répandit que le drapeau du Transvaal qui flottait sur les bureaux du magistrat avait disparu. On ne sut jamais s'il avait été arraché par des émeutiers, ou s'il avait été enlevé par la police de peur qu'il ne fût insulté. Le fait est qu'il disparut de sa hampe, qu'il fut mis en pièces par la foule et que les fragments en furent conservés comme des reliques par des individus qui croyaient, sans doute, avoir fait une bonne farce. L'incident était cependant grave. Lorsque la nouvelle s'en répandit dans les campagnes, l'indignation des burghers du Transvaal fut intense et profonde. Ils avaient vu arriver tous ces étrangers avec une certaine méfiance et l'incident paraissait avoir l'importance d'une atteinte préméditée à l'indépendance de leur pays. Des protestations irritées furent adressées à M. Krüger de toutes parts, et il eut grand'peine à persuader aux burghers qu'il n'était pas nécessaire de marcher sur Johannesburg. Mais la tension diminua heureusement, grâce à la conduite de la classe la plus respectable de la population de Johannesburg, qui répudia l'acte et condamna ses auteurs, quels qu'ils fussent, et M. Krüger parvint à atténuer l'importance de l'événement. A son retour à Pretoria, quelques semaines après, il déclara, sur le ton de la plaisanterie, que tout cela n'était qu'une conséquence de l'habitude des habitants de Johannesburg, de trop s'adonner à la boisson, ce qui, après tout, n'était pas absolument inexact.

L'incident mérite néanmoins d'être signalé, non

seulement parce qu'il démontre quelles étaient les dispositions du Gouvernement transvaalien à l'égard d'une population étrangère plutôt excitable, mais aussi parce que la magnanimité avec laquelle il l'oublia fut recompensée par la plus noire ingratitude. L'attitude du Volksraad, qui se réunit peu de temps après, ne fut que le reflet de celle du Président. Les projets législatifs soumis au Raad comprenaient des lois importantes intéressant la population étrangère. Ces lois avaient pour objet : 1° Des modifications de la loi sur les mines d'or, destinées à donner satisfaction aux réclamations de l'industrie minière ; 2° l'autorisation de construire des chemins de fer ; 3° des modifications à la Constitution, de manière à permettre à la nouvelle population de participer à la législation de la République. Tous ces projets furent votés par le Volksraad. Le projet relatif aux chemins de fer fut voté par acclamation. Les amendements de la loi minière étaient si satisfaisants que la Chambre des Mines de Johannesburg vota une résolution pour remercier chaleureusement le Gouvernement et le Volksraad. Il ne faut pas oublier que la construction des chemins de fer devait avoir pour conséquence l'abaissement du prix des transports des marchandises importées et des machines destinées aux mines, et que, après l'expérience de l'hiver précédent, le Gouvernement, pour rendre impossible tout accaparement et l'élévation des cours à des prix de disette, avait fait acheter en Australie des cargaisons de farine. La bienveillance du Gouvernement envers la population de Johannesburg était donc manifeste, et la nouvelle loi minière démontrait, d'autre part, qu'il était animé du sincère désir de développer l'industrie de l'or.

Le projet relatif aux modifications de la Constitution

exige quelques explications. Primitivement, avant l'annexion de 1877, les lois du Transvaal concernant l'admission des étrangers au bénéfice des droits politiques étaient aussi libérales que le sont aujourd'hui celles de l'État Libre d'Orange. L'aventure de l'annexion eut naturellement pour effet de rendre la législation plus prudente et la période de résidence après laquelle la naturalisation devenait possible fut étendue à cinq ans. Cette disposition était en vigueur lorsque la convention de Londres fut signée en 1884; le Gouvernement anglais n'y fit aucune objection et elle resta en vigueur jusqu'en 1890. L'intention de M. Krüger, en 1890, était de réduire de nouveau ce délai de résidence, mais il lui fallait ménager le parti conservateur, très puissant au Volksraad et, pour obtenir le vote de la réforme, il dut faire des concessions à ses préjugés. Le Volksraad se composait primitivement de quarante-huit membres siégeant dans une seule Chambre. M. Krüger proposa de diviser la représentation en deux Chambres de vingt-quatre membres chacune, la première devant conserver toutes ses prérogatives tandis que la seconde s'occuperait spécialement des lois concernant la nouvelle population industrielle, sous réserve du veto de la première Chambre. Pour l'élection de la seconde Chambre, un séjour de deux ans seulement était nécessaire après, naturellement, les formalités ordinaires pour obtenir la naturalisation. Cette proposition pouvait être critiquée, peut-être même condamnée; mais, étant donné les circonstances et les intentions du Gouvernement, elle témoignait d'un honnête et sincère désir d'étudier les intérêts de la nouvelle population industrielle et de l'admettre à prendre part à la législation du pays en tant que cette législation avait trait aux affaires. Les idées de M. Krüger sur ce point étaient très nettes et méritent d'être citées. Il disait : « Mon intention est de faire de ce second Volksraad une sorte de pont. Je veux que mes burghers se rendent compte que l'on peut avoir confiance dans la nouvelle population et l'admettre à participer au gouvernement du pays. Lorsqu'ils auront constaté que cela aura été fait et qu'il n'en sera résulté aucun inconvénient, les deux Volksraads pourront être réunis de nouveau et l'on pourra faire disparaître toute distinction entre l'ancienne et la nouvelle population. »

Il est impossible de mettre en doute l'honnêteté, le libéralisme et le bon sens de cette déclaration. Grâce aux instances et aux explications de M. Krüger, ce projet de loi fut adopté par le Volksraad, non sans opposition toutefois ; les conservateurs avancés rappelèrent l'incident du drapeau qui, à leurs yeux, devait inspirer de la méfiance. Mais le Président combattit chaleureusement cette objection, faisant observer que les nombreux hommes d'ordre qui se trouvaient à Johannesburg ne devaient pas pâtir de l'erreur de quelques émeutiers. Bref, l'amendement de la Constitution fut voté et fut considéré, de même que la loi sur les chemins de fer et la loi sur les mines, comme l'expression d'un sincère désir des anciens habitants de la République de se montrer équitables envers les nouveaux habitants. L'avenir était plein de promesses pour le bonheur et la prospérité du pays.

Voyons maintenant comment les burghers furent récompensés.

CHAPITRE XIII

LA CHARTE A L'ŒUVRE

Lorsque le Volksraad du Transvaal ouvrit sa session annuelle, le premier lundi de mai 1890, il n'y avait pour ainsi dire pas de nuages dans l'atmosphère politique. Le malaise causé par l'incident du drapeau à Johannesburg s'était dissipé, grâce au bon sens et à la modération de M. Krüger. Les relations de la République avec tous les autres Gouvernements, et particulièrement avec le Gouvernement anglais, étaient aussi cordiales que possible. Le nouveau Haut Commissaire, sir Henry Loch, avait eu une conférence, en mars, avec M. Krüger, à *Fourteen Streams*, et le Président en était revenu à Pretoria sans le moindre soupçon qu'il pût exister un malentendu quelconque entre la République de l'Afrique du Sud et le Gouvernement anglais. Loin de là, il était revenu sous l'impression que la question du Swazieland, qui préoccupait le Gouvernement du Transvaal depuis quelque temps, serait réglée dans des conditions satisfaisantes pour lui et, on le sut plus tard, conformément au rapport d'un commissaire spécial anglais qui venait de visiter le Swazieland.

Le Volksraad se réunit sous l'empire de ces impressions pour examiner les projets qui lui étaient soumis dans un esprit libéral et conciliant. Ce ne fut donc pas sans surprise que les habitants de la capitale du Transvaal apprirent, d'après la rumeur publique, qu'un différend grave avait surgi entre le Gouvernement anglais, représenté par le Haut Commissaire, et le Gouvernement du Transvaal, et que le premier avait adressé au second des réclamations dans une forme telle qu'elles équivalaient presque à un ultimatum. La surprise fut encore plus grande lorsque l'on sut que ces réclamations avaient pour objet le règlement de la question du Swazieland, au sujet duquel on croyait qu'un accord avait été conclu.

Pour bien apprécier la situation, il est nécessaire de se rappeler ce qui se passait alors à Cape-Town.

Lorsque le président Krüger se rendit à *Fourteen Streams*, en mars 1890, pour rencontrer le Haut Commissaire, il trouva, aux côtés de celui-ci, M. Cecil Rhodes, qui n'avait, à cette époque, aucune situation officielle au Cap. On ne comprenait guère pourquoi M. Rhodes, directeur-administrateur de la Compagnie à charte, accompagnait le Haut Commissaire dans une conférence avec le président Krüger. Il ne s'agissait de discuter aucune question se rapportant à la Compagnie à charte, et il ne fut fait allusion à aucune question de cette nature après le retour de M. Krüger à Pretoria. Cependant, lorsque le Parlement du Cap se réunit à la date réglementaire, il devint évident qu'il se manigançait quelque chose pour augmenter considérablement l'influence de M. Rhodes. La fondation de la Compagnie à charte avait été chaleureusement approuvée par le Ministère du Cap, probablement parce qu'elle promettait ou semblait plutôt promettre de grands avantages commerciaux à la colonie. Dans un discours prononcé quelques mois auparavant à Kimberley, sir Gordon Sprigg, toujours premier ministre, avait parlé de M. Rhodes en termes extraordinairement élogieux, ne pensant guère au genre de récompense que lui vaudrait cette admiration.

Dès l'ouverture de la session, sir Gordon Sprigg soumit au Parlement un vaste plan de construction de chemins de fer, nécessitant un capital de sept millions de livres sterling. Il est probable que, suivant les traditions néfastes établies par le premier Ministère Molteno, quinze ans auparavant, cette proposition était surtout motivée par le désir de conquérir des appuis politiques dans les régions qui devaient être traversées par les nouvelles lignes. Cependant, elles furent, dès leur présentation, violemment attaquées par tous les partis de la Chambre, par l'opposition aussi bien que par le *Bond party*, qui avait jusqu'alors soutenu le Ministère Sprigg. Ce Ministère, complètement battu, fut forcé de se retirer. A qui allait être confiée la mission de former le nouveau Cabinet ? Le chef reconnu de l'Opposition, M. Sauer, eut une entrevue avec le Gouverneur, mais il se rendit compte qu'il lui serait impossible, comme chef d'un Ministère, d'obtenir l'appui du *Bond party*. Les difficultés avec lesquelles on se trouvait aux prises, et qui étaient certainement escomptées, indiquaient que le seul chef possible du nouveau Ministère était M. Rhodes. Les échelons par lesquels il allait arriver au pouvoir avaient été admirablement disposés. Les membres du *Bond* étaient prêts à l'appuyer en retour des faveurs obtenues, et la prodigalité avec laquelle les actions de la Chartered avaient été distribuées parmi le troupeau parlementaire avait suffisamment endormi les consciences pour que l'on ne se montrât pas trop sévère sur les principes abstraits. Le Ministère Rhodes fut constitué sans peine. En échange de leur appui, les représentants du *Bond party* avaient réclamé la détaxe de l'eau-de-vie et l'imposition des articles de première nécessité, tels que le pain et la viande, en même temps que, si possible, une réglementation plus sévère du travail indigène et quelques avantages fiscaux pour les mines du Cap de la part du Gouvernement métropolitain.

C'est en gravissant les marches de cette plate-forme d'iniquités que M. Rhodes atteignit une situation qui fit de lui, pendant quelque temps, le dictateur de l'Afrique du Sud, et la situation était tellement embrouillée qu'un homme aussi capable et aussi indépendant que M. Rose-Innes junior accepta d'entrer dans le nouveau Cabinet comme attorney-général. M. Rose-Innes, qui était un des premiers avocats de Cape-Town, ne pouvait alléguer pour excuse, comme tant d'autres politiciens du cru, la nécessité de ne pas faire fi d'un traitement ministériel.

Le Ministère formé, on peut aisément se rendre compte de l'immense puissance de M. Rhodes. Son influence dans les cercles officiels et financiers, en Angleterre, il l'avait prouvée en obtenant la charte de la Compagnie anglaise de l'Afrique du Sud. Il n'y a pas le moindre doute que l'accord intervenu impliquait, de la part de M. Rhodes, l'engagement d'entreprendre la reconquête financière du Transvaal, et sir Henry Lock fut nommé Haut Commissaire, parce qu'il était disposé à coopérer à cette entreprise (1). Ces circonstances augmentaient considérablement par elles-mêmes l'influence que pouvait exercer M. Rhodes sur les affaires de l'Afrique du Sud, et, lorsqu'il devint premier ministre, cette influence se transforma en une

(1) On raconte couramment, dans l'Afrique du Sud, sans preuve certaine à l'appui, toutefois, que sir Henry posa pour condition à sa nomination qu'il pourrait réclamer et obtenir immédiatement l'envoi au Cap d'un certain nombre de régiments anglais, en plus des garnisons ordinaires.

dictature absolue. Le Haut Commissaire, résidant à Cape-Town et cumulant les fonctions de Gouverneur du Cap, était naturellement tenu, même dans les questions étrangères à la colonie, de consulter les Ministres responsables. Il ne pouvait se départager, suivre une politique comme Gouverneur du Cap et une autre politique comme Haut Commissaire. Cette organisation fonctionne assez bien, toutefois, dans les circonstances ordinaires, car elle oblige le Haut Commissaire, constitutionnellement, à tenir compte de l'opinion coloniale; mais les choses changent lorsque l'on se trouve en présence d'un premier Ministre qui poursuit une politique personnelle et qui peut user de son influence constitutionnelle pour faire sanctionner cette politique par le Haut Commissaire. C'est ce qui arriva avec le Ministère Rhodes. Le Gouvernement impérial et le Haut Commissaire étaient déjà gagnés à ses vues, et, lorsqu'il devint premier ministre, représentant officiel de l'opinion publique au Cap, le Gouvernement impérial se trouva en quelque sorte dans l'obligation de le suivre. Car, de même que le Gouvernement s'était incliné devant l'opinion constitutionnellement exprimée de la colonie du Cap, en rappelant l'expédition Warren, de même il ne pouvait s'exposer à contester cette même opinion constitutionnelle imprimant à la politique sud-africaine une nouvelle direction. M. Rhodes tenait l'opinion coloniale par le cou, si l'on peut ainsi dire; il entendait s'en servir, et il était impossible à un Ministre des Colonies, en Angleterre, de deviner que le premier Ministre d'une colonie jouissant d'un Gouvernement responsable, ne représentait pas l'opinion réelle de la majorité.

Le premier usage que fit M. Rhodes de sa nouvelle position fut d'adresser, par l'intermédiaire du Haut

Commissaire, un véritable ultimatum à la République de l'Afrique du Sud. Cet ultimatum revêtit la forme d'un document qui portait, on ne sait pourquoi, le titre de Convention du Swazieland. Il ne faut pas oublier que, d'après le rapport d'un Commissaire spécial anglais, qui venait de visiter le Swazieland, ce qu'il y avait de mieux et de plus logique à faire de ce pays, c'était d'en confier le contrôle au Gouvernement du Transvaal, ainsi que celui-ci le demandait. Ce rapport n'a pas été publié, mais le Colonial Office en connaissait certainement la substance lorsque les propositions de 1890 lui furent faites. Le réglement de la question, dans le sens réclamé par le Transvaal, aurait donc été juste et droit, en même temps qu'il aurait assuré la paix et l'ordre dans un territoire indigène troublé par l'intervention d'une population de spéculateurs européens. Tel ne fut pourtant pas l'avis du Haut Commissaire, représentant le Gouvernement anglais, et conseillé par M. Rhodes. La convention transmise à Pretoria, pour être immédiatement acceptée et ratifiée par le Gouvernement du Transvaal et par le Volksraad, demandait des concessions importantes à la République et ne lui offrait rien en échange, sauf la certitude que le conflit relatif au Swazieland serait indéfiniment prolongé. Elle interdisait d'abord au Transvaal tout espoir de s'étendre au nord, droit qui lui avait été reconnu par la convention de Londres. Cette convention interdisait, en effet, au Transvaal le droit de conclure des traités avec les chefs des territoires indigènes situés à l'est et à l'ouest de la République, sans l'autorisation du Gouvernement anglais ; mais elle la laissait libre, si elle le voulait, d'étendre son influence au nord. Rien ne s'était passé qui autorisât ces nouvelles exigences ; rien n'avait troublé la cordialité des relations de la Grande-Bretagne et du Transvaal. Ces exigences étaient inspirées, d'une part, par le désir de donner à la *Chartered* une plus grande sécurité dans le Mashonaland, auquel la concession donnée par le chef des Matabélés ne s'appliquait pas formellement ; et, d'autre part, par le désir d'entourer les deux républiques hollandaises du sud-africain d'un cercle complet.

L'ultimatum demandait, en outre, au Transvaal, d'adhérer sans retard à l'union douanière qui existait déjà entre le Cap et l'État Libre. Si la convention n'était pas signée et ratifiée à date fixe, et le délai accordé n'était que de quelques semaines, le Transvaal perdait tout droit sur le Swazieland et une expédition anglaise, dont l'organisation se préparait déjà à Natal, serait chargée de s'emparer du pays et de l'occuper.

On peut aisément comprendre avec quelle surprise et quelle indignation furent accueillies de pareilles exigences dans la capitale du Transvaal. Les relations de la République avec le Gouvernement anglais avaient été, jusque-là, des plus cordiales, le Gouvernement et le Volksraad venaient de donner les preuves les plus éclatantes de leur sincère désir de tenir compte des intérêts et des sentiments de la nouvelle population. On doit dire que le Gouvernement du Transvaal n'attribua pas cette attitude hostile et oppressive à une décision spontanée du Gouvernement anglais, et comme pour le confirmer dans cette impression, précisément à ce moment le vice-président de la République, qui avait été l'un des principaux généraux de la guerre d'indépendance, était accueilli de la façon la plus cordiale à Natal par toutes les classes de la société, et même par les officiers de la garnison. Il était évident qu'une nouvelle influence était entrée en scène, et, dès cette époque, M. Rhodes fut reconnu comme l'ennemi implacable de la République sud-africaine.

Le fait d'avoir mêlé une question de haute politique avec une question purement locale d'union douanière causa une très vive irritation. Cette confusion avait un double but : on espérait forcer le Transvaal à recevoir les vins et l'eau-de-vie du Cap en libre franchise et porter en même temps un coup au commerce de Natal avec le Transvaal. Les dispositions de la convention interdisant au Transvaal tout espoir d'étendre son influence au nord étaient destinées à donner satisfaction à ceux qui étaient intéressés dans l'avenir de la Chartered ; les clauses relatives à l'union douanière devaient donner satisfaction aux partisans de M. Rhodes au Cap. Dans les deux cas, ces dispositions étaient injustes et oppressives et ne ressemblaient en rien au traitement que la République sud-africaine devait attendre d'un État qui se disait ami.

L'indignation soulevée par les conditions de la convention projetée fut si violente que tout portait à croire qu'elle serait repoussée, sans tenir compte de ce qui pourrait advenir. On proposa que le général Joubert, qui était sur le point de partir pour l'Europe, fût chargé de traiter la question avec le Ministre à Londres. Mais la proposition fut catégoriquement refusée et le Gouvernement du Transvaal se trouvait dans l'alternative ou d'accepter, sous une forte pression, une convention injuste, ou de courir le risque d'une guerre avec l'Angleterre. C'était un cruel dilemme. Pendant cette période d'hésitation et d'agitation, le bruit se répandit que M. Hofmeyr se rendait de Cape-Town à Pretoria afin d'user de son influence pour décider le Volksraad à accepter la convention, dans l'espoir d'éviter une rupture avec le Haut Commissaire et le Gouvernement anglais. On n'a jamais complètement expliqué le but de cette intervention de M. Hofmeyr. Ceux qui le croyaient animé d'un sincère désir de venir en aide à ses frères hollandais de Pretoria dans ces circonstances difficiles, oubliaient que, comme chef du parti hollandais au Parlement du Cap, M. Hofmeyr avait toujours eu à portée un moyen très facile de contraindre le Ministère Rhodes à tenir compte des sentiments et des aspirations des burghers du Transvaal. M. Rhodes, comme premier ministre, aurait été forcé de respecter les désirs du *Bond party* si ces désirs s'étaient manifestés et le Haut Commissaire aurait été tenu d'accueillir les observations de M. Rhodes. Or, comme M. Hofmeyr n'avait pas pu, malgré sa grande influence, faire échec, au Parlement du Cap, à la politique hostile au Transvaal de M. Rhodes, son arrivée à Prétoria en qualité de médiateur entre le Haut Commissaire et le peuple du Transvaal et le .Volksraad, pouvait difficilement être considérée comme un acte d'amitié sincère envers les burghers. Il est plus vraisemblable que la vraie mission de M. Hofmeyr était de se rendre exactement compte de la limite des concessions que les burghers étaient disposés à faire, de manière à ce que l'on pût faire disparaître de la convention ou du moins ajourner les conditions contre lesquelles ils avaient des objections insurmontables. Cela est d'autant plus probable que, lorsque après de longues discussions dans le Raad, la convention fut ratifiée, les articles relatifs à l'union douanière furent laissés de côté. Il n'y a aucune raison de croire que M. Hofmeyr était animé de très bonnes dispositions à l'égard du Transvaal. D'abord, le Transvaal avait gravement offensé les vignerons du Cap en refusant d'entrer dans l'union douanière et il avait également eu le tort de repousser les offres des colons du Cap, qui s'étaient montrés disposés à accepter les plus hauts emplois administratifs au Transvaal. Cette prétention était fondée sur l'assistance — négative pour ne pas dire plus — prêtée par le Cap aux burghers pendant leur lutte pour l'indépendance. Cela n'était pas sérieux et l'on n'y aurait même pas songé si l'on ne s'était aperçu que, dans la situation nouvelle où se trouvait le Transvaal, ses emplois administratifs auraient une réelle valeur. Le Gouvernement du Transvaal n'avait pourtant aucune prévention contre le Cap; aujourd'hui encore un grand nombre de ses fonctionnaires sont des habitants de cette colonie. Mais il ne pouvait livrer les plus hauts emplois à l'influence de Cape-Town. Il n'est pas douteux que les colons du Cap aient aidé les burghers du Transvaal de leur sympathie et parfois même de plus. Mais les burghers de l'État Libre avaient fait plus et n'avaient rien demandé en retour.

Il fut donc accepté que les articles concernant l'entrée du Transvaal dans l'union douanière seraient ajournés et la convention du Swezieland fut signifiée et ratifiée. La question du Swazieland n'était pourtant pas réglée : on en restait toujours aux promesses de réglement qui avaient été faites au président Krüger à la conférence de Fourteen Streams. Mais la République Sud-Africaine maintenait son droit d'intervention dans ce règlement et l'on évitait une crise qui aurait pu déterminer une conflagration générale de l'Afrique du Sud. Il n'est pas douteux que, en insistant pour que le Volksraad ratifiât la convention, M. Krüger était surtout influencé par cette idée que, dans trois ans, lorsque la convention arriverait à échéance, les libéraux auraient repris le pouvoir en Angleterre et qu'il pourrait reprendre la discussion avec eux sur des bases plus acceptables. La convention fut ratifiée, mais les conditions qu'elle imposait et les circonstances dans lesquelles elle fut votée laissèrent une impression profonde et durable, d'autant plus profonde et plus durable que, pour les burghers, ce qui s'était passé n'était pas imputable au Gouvernement anglais, mais à M. Rhodes, qui s'était arrangé de façon à obtenir le commandement du vaisseau sud-africain. Le Gouvernement anglais, s'il ne témoignait pas à la République sud-africaine toute la cordialité désirable, n'était du moins pas son ennemi, tandis que M. Rhodes l'était. Il devint, dès lors, évident que le premier devoir de ceux à qui était confiée la direction des affaires publiques à Pretoria était de surveiller étroitement les actes de M. Rhodes.

Les derniers jours de 1890, année qui avait commencé sous des auspices si favorables, furent aussi désastreux au point de vue commercial que les événements politiques avaient été désespérants. La spéculation effrénée sur les actions des mines d'or avait atteint à un tel point la stabilité du Marché financier et du Marché commercial, que deux Banques de l'Afrique du Sud, la Banque du Cap de Bonne-Espérance et l'*Union Bank* de Cape-Town furent obligées de suspendre leurs paiements. La déconfiture de cette dernière eut une répercussion terrible à Cape-Town, où de riches actionnaires se trouvèrent subitement réduits à la misère, ayant été obligés de faire face à tous les appels de fonds, la banque étant constituée sur le principe de la responsabilité illimitée. Mais la faillite de la Banque du Cap de Bonne-Espérance, qui avait des succursales dans toute l'Afrique du Sud, eut des effets plus étendus et produisit presque une panique. C'est dans ces conditions que le Gouvernement de Natal, avec un louable sentiment de l'intérêt public, vint au secours de la Banque de Natal, institution qui avait des succursales importantes au Transvaal et qui y faisait des affaires considérables. La panique se calma, mais la dépression causée par cette secousse persista longtemps et affecta sérieusement l'industrie minière. Tout baissa. L'étroitesse du Marché empêchait de donner une poussée vigoureuse aux opérations minières et l'extraction mensuelle ainsi que les cours des valeurs s'en ressentirent. Le *boom* annoncé ne venait pas, et il ne manquait pas de gens qui prédisaient déjà la décadence de Johannesburg.

En attendant, la Compagnie à charte avançait péniblement dans le Mashonaland. Les indigènes ne faisaient aucune opposition — on n'en prévoyait, du reste, pas, la Compagnie n'étant pas encore arrivée dans le Matabeleland proprement dit. Des postes fortifiés avaient été établis, et l'on se mit à la recherche de filons; mais la terre promise ne tenait pas ses promesses. En même temps, de tous les points du continent Sud-Africain, on contestait de la façon la plus sérieuse le droit de la Compagnie à charte d'absorber et de s'approprier tout l'*hinterland* de ce continent.

Pendant les premiers mois de 1891, le bruit courut qu'un grand nombre de fermiers et d'autres habitants du Transvaal de l'État Libre et du Cap avaient l'intention d'aller s'établir au delà du Limpopo, le fleuve qui marque la frontière septentrionale du Transvaal, aussitôt que la saison sèche serait commencée, sans tenir aucun compte des droits que la Compagnie à charte prétendait avoir du fait de la concession de Lo Bengula. Cette émigration avait pour point de départ une concession accordée à un nommé Adendorff par un chef indépendant du Mashonaland, lequel prétendait ne dépendre aucunement de Lo Bengula. On soutenait que la Compagnie à charte, en prenant possession du Mashonaland, excédait les limites de la concession sur laquelle la charte était fondée, et qu'elle n'y avait pas plus de droits que le premier venu qui irait s'installer dans le pays, et beaucoup moins que les titulaires de la concession Adendorff. A la fin de l'été, un grand nombre de familles, parties dans leurs wâgons de tous les points de l'Afrique du Sud, commencèrent à se diriger, par le Transvaal, vers le gué principal du Limpopo, emportant les chaudes sympathies de toute la population hollandaise de l'Afrique du Sud, y compris le *Bond party* du Cap, qui formait alors la majorité parlementaire de M. Rhodes. Le moment était très critique pour ce dernier et pour sa Compagnie. Si l'émigration allait de l'avant, l'intérêt de spéculation en vue duquel il voulait acquérir le Mashonaland s'évanouissait, et, d'autre part, si le *Bond party* approuvait cette émigration, c'en était fait de sa puissance et de son influence comme premier ministre du Cap. Le Gouvernement anglais ne s'exposerait certainement pas à soutenir une entreprise désapprouvée par la majorité du Parlement du Cap. Pour tourner la difficulté, M. Rhodes divisa le *Bond party*. A l'aide d'arguments destinés à prouver que la population agricole du Cap retirerait d'immenses bénéfices des entreprises de la Compagnie à charte, il persuada à un grand nombre de membres du *Bond* qu'il fallait à tout prix empêcher l'émigration dans le Mashonaland. Assuré dès lors de la majorité dans le Parlement du Cap, M. Rhodes pouvait faire intervenir le Haut Commissaire, représentant du Gouvernement impérial anglais, pour arrêter l'émigration, et, bien que cette émigration eût recruté ses éléments dans toutes les parties de l'Afrique du Sud, y compris la colonie du Cap, le Gouvernement du Transvaal fut informé qu'il serait rendu responsable de toute tentative faite pour franchir le Limpopo. L'avertissement était accompagné de menaces, sur le caractère desquelles il était impossible de se méprendre.

Dans l'intérêt de la paix, le Gouvernement transvaalien lança une proclamation prévenant les émigrants qu'ils ne devaient pas traverser le Limpopo; comme on le dit alors, M. Krüger noya l'émigration. Les émigrants surent à quoi s'en tenir et leur ressentiment contre ce qu'ils considéraient comme une usurpation de la Compagnie à charte resta le même; mais, par égard pour la situation difficile du Transvaal, ils renoncèrent à leur projet. Cependant quelques-uns, pour la plupart originaires de l'État Libre, poussèrent jusqu'au gué du Limpopo, pour voir ce qui en était; mais ils ne tentèrent pas de le traverser, après s'être assurés que l'on s'y opposerait par la force, et rentrèrent chez eux. L'expédition ne fut marquée que par un seul incident. Un de ses membres les plus influents, M. Van Soelen, de Ladybrand, dans l'État Libre, faillit être tué d'un coup de feu pendant qu'il se baignait dans la rivière, une carabine Maxim, appartenant à un homme de la police de la Compagnie à charte, étant partie accidentellement (1). Mais

(1) On a raconté, à l'époque, que cette expédition d'émigrants était commandée par un certain colonel Ferreira, dont il fut récemment question à propos d'une histoire de *claim* à Johannesburg. C'était inexact. Les émigrants n'avaient aucune confiance en Ferreira et d'après ce qui s'est passé depuis, il est plus probable qu'il était poussé par la Compagnie à charte. Voyez, à ce sujet, le livre du major Lennard : *Comment nous avons fait la Rhodésia.*

tout cela avait considérablement tendu les rapports entre Pretoria et Cape-Town; le Bond party était accusé d'avoir trahi ses compatriotes du Transvaal et de les avoir livrés à la Compagnie à charte et au Gouvernement anglais; et M. Rhodes avait si peu réussi dans ses projets de rapprochement des Anglais et des Hollandais, qu'il avait exaspéré les Hollandais contre les Anglais et qu'il avait créé un antagonisme parmi les Hollandais.

L'année 1891 fut remarquable par un autre incident tendant également à démontrer les efforts que faisait la Compagnie à charte pour s'étendre dans l'intérieur. Son conflit avec les autorités portugaises, aboutissant à l'affaire de Massi-Kessi, n'est pas précisément du domaine d'un résumé historique des événements de l'Afrique du Sud, mais un fait corrélatif à ce conflit touche directement aux intérêts sud-africains. Un chef indigène, nommé Gungunhana, commande un territoire considérable près de la baie de Delagoa et exerce des pouvoirs suzerains sur un grand nombre de petits chefs de la région. Si Gungunhana, vassal des Portugais, pouvait ennuyer un peu les Portugais, il en résulterait peut-être une orientation utile aux intérêts de la Compagnie à charte. Un petit steamer, nommé la *Comtesse de Carnarvon*, appartenant à la Compagnie à charte (1), quitta Port-Élizabeth mystérieusement et illégalement, c'est-à-dire sans manifeste de sortie. Sa destination et le but de sa mission excitèrent naturellement une vive curiosité. On apprit bientôt qu'il avait été capturé par une canonnière portugaise à l'embouchure du Limpopo, à une petite distance, au nord de la baie de

(1) Le prix d'achat de ce steamer est porté sur les comptes de la Compagnie en 1894.

Delagoa, au moment où il sortait des eaux de ce fleuve, revenant du pays de Gungunhana. Ce chef avait été vu et on raconta qu'on lui avait fourni des armes. L'indignation fut grande dans toute l'Afrique du Sud, d'autant plus que, d'après les apparences, la colonie du Cap se trouvait être complice d'une expédition illégale, d'un acte vraisemblable de piraterie, au détriment d'un Gouvernement étranger. Que des fonctionnaires du Cap, dépendant de M. Rhodes, premier ministre, aient été mêlés à cette affaire, cela ne fait pas le moindre doute; quant à l'impression qu'elle produisit, on peut s'en rendre compte d'après ce que disait un des principaux journaux hollandais de Cape-Town, qui regrettait que le commandant du steamer n'ait pas eu la tête emportée par un boulet portugais. Cependant, le Parlement du Cap ne s'occupa pas de l'incident; pour lui, tout ce que faisait la Compagnie à charte était bien fait. Il essaya, il est vrai, de savoir pourquoi un certain M. Denis Doyle, qui avait eu le commandement de la *Comtesse de Carnarvon*, fut bombardé dans une fonction de l'Administration du Cap, fonction qu'il n'avait jamais sollicitée, contrairement aux règlements de ladite Administration, et avec un traitement plus élevé que celui qui avait été offert aux candidats; mais le membre du Parlement qui souleva la question se contenta d'une simple promesse de la part du Gouvernement de communiquer à la Chambre tous les documents relatifs à cette nomination. Il avait été évidemment converti, car, dans un meeting public tenu à Cape-Town en décembre 1896, il proposa une résolution tendant à ce que M. Rhodes reprit la direction du Ministère. L'Afrique du Sud est le pays des conversions aussi bien que des surprises.

CHAPITRE XIV

A PROPOS DE CHEMINS DE FER

Bien que la répression et l'antagonisme eussent fait le fond de la politique de M. Rhodes à l'égard du Transvaal, sur certaines questions il se trouvait presque obligé d'avoir une attitude plus conciliante, à cause des intérêts commerciaux de la colonie du Cap. Les deux colonies sud-africaines, et le Cap plus particulièrement peut-être, en étaient arrivées, à cette époque, à la conviction que l'industrie de l'or de Johannesburg devait être leur nourricière, comme l'avait été précédemment l'industrie du diamant de Kimberley. De fait, Johannesburg avait surgi fort à propos, au moment précis où l'horizon s'assombrissait du côté de Kimberley. Le Cap avait peut-être plus de raisons que Natal de se préoccuper de la situation. Cette dernière colonie avait gagné beaucoup à rester en dehors de l'union douanière, et la situation géographique de cette colonie, plus petite et plus jeune que sa voisine, lui créait de très grands avantages. Le Cap transportait toujours ses marchandises par la voie de Kimberley ou par celle de Vryburg, qui était devenu le centre administratif du Bechuanaland. Le trajet était, par chemin de fer, de plus de 800 milles par Kimberley et de plus de 600 par Vryburg, en partant du port le plus rapproché de la côte du Cap (Port Elizabeth), et il y avait en outre beaucoup plus de 200 milles à faire en wagon. Par Natal, la distance du port à la dernière station de chemin de fer, à Newcastle, n'était que de 270 milles, d'où, pour se rendre à Johannesburg, on n'avait à faire qu'environ 170 milles de plus en wagon. Par conséquent, tant que les deux colonies se trouveraient dans la même situation, avec un chemin de fer incomplet et un voyage complémentaire en wagon, Natal était assuré de conserver la grosse part du commerce de Johannesburg, et il devait en être probablement de même le jour où, des deux côtés, les lignes de chemin de fer seraient prolongées jusqu'au centre minier. Mais, tandis que Natal n'avait pas encore réussi à obtenir l'assentiment du Gouvernement du Transvaal à la prolongation de son chemin de fer de sa frontière à Johannesburg, le Cap avait conclu un arrangement avec l'État Libre pour la construction d'une voie ferrée qui devait le rapprocher de Johannesburg.

L'assentiment donné par le Volksraad du Transvaal, en 1890, à la construction des chemins de fer avait une application limitée. Outre la ligne destinée à relier Pretoria à la baie de Delagoa, qui s'avancait lentement à travers une contrée difficile, cette autorisation du Raad concernait : 1° une ligne allant de Pretoria à Johannesburg, et, 2° une ligne allant de Johannesburg ou de ses environs à la frontière méridionale de la République, sur le Vaal, où elle se relierait plus tard, par la ligne de l'État Libre, au chemin de fer du Cap. L'intérêt du Cap était dès lors d'opérer cette jonction le plus tôt possible et de détourner ainsi le gros du trafic de Johannesburg qui s'en allait à Natal. Un arrangement avec le Gouvernement du Transvaal était nécessaire pour cela. On pourrait croire que, après ce qui s'était passé au sujet de la question du Swazieland et de l'affaire d'émigration en 1891, le

Gouvernement du Cap hésiterait à demander, autant que le Gouvernement du Transvaal à accorder aucune espèce de concession commerciale. Mais on estima à Cape-Town que, si les gouvernants du Transvaal pouvaient avoir des préventions contre M. Rhodes, ils se laisseraient peut-être convaincre par un membre du Cabinet moins compromis que son chef. On décida, en conséquence, d'envoyer à Pretoria sir James Sivewright, ministre des travaux publics (Commissioner of works) du Cabinet Rhodes, dans l'espoir qu'il pourrait arriver à un accord satisfaisant. Sir James Sivewright avait cet avantage qu'il s'était précédemment fait bien venir de M. Krüger, avec lequel il pouvait s'entretenir dans sa propre langue, et que, en sa qualité d'Ecossais, il avait, comme tous ses compatriotes, des aptitudes spéciales pour s'entendre avec des Hollandais de la classe de M. Krüger. Sir James Sivewright arriva à Pretoria à la fin de novembre 1891, et réussit si bien dans sa mission qu'il retournait au bout de quelques jours à Cape-Town avec une convention très acceptable, d'après laquelle le Gouvernement du Cap et les directeurs du chemin de fer du Transvaal, c'est-à-dire de la Compagnie du chemin de fer hollandais de l'Afrique du Sud, s'engageaient à s'entr'aider pour relier le plus tôt possible Johannesburg au réseau des chemins de fer du Cap. La convention était valable pour trois ans, le Gouvernement du Cap prenant l'engagement de trouver le capital nécessaire

La voie étant désormais libre, le Gouvernement du Cap devait faire son possible pour tirer parti de l'occasion qui lui était offerte. Il appartint à sir James Sivewright, qui avait négocié la convention, d'en poursuivre la réalisation, et il faut reconnaître qu'il le fit de manière à mériter des éloges pour lui et pour le

Ministère dont il faisait partie. Il avait été précédemment surintendant des télégraphes du Gouvernement du Cap, et avait largement contribué à étendre le réseau télégraphique de l'Afrique du Sud ; il était mieux qualifié que tout autre pour mener à bien la construction du nouveau chemin de fer. Les chemins de fer du Cap arrivaient déjà jusqu'à Blœmfontein, capitale de l'État Libre ; il restait à les prolonger de deux cents et quelques milles jusqu'à la frontière du Transvaal. En vertu d'une convention entre le Cap et l'État Libre, ce travail incombait au Gouvernement du Cap, qui l'entreprit avec la plus grande activité sous la direction de sir James Sivewright. Le pays à traverser n'était, du reste, pas difficile. Le territoire de l'État Libre se compose en grande partie d'un plateau assez fortement ondulé pourtant et coupé çà et là par des rivières coulant entre des rives escarpées et que les pluies d'été grossissent considérablement. En établissant sur ces rivières des ponts provisoires, pendant la construction des ponts définitifs, on put ouvrir au trafic, au bout de huit mois seulement, une ligne allant jusqu'à Johannesburg, les travaux ayant été menés aussi rapidement de l'autre côté du Vaal, jusqu'à Johannesburg d'abord, et de là à Pretoria ensuite. Ainsi, les communications directes entre les principales villes du Transvaal et la colonie du Cap, qui, en 1890, lorsque le Volksraad avait voté ses résolutions en faveur de la construction des chemins de fer, étaient considérées comme pouvant être établies au plus tôt dans quatre ou cinq ans, existaient deux ans à peine après. Grâce à sir James Sivewright, le Gouvernement du Cap avait fait preuve d'une admirable activité, dont la colonie profita autant que l'industrie de l'or. C'était là une œuvre honnête, bravement accomplie, contre laquelle ceux-là mêmes dont les intérêts devaient en souffrir, les colons de Natal, par exemple, ne pouvaient élever aucune objection. Les profits qu'en retira le Cap et les pertes qui en résultèrent pour Natal se traduisirent par les chiffres suivants : En 1891, la valeur des importations à Natal était de 4 millions de livres sterling; en 1893, elles n'étaient que de 2 millions, et cette perte de 50 o/o était allée grossir le chiffre des importations des ports du Cap. Ce succès est d'autant plus digne d'attention qu'il a été réalisé sans aucun recours à cette politique d'intrigue par laquelle se sont signalés les Ministres du Cap dans leurs efforts pour l'emporter sur leurs voisins sud-africains.

Il n'est pas inutile de dire ici quelques mots des rapports qui existent entre les différents réseaux de chemins de fer de l'Afrique du Sud, d'autant plus que de récents conflits, qui ne sont guère compris en dehors de l'Afrique du Sud, roulent entièrement sur des questions de chemins de fer.

Le point le plus important à ne pas oublier, c'est que tous ces réseaux, celui du Cap, celui de Natal et celui du Transvaal, ont tous été construits pour satisfaire aux besoins de l'industrie minière de Johannesburg et que tous vivent de cette industrie. Dans la colonie du Cap et à Natal, mais au Cap surtout, les principales sources de revenus sont : 1° Les droits de douane prélevés sur les marchandises en transit pour Johannesburg et, 2°, les recettes des chemins de fer provenant de marchandises transportées à Johannesburg. C'est en vue de ces revenus que ces deux colonies ont assumé les lourdes charges financières nécessaires pour construire leurs chemins de fer, et les recettes de ces chemins de fer constituent aujourd'hui la plus importante ressource financière des deux colonies. Sans le trafic de Johannesburg, il n'est guère de ligne, dans l'Afrique du Sud, dont les recettes excéderaient beaucoup leurs dépenses d'exploitation et les bénéfices qui résultent de ce trafic compensent, et au delà, l'absence de bénéfices sur les lignes destinées, ou soi-disant, à favoriser le développement de l'agriculture. Cette situation a plus d'une fois fait l'objet de récriminations à Johannesburg, où les consommateurs se plaignent de ce que leurs marchandises payent des frais de transport surélevés, pour que les produits des vignes du Cap puissent être transportés sur les chemins de fer presque pour rien. Comme partout, c'est le trafic sur les longs parcours qui est rémunérateur, et à quel point il l'est, on peut s'en rendre compte d'après les résultats de l'exploitation de la section de la ligne du Cap au Rand qui traverse le territoire de l'État Libre. Cette ligne, en raison de la nature du pays qu'elle traverse, n'a pas coûté cher : les trois cents et quelques milles allant du fleuve Orange au fleuve Vaal n'ont pas nécessité un capital de deux millions deux cent cinquante mille livres sterling. D'après une convention avec l'État Libre, cette ligne a été construite, et, jusqu'à ces derniers temps, exploitée par le Gouvernement du Cap comme le reste de son réseau, l'État Libre s'étant réservé le droit de la reprendre en remboursant les frais de construction. En vertu de cette convention, le Gouvernement du Cap prélevait sur les bénéfices un intérêt de 4 o/o du capital engagé et le reste des bénéfices était partagé par moitié entre le Cap et l'État Libre. En 1894, la ligne donna un bénéfice net de 18 o/o ; le Gouvernement du Cap toucha pour sa part 11 o/o sur deux millions deux cent cinquante mille livres et le Gouvernement de l'État Libre 7 0/0.

Comme les événements qui vont suivre nous forceront à revenir sur cette question, il est nécessaire de bien établir, dès à présent, la nature exacte des rapports de l'État Libre avec la colonie du Cap au sujet des chemins de fer. Il ne faut d'abord pas oublier que tout ce gros bénéfice provient des mines d'or de Johannesburg. La colonie de Natal se trouve exactement dans la même situation, avec cette différence que les tarifs douaniers beaucoup moins élevés de cette colonie la mettent à l'abri de toute accusation d'injustice. Il n'y a, dès lors, aucune raison de se plaindre de ce que le Gouvernement du Transvaal vive de l'exploitation des mines d'or. Toute l'Afrique du Sud en vit et il serait absurde de soutenir que seul le Transvaal, de tous les pays de l'Afrique du Sud, n'aurait pas le droit de tirer profit d'une industrie créée sur son propre territoire. Le Gouvernement du Transvaal est exactement dans la même situation que les autres Gouvernements sud-africains. Tout ce qu'il reçoit directement de l'industrie de l'or, c'est une taxe absolument nominale prélevée sous forme de droit d'exploiter les mines ou de prospecter, droits parfaitement insignifiants en comparaison des bénéfices que donnent les mines lorsqu'elles sont exploitées d'une manière tant soit peu intelligente. En dehors de cette source de revenus, le Gouvernement du Transvaal bénéficie des revenus d'un tarif douanier très modéré et des recettes de son réseau de voies ferrées, construit et exploité par la Compagnie hollandaise des chemins de fer de l'Afrique du Sud. Cette Compagnie de chemins de fer a été violemment attaquée et on l'a accusée de pressurer l'industrie de l'or pour enrichir les actionnaires qui habitent Amsterdam et Berlin. Mais, en fait, d'après les termes de la concession accordée à la Compagnie, 85 o/o de ses bénéfices vont au Gouvernement du Transvaal qui a reçu, en 1885, pour sa part des produits de l'exploitation, plus de £ 320.000. On peut soutenir que l'importance de ce prélèvement prouve que l'échelle des tarifs de la Compagnie hollandaise est trop élevée. Il est possible que ces tarifs soient susceptibles de réduction, mais ceux qui réclament cette réduction ne doivent pas oublier les gros bénéfices que le Cap et Natal retirent de l'industrie de l'or de Johannesburg.

Quelques explications complémentaires sur les chemins de fer du Transvaal aideront à mieux comprendre les événements qui vont suivre, ces chemins de fer ayant été l'objet de nombreuses plaintes, surtout de la part de personnes complètement ignorantes des choses des chemins de fer en général. Les lignes de la Compagnie des chemins de fer du Transvaal ne sont aucunement inférieures et sont même, sous certains rapports, supérieures aux autres chemins de fer coloniaux de l'Afrique du Sud : en outre, elles sont dirigées, de l'aveu de tous, par le plus habile et le plus courtois des administrateurs de chemins de fer de la contrée. Les nombreuses conférences relatives aux chemins de fer, qui ont eu lieu depuis deux ou trois ans, ont établi d'une manière éclatante qu'il n'y a pas, dans tous les chemins de fer de l'Afrique du Sud, un homme qui puisse être comparé à M. Middleberg, le directeur-administrateur des chemins de fer du Transvaal, en tant qu'expert en la matière, aussi bien que comme négociateur habile et courtois. Quant aux conditions des lignes qu'il dirige, les experts des chemins coloniaux ont été surpris, lorsqu'ils ont pu les apprécier, de leur solidité et de leur bonne apparence. La ligne de Pretoria à la frontière portugaise, près de la baie de Delagoa, est un chef-d'œuvre d'ingénieur ; tout ce que la science moderne en matière de construction de chemin de fer peut donner a été mis en œuvre pour faire de cette ligne, qui traverse le pays le plus pittoresque et souvent le plus difficile, une œuvre de premier ordre. Les locomotives sont parfaites ; le matériel roulant est absolument uniforme. Toutefois, ce qui a contribué à créer des préventions, surtout chez les personnes inexpérimentées, c'est que l'on s'est inspiré des habitudes continentales beaucoup plus que de la routine anglaise. En ce qui concerne la vitesse, il ne faut pas oublier qu'il n'y a pas de grandes vitesses dans toute l'Afrique du Sud, à cause du faible écartement des voies (3 pieds et demi) et de l'ondulation des terrains. Le train-poste du Cap, qui va une fois par semaine de Cape-Town à Johannesburg, a une vitesse moyenne de 20 1/2 milles à l'heure et les trains ordinaires quotidiens n'ont qu'une vitesse moyenne de 18 milles à l'heure. Sur le réseau de Natal, où les pentes sont parfois de un sur trente, les trains les plus rapides n'excèdent pas 18 milles à l'heure et les trains ordinaires se contentent de 14 milles. Sur le réseau du Transvaal, la distance entre Pretoria et Johannesburg — 46 milles — est régulièrement parcourue par les trains en deux heures et quarante minutes, soit une moyenne de plus de 17 milles à l'heure et cette vitesse sera probablement augmentée. Jusqu'ici, on le voit, la comparaison n'est pas défavorable aux lignes du Transvaal par rapport aux lignes coloniales. Il est certain que les fonctionnaires des chemins du Cap et de Natal font les plus louables efforts pour se montrer courtois envers les voyageurs, et il est possible que, dans certains cas, les agents du Transvaal n'aient pas tout à fait suivi cet exemple. La Compagnie du Transvaal ne peut recruter ses agents qu'en Hollande, tandis que le Cap choisit les siens dans le pays de Galles, et Natal, en Ecosse. Il peut donc fort bien arriver que la connaissance imparfaite de la langue anglaise ait donné lieu à des malentendus, grossis par des journaux ou par ceux qui ont intérêt à trouver à redire à tout ce qui peut engager la responsabilité du Gouvernement du Transvaal. Mais, à tout prendre, on doit loyalement reconnaître que les chemins de fer construits et exploités dans la République sud-africaine, en vertu de la concession accordée à la Compagnie hollandaise des chemins de fer sud-africains, sont des lignes bien construites et bien exploitées et ne méritent, à aucun titre, les reproches et les critiques que l'envie leur a attirés.

Mais ce sont là des questions de détail. Il importe, cependant, qu'elles soient bien comprises, sous peine de ne pouvoir s'expliquer la nature exacte et la portée des événements qui se sont produits par la suite. Il n'est pas douteux que le Gouvernement du Cap ait rendu service à toute l'Afrique du Sud en même temps qu'à lui-même, en prolongeant son réseau à travers l'État Libre. Il a fait, là, œuvre utile et méritoire et cette œuvre en a suscité d'autres également utiles. Le Gouvernement du Cap a pu, de cette façon, utiliser, pour le nouveau trafic avec Johannesburg, toutes les lignes primitivement destinées à Kimberley et s'assurer, pour quelque temps, à peu près tout ce trafic, attendu que le réseau de Natal atteignait à peine alors la frontière du Transvaal, tandis que, sur la ligne de Delagoa-Bay, tous les ingénieurs luttaient contre les obstacles naturels presque insurmontables qui séparaient la colonie portugaise du plateau central de la république. En fait, la perspective de pouvoir prolonger le réseau de Natal sur le territoire du Transvaal paraissait, alors, assez problématique. Depuis l'annexion de 1877, le Transvaal se méfiait de Natal et toutes les ouvertures que cette colonie avait faites dans le but de prendre sa part du commerce de Johannesburg furent longtemps repoussées ; mais il se produisit un jour un revirement en sa faveur, lorsqu'il fut acquis que le Gouvernement du Cap faisait tous ses efforts pour empêcher la construction du chemin de fer de la baie de Delagoa. Le Gouvernement du Transvaal comprit que si cette dernière ligne ne pouvait pas être terminée, le Cap se trouvait avoir un véritable monopole et ne manquerait pas de profiter de cette situation au détriment de la République. Pour parer à ce danger, il devint donc nécessaire de s'entendre avec Natal pour la prolongation de son réseau jusqu'à Johannesburg ; cet arrangement fut conclu au commencement de 1894 et, moins de deux ans après, la ligne était ouverte au trafic. Pendant ce temps, la ligne de la baie de Delagoa avait fait également de rapides progrès et elle était livrée au trafic jusqu'à la frontière portugaise dans la première semaine de 1895.

Nous anticipons ici quelque peu sur les événements, mais cela est utile parce que nous avons pu embrasser d'un coup d'œil les diverses attitudes que les Ministres du Cap ont eues suivant les époques et les circonstances. Ainsi que nous l'avons dit, la prolongation du réseau du Cap jusqu'à Johannesburg, en 1892, avait été une entreprise louable à tous égards, et avantageuse pour toute la région. Cela n'empêcha pas le Ministère qui avait conçu et mené à bien cette entreprise de se disloquer dès la fin de 1892 pour être remplacé par un nouveau Ministère Rhodes dont furent exclues toutes les capacités administratives du premier Cabinet de cet homme politique. Renonçant aux entreprises honnêtes, le Ministère du Cap s'adonna dès lors à l'intrigue, cherchant à se procurer des avantages en évinçant ses compétiteurs pour le commerce de Johannesburg. Géographiquement parlant, ce commerce revient à la baie de Delagoa et à Natal ; mais le Cap s'arrangea de façon à l'accaparer pendant quelque temps grâce à son chemin de fer, et a pu même en conserver une grande partie grâce aux facilités offertes par ses ports et à ce fait que, les commerçants ayant pris l'habitude de passer par le Cap, il n'a pas été possible de les en détourner. Faisant fond de ces avantages et probablement aussi des dispositions probables du Gouvernement métropolitain à l'appuyer, le Gouvernement du Cap se risqua, en 1894, à faire valoir un prétendu droit à 50 0/0 de toutes les recettes des chemins de fer provenant du trafic de Johannesburg. Le Gouvernement et la Compagnie des chemins de fer du Transvaal repoussèrent avec raison cette prétention qui, du reste, on a tout lieu de le croire, fut émise à l'encontre de l'avis des administrateurs des chemins de fer du Cap. Cet échec n'en contribua pas moins à augmenter les griefs du Gouvernement du Cap contre la République Sud-Africaine et à encourager le Gouvernement du Cap, complètement inféodé à la politique et aux ambitions de M. Rhodes, à tirer parti des contestations relatives aux chemins de fer, fallût-il, pour cela, appeler à la rescousse le Gouvernement impérial.

CHAPITRE XV

LA GUERRE DES MATABÉLÉS

Malgré le succès qu'avait remporté la Compagnie à charte, appuyée par le Gouvernement impérial, en empêchant des émigrants indépendants de s'établir dans le Mashonaland, la colonisation et le développement de ce pays n'avaient guère fait de progrès à la fin de 1892. Le centre de l'administration, Fort-Salisbury, s'était suffisamment développé pour justifier la création d'une manière d'organisation municipale, sous le nom de Commission sanitaire, et celle d'un journal hebdomadaire, le *Rhodesia Herald ;* mais le pays n'avait pas donné tout ce que l'on en attendait. Il est vrai que l'on n'avait pas eu de difficultés avec les indigènes, mais on n'avait, d'autre part, pas découvert de vrais filons d'or. Si les indigènes s'étaient tenus tranquilles, c'était, sans doute, parce que les Mashonas, malgré leur mauvaise réputation, n'avaient aucune envie de résister à la puissance qui s'était établie parmi eux, bien que l'on ne les traitât pas avec une justice exemplaire. Ils étaient soumis au despotisme des agents de la Compagnie, et les jugements que les magistrats rendaient contre eux étaient fort différents de la jurisprudence en usage pour les Européens. Tandis qu'un Européen qui tuait un indigène en était quitte pour une amende de £ 50, un indigène était condamné à la flagellation pour le moindre larcin. Un fonctionnaire qui avait fait incendier des cases indigènes s'en tirait toujours en disant que ces indigènes avaient désobéi à un ordre donné par lui, même lorsque cet ordre était injuste. Quant à l'échec des entreprises minières, on en trouverait aisément l'explication dans le fameux article des 50 o/o des contrats de colonisation, d'après lequel la moitié de tous les produits d'une propriété quelconque devaient revenir à la Compagnie.

La Compagnie se trouvait, il est juste de le reconnaître, dans une position difficile. Bien que, en majorant fictivement la valeur des actions primitives, les spéculateurs et quelques privilégiés aient pu gagner de l'argent, on n'avait guère de fonds disponibles pour la mise en valeur proprement dite du pays. Il était admis que la Compagnie à charte avait l'intention de trouver des capitaux pour le Mashonaland en lançant des Compagnies filiales, ce qui lui aurait permis de prendre dans la poche des actionnaires bénévoles les revenus que le pays lui-même semblait incapable de produire, et c'est pour cette raison que le droit de la *Chartered* d'imposer un prélèvement de 50 o/o, était maintenu. En décembre 1892, le Dr Jameson disait que sans cela on ne pourrait pas trouver de capitaux. Mais, d'autre part, les prospecteurs se montraient peu disposés à se mettre à l'œuvre avec ces 50 o/o suspendus sur leur tête et en réclamaient énergiquement l'abolition. Un conflit d'intérêts avait surgi, en outre, au sujet de la route naturelle de Fort-Salisbury à la mer. Géographiquement, on devait évidemment prendre la direction de l'Est et atteindre la mer sur territoire portugais, à Beira. Mais cette solution rencontrait une forte opposition au Cap, surtout dans les environs de Cape-Town, où M. Rhodes avait trouvé son principal appui pour arrêter l'émigration du groupe Adendorff. Il était évident que Fort-Salisbury et le pays environnant se trouvaient en dehors de toute communication directe avec Cape-Town. Cependant, si le Cap et Cape-Town perdaient l'espoir de tirer avantage de la prospérité de la Chartered, M. Rhodes courait la chance de perdre un appui politique sans lequel il ne serait plus en aussi bonne posture vis-à-vis du Gouvernement impérial. Au contraire, s'il réussissait à établir un lien commercial entre le pays que l'on commençait dès lors à appeler la Rhodesia et la colonie du Cap, M. Rhodes s'assurait l'appui dont il avait besoin pour consolider sa situation de dictateur sud-africain. Mais, il était évident pour tous que, Fort-Salisbury étant la capitale du nouveau territoire, le Cap était, commercialement, hors du débat. On pouvait se rendre si facilement de Beira ou de la baie de Delagoa (par le Transvaal) à Fort-Salisbury qu'il aurait été absurde de songer à faire de Cape-Town le port de sortie du commerce de la Rhodesia.

Politiquement, il était donc du plus grand avantage que la Compagnie ne confinât pas ses opérations au Mashonaland, et commercialement aussi. L'opinion du public sur la valeur du Mashonaland était visible d'après le cours des actions de la Chartered, qui étaient tombées presque au pair. Il fallait trouver un nouveau capital, non seulement pour subvenir aux besoins de l'Administration, mais aussi pour donner satisfaction à ceux qui s'étaient intéressés à la Compagnie, surtout dans un but de spéculation. Il aurait été pourtant difficile, sinon impossible, de trouver un nouveau capital, dans l'état où se trouvait l'entreprise. Une extension de territoire, l'annexion d'une région nouvelle qui, d'après les prospectus, contiendrait des filons d'or rémunérateurs, donnerait évidemment à l'affaire une heureuse impulsion, et autoriserait ses fondateurs et ses lanceurs à se présenter avec confiance devant le public, pour demander une forte augmentation de capital. Malheureusement, on ne savait pas trop de quel côté cette annexion pourrait se faire. Il y avait bien le Matabeleland, avec sa capitale Buluwayo, et Buluwayo, qui se trouvait à trois cents milles environ à l'ouest de Fort-Salisbury, serait, géographiquement, un centre d'attraction beaucoup plus sérieux pour les partisans de M. Rhodes à Cape-Town. Mais la difficulté était de trouver une excuse ou même un prétexte pour s'emparer du Matabeleland. La politique de la Compagnie, lorsqu'elle prit possession du Mashonaland, avait été de réduire au minimum les risques de conflit avec les indigènes. A la fin de 1892, on citait M. Selous comme une autorité, lorsqu'on vantait les dispositions pacifiques du chef matabélé, Lo Bengula. Selon M. Selous, il n'y aurait aucune probabilité de guerre entre la Rhodesia et les Matabélés tant que Lo Bengula vivrait, à moins que l'on n'y contraignît les Matabélés. « Il n'y aurait pas à craindre d'attaque organisée contre les blancs, disait-on en attestant l'opinion de M. Selous, tant que Lo Bengula serait à la tête des affaires. » On mandait de Victoria que les questions relatives aux indigènes et aux tribus étaient calmes, et le *Rhodesia Herald*, le journal de Fort-Salisbury, commentait ce rapport en disant que les sujets de Lo Bengula ne paraissaient pas s'être émancipés. De plus, à la fin de 1892, le capitaine Lendy, dont il fut beaucoup question peu de temps après, fut envoyé, à la requête de Lo Bengula, en mission diplomatique à Buluwayo, pour aider à identifier des indigènes impliqués dans un vol de grand chemin.

Enfin, d'après les témoignages impartiaux de commerçants qui visitèrent Buluwayo au commencement de 1893, les Matabélés étaient alors très calmes et très pacifiques, et parfaitement disposés à commercer avec les blancs. On disait, en outre, que les danses nationales à Buluwayo, à l'occasion de la nouvelle récolte, avaient été très brillantes et avaient été beaucoup moins violentes que par le passé.

Mais, bien que les nouvelles de Buluwayo fussent, à la fin de 1892 et au commencement de 1893 complètement rassurantes, il devenait de plus en plus évident que la Compagnie voulait étendre le champ de ses opérations. D'après des lettres écrites de Victoria au commencement de janvier 1893, les prospecteurs se plaignaient des limites assignées au Mashonaland. On racontait qu'il y avait à vingt-cinq milles à l'Ouest, au delà de la rivière Shashi, des kraals de Makalakas, peuplade complètement étrangère aux Matabélés, qu'elle considérait même comme des ennemis. Ces Makalakas prétendaient qu'il y avait deux jours de marche, au moins quarante milles, entre leur dernier kraal et le point le plus rapproché où se trouvaient les Matabélés.

On alléguait que la Compagnie ne connaissait pas exactement les abornements de son territoire de ce côté de la frontière et que, de plus, il était indispensable d'assurer la sécurité des mineurs et des prospecteurs dont la présence constituait « cet accroissement de la province de Victoria. » Quelques mois après, en mai 1893, de nouvelles plaintes se produisirent au sujet de la frontière occidentale du Mashonaland. On considérait alors que la rivière Shashi était la démarcation de la frontière entre le Mashonaland et le Matabeleland. On prétendait que l'on avait trouvé de l'or au delà de cette rivière et les prospecteurs avaient hâte de la franchir pour s'en assurer. On ajoutait que pour des raisons évidentes, ils devraient s'en aller au hasard. Cependant, malgré tous ces bruits qui dénotaient l'intention formelle de la Compagnie de reculer ses frontières à l'Ouest, on ne redoutait rien de la part des Matabélés ; à Victoria, au milieu du mois de mai 1893, on estimait que les alertes provenant de ces indigènes ne se renouvelleraient plus. Mais les colons n'avaient rien à faire, et à Victoria on passait son temps à jouer. Le commerce était dans le marasme et l'on n'était pas sans appréhension sur l'écoulement du stock qui avait été accumulé, des liqueurs fortes principalement.

En juin 1893, des bruits alarmants commencèrent à se répandre. Le Dr Jameson, administrateur de la Compagnie, se rendit à Victoria, où, paraît-il, il était nécessaire de punir des indigènes qui avaient mis à mal les fils télégraphiques. Quelque temps après, on apprit que le capitaine Lendy avait puni des Matabélés qui avaient fait des incursions dans les kraals des Makalakas, à douze milles à l'Ouest de Victoria. Le fait est que ces Makalakas avaient volé des bestiaux aux Matabélés et s'étaient ensuite réfugiés chez les européens dans le Mashonaland. Au milieu de juillet la « panique de Victoria », à la suite d'une lettre de Lo Bengula au capitaine Lendy, réclamant les voleurs Makalakas, battait son plein. La requête de Lo Bengula fut repoussée, et on lui offrit de juger les accusés à Victoria et de les punir s'ils étaient reconnus coupables. Il se peut que cette offre n'ait pas été faite de bonne foi ; cependant, il y avait présomption de sincérité de la part de Lo Bengula qui télégraphia au magistrat de Victoria, sous le couvert d'un

Européen établi à Buluwayo, qu'il allait envoyer des troupes pour punir les Makalakas et qu'aucun blanc ne serait molesté. On n'a jamais su quelle réponse Lo Bengula a faite ou aurait pu faire à la contre-proposition qui lui fut adressée. Selon toute apparence, on était décidé à soulever un conflit avec lui et tandis que l'expédition envoyée par lui se tenait à une certaine distance de Victoria, ne faisant de mal à personne, on s'agitait comme si la guerre était imminente. Ceux-là mêmes qui, il y a six mois, ne tarissaient pas d'éloges sur l'attitude pacifique des Matabélés, n'avaient pas, maintenant, d'expression assez énergique pour grossir la provocation de ces mêmes Matabélés, et réclamaient que l'on prît l'offensive au lieu de rester sur la défensive. Les autorités étaient plus violentes que les colons. Le capitaine Lendy, avec trente-huit hommes, fit une sortie et attaqua, sans provocation aucune, les Matabélés qui attendaient tranquillement des instructions de leur chef. D'après les récits publiés par les journaux de l'époque, il rencontra trois cents Matabélés qu'il poursuivit pendant neuf milles, en en tuant une trentaine, dont deux *indunas.*

Les fonctionnaires de la Chartered ayant pris l'initiative spontanée d'une politique de violence et de carnage, trouvèrent naturellement de complaisants imitateurs parmi les colons. Un meeting public eut lieu, à Salisbury, auquel furent prononcés des discours violents en faveur d'une guerre offensive contre les Matabélés; le principal orateur, M. E. A. Maund — dont le nom se retrouve dans les prospectus d'émissions — déclara que le moment était propice pour briser le pouvoir des Matabélés, parce que l'on supposait qu'une partie de leur armée se trouvait dans le Barotseland, au delà du Zambèze. Le clergé se mit de la partie, les représentants de l'église anglicane faisant chorus avec le chef de la mission wesleyenne. Les journaux qui, quelques mois auparavant, chantaient les louanges de Lo Bengula le pacifique, se hâtèrent de changer de ton. Ils recommandaient des opérations offensives immédiates, ajoutant qu'une colonne pouvait être organisée tout de suite et à peu de frais, en prenant le Bechuanaland comme base d'opérations, pour occuper Buluwayo, en attendant que des dispositions soient prises pour administrer le pays. Pendant ce temps, Lo Bengula avait, au dire de ces mêmes journaux, fait de très humbles excuses — à propos de quoi, on ne le disait pas, puisque c'est lui qui avait à se plaindre de la mort de trente de ses sujets, fusillés sans provocation. Mais l'Administrateur lui-même déclarait officiellement que le Gouvernement devait agir avec la plus extrême prudence, et qu'il s'efforçait de faire comprendre au Gouvernement impérial la gravité de la situation.

Cependant, quoi que pût faire le parti de la guerre, il n'était pas facile d'entretenir l'agitation. Une reconnaissance envoyée à six milles au delà de la frontière était revenue en annonçant que les Matabélés s'étaient retirés vers Buluwayo. Mais « tout bâton est bon pour battre un chien », et la retraite des Matabélés fut interprétée comme une manifestation d'hostilités. On déclara qu'ils étaient allés chercher des renforts et prendre les instructions de leur chef. Il fallait, disait-on, absolument supprimer les *impis* Matabélés, sans cela, on ne pourrait jamais assurer la sécurité de la frontière. Mais la situation restait incertaine, et le *Rhodesia Herald* reconnaissait que l'on ne savait qu'en dire. Les routes étaient partout sûres, et les Européens établis à Buluwayo n'avaient pas été inquiétés. L'horrible peur que les Matabélés étaient sensés inspirer n'empêchait du reste pas les colons de s'amuser. Les mêmes gens, auxquels le clergé et la presse s'efforçaient de persuader que la guerre était inévitable, que les Matabélés avaient fait le serment d'exterminer tous les blancs, ne se privaient pas d'organiser des bals de souscription et de s'offrir même le luxe de somptueux soupers assis. On commençait également à comprendre que le Gouvernement impérial, malgré la campagne alarmiste, n'était encore rien moins que disposé à autoriser une guerre offensive. On se plaignait même de ce que le Gouvernement anglais, par son attitude inexplicable, condamnait à l'inaction les troupes d'élite qui avaient été mobilisées et que ces troupes, au lieu de choisir leur champ de bataille, en étaient réduites à attendre l'attaque des Matabélés. Le Gouvernement métropolitain, disait-on, avait été la pierre d'achoppement contre laquelle étaient venus se butter ceux qui brûlaient du désir d'annexer le Matabeleland. Le Gouvernement métropolitain conservait néanmoins sa manière de voir, et M. Sydney Buxton, sous-secrétaire d'État aux Colonies, refusait de suivre les membres de la Chambre des Communes qui s'efforçaient d'exonérer le capitaine Lendy, lequel, à son avis, avait fait preuve d'un coupable mépris de la vie humaine.

L'ardent désir de faire la guerre aux Matabélés, désir qui avait son origine dans des nécessités financières, contrastait étrangement avec l'attitude des Matabélés, qui se refusaient absolument à la moindre provocation. Il n'était question que de « la guerre prochaine », mais la guerre ne venait pas. Les sentiments belliqueux des colons se manifestaient, du reste, d'assez étrange façon. Ceux qui possédaient des chevaux ne manquaient pas d'en tirer un bon parti. La Compagnie acheta, par exemple, quarante bêtes à des prix variant entre mille francs et deux mille sept cent cinquante francs, et les journaux locaux vantèrent le désintéressement de ces patriotes qui s'étaient privés de leurs poneys et de leurs chevaux d'attelage sans murmurer. Leur patriotisme ne les avait pourtant pas ruinés. Les patentés n'eurent également pas à se plaindre. Sous prétexte que leur commerce avait souffert de la panique, ils obtinrent un sensible dégrèvement de leurs patentes. Mais tout cela n'était rien auprès des arguments mis en avant par le chapelain des troupes, le Rév. A. D. Sylvester, qui, dans une lettre publiée par le *Rhodesia Herald*, déclarait qu'une guerre contre les Matabélés était nécessaire parce que l'on était « déterminé à frayer une voie à la propagation du glorieux évangile de notre Seigneur et Sauveur Jésus-Christ ».

Mais la guerre n'arrivait toujours pas malgré les clameurs des chapelains et des tenanciers de cantines, et le *Times* de Londres conseillait aux colons du Mashonaland de se contenir et de ne pas négliger l'opposition de l'Angleterre. L'avis était sans doute sincère étant donné les nouvelles qui étaient télégraphiées en Angleterre, et qui, du reste, n'émanaient pas des colons du Mashonaland. Il semble même qu'elles ne leur étaient pas communiquées, car le *Rhodesia Herald* se plaignait de ce que les rapports de M. Colenbrander, qui étaient communiqués aux journaux du Cap, ne l'étaient pas à ceux de Fort-Salisbury. M. Colenbrander, qui, dix ans auparavant, avait rendu de grands services au Zoulouland (1) était

(1) Dans le livre de Mlle Frances Colenso : « La Ruine du Zoulouland », (vol. Ier, page 143), il est question de M. Colenbrander

alors, grâce à la manière dont Lo Bengula respectait la vie et les intérêts des Européens établis à Buluwayo, d'où il envoyait à la Compagnie à charte, à Cape-Town, des rapports alarmants destinés à convaincre le Gouvernement impérial de la nécessité d'autoriser la guerre contre les Matabélés. L'un de ces rapports annonçait que l'*impi* Matabélé qui était allé dans le Barotseland était revenu, et que deux *impis* se dirigeaient vers le Sud avec l'intention d'attaquer Victoria. C'est à l'aide de rapports de ce genre que l'agitation et l'alarme étaient entretenues en Angleterre, tandis que les colons du Mashonaland passaient leur temps, faute de mieux, à jouer au cricket et à célébrer des mariages. Ils avaient toujours de l'espoir pourtant, et comptaient bien que l'on trouverait un moyen quelconque pour faire la guerre. Ils n'avaient, dans tous les cas, pas à se plaindre de l'avenir que leur présageait la guerre. Ceux qui s'engageaient comme volontaires recevaient : 1° La garantie de tous leurs droits dans le Mashonaland pendant la guerre et six mois après ; 2° concession d'une ferme de 6.000 arpents (3.000 morgen) dans le Matabeleland; 3° vingt *claims* dans ce pays et, 4°, la promesse d'une participation au butin dont la moitié serait réservée à la Compagnie, toujours fidèle à sa théorie des 50 o/o, et le reste distribué en parts égales aux officiers et aux soldats.

Au commencement d'octobre 1893, il survint un événement qui eut une grande influence. M. Rhodes arriva à Salisbury. Le doute et l'incertitude firent immédiatement place à l'activité la plus fébrile. Le lendemain même de son arrivée, il passa plusieurs heures au bureau du télégraphe pour communiquer par le fil avec

comme de l'un des « Européens qui peuvent être appelés les mauvais génies du Zoulouland. »

le Haut Commissaire, dont l'autorisation, en tant que représentant du Gouvernement impérial, était nécessaire pour commencer un mouvement agressif contre les Matabélés. Sir Hercules Robinson se trouvait entre deux feux. Connaissant les dispositions du Colonial Office, il était forcé de tout tenter pour empêcher une guerre; d'autre part, M. Rhodes avait conquis un tel ascendant sur lui qu'il lui était très difficile, sinon impossible, de ne pas autoriser cette guerre. Pendant que, au Cap, on travaillait le Haut Commissaire, le public anglais n'était pas négligé. Le *Times*, d'après les dépêches publiées à Fort-Salisbury, le 14 octobre, était arrivé à la conclusion que les rapports du Dr Jameson — ceux-là même évidemment que l'ingénieur Colenbrander envoyaient de Buluwayo à Cape-Town — ne laissaient plus de doutes sur les intentions hostiles des Matabélés. Quelques jours après, il devenait clair que le Ministère de la Guerre avait été gagné, car le *Daily News*, organe du Cabinet, prenait une attitude comminatoire à l'égard de Lo Bengula.

Ce que Lo Bengula désirait alors par-dessus tout, c'était d'entrer en relations directes avec le Haut Commissaire. Il envoya dans ce but, avec l'autorisation du Haut Commissaire, des messagers dans le Sud; ces messagers, contrairement aux règles de la guerre dans les pays civilisés, furent faits prisonniers, puis fusillés sous prétexte qu'ils avaient tenté de s'échapper. Du reste, s'ils avaient pu arriver jusqu'au Haut Commissaire, leur mission n'aurait servi à rien, car la guerre était en fait déjà autorisée par lui. Au commencement d'octobre, il avait envoyé à Lo Bengula un message l'avisant que, si un mouvement des *impis* était signalé, il ne pourrait empêcher le Dr Jameson de prendre les mesures qu'il jugerait nécessaires pour assurer la sécurité des blancs. C'est tout ce que demandait la Compagnie à charte. Il est certain que. lorsque M. Rhodes arriva à Salisbury, le 9 octobre, il connaissait la teneur de ce message. Quoi de plus naturel dès lors, ou de plus providentiel que la nouvelle, lancée un ou deux jours après, que des forces considérables de Matabélés étaient signalées sur la frontière, du côté du Mashonaland ? C'était la clef de voûte de l'édifice. C'était tout ce qu'il fallait pour permettre l'attaque si anxieusement attendue contre les Matabélés. C'était un thème superbe pour le discours que M. Rhodes prononça à ce moment critique, à l'occasion de l'inauguration de la batterie de Salisbury, discours où il traînait dans la boue tous ceux qui critiquaient la Compagnie à charte ou le critiquaient lui-même, et que les thuriféraires de la presse locale qualifièrent de « bélier qui écrasa tous les adversaires, » y compris M. Labouchère.

Le premier engagement eut lieu, qu'on ne l'oublie pas, non pas dans le Mashonaland, mais au delà de la frontière, en pays Matabélé, ce qui démontre clairement que l'agression vint des troupes de la Compagnie et non des Matabélés. La nouvelle de cette escarmouche, qui se termina par la traditionnelle capture des bestiaux, fut accueillie, par les spéculateurs sanguinaires, comme la pluie après une longue sécheresse. Sous ce titre : « Le Marché galvanisé », le *Rhodesia Herald* du 27 octobre raconte que, dès que l'on eut affiché, au *Stock Exchange* de Johannesburg, le 20 octobre, un télégramme spécial du *Star*, l'un des organes de M. Rhodes, il y eut une hausse de toutes les valeurs, et que les actions de la *Chartered* montèrent de 23 shillings, sans que l'on pût trouver de vendeurs. Un ou deux jours après la bonne nouvelle de la hausse de la Chartered était connue à Londres, en même temps qu'était annoncée une convocation des actionnaires de la Compagnie à l'effet de doubler son capital au moyen de l'émission d'actions nouvelles jusqu'à concurrence d'un million de livres sterling.

Les envahisseurs ne rencontrant qu'une faible résistance, ce qui prouve, comme la suite des événements du reste, que les Matabélés n'étaient nullement préparés à la guerre, s'avancèrent jusqu'à Buluwayo, dont l'occupation plongea dans l'extase ceux qui escomptaient les bénéfices de la guerre. « La nouvelle arrivée hier matin, dit le *Rhodesia Herald* du 10 novembre, de l'occupation de Buluwayo, a changé la face du ciel et de la terre. » Le Conseil légal de la Compagnie à charte, dans un discours prononcé dans un meeting public à Bristol, déclara qu'elle avait mérité la reconnaissance de l'Angleterre. Ce succès, acheté à si bon marché, acheva de convertir les membres du Cabinet Gladstone, y compris M. Gladstone lui-même. La satisfaction était si générale que l'on suggérait que Lo Bengula lui-même avait bien mérité des colons du Mashonaland et que personne ne lui marchanderait « une pension convenable et une résidence agréable ». Le seul nuage de l'horizon était que la Compagnie paraissait décidée à rester fidèle à ses habitudes d'exaction, et persistait à réclamer 50 0/0 de tous les produits des mines. « Il nous faut des rendements » : c'était le cri général, mais qui est-ce qui se donnerait la peine de travailler aux mines, alors que l'exploitation de ces mines n'était pas réglementée, alors, surtout, que la Compagnie était là, à côté de chaque mineur, prête à lui enlever la moitié de tout ce qu'il gagnerait ?

Mais la médaille eut son revers. Au moment même où le duc de Fife félicitait à Londres les actionnaires de la Compagnie de la brillante solution du conflit Matabélé, une poignée de braves, envoyés à l'aventure, sans appui suffisant, dans un pays inconnu, étaient étendus morts dans le désert, tués jusqu'au dernier, dans un combat désespéré contre un ennemi exaspéré. Il n'y a, il faut le dire, aucune comparaison entre la conduite de ces hommes et celle des volontaires de Natal, qui, au jour fatal d'Isandhlwana, périrent en essayant d'arrêter l'attaque des Zoulous contre le camp de lord Chelmsford. Ils succombèrent bravement, néanmoins, victimes d'une guerre volontairement entreprise, provoquée au moyen des artifices les plus condamnables, dans le seul but d'infuser un sang nouveau dans les veines d'une Compagnie moribonde. Il n'est pas extraordinaire que M. Rhodes ait tenu à leur élever un mausolée, bien que le monde auquel il appartient, celui de la finance et de la spéculation, n'ait d'autre religion que le succès, et ne craigne en fait de fantômes que celui de la faillite. Mais le monde de la finance et de la spéculation ne comprend heureusement pas toute l'humanité, dont il n'est même qu'une infime fraction, et l'humanité, lorsqu'elle aura eu le temps de se reprendre, n'aura que des paroles de répulsion et de flétrissure pour des hommes qui, quel que soit leur rang et leurs relations, sont les auteurs responsables d'une entreprise qui a surpris la confiance d'un grand peuple et est arrivée au succès par le mensonge et le massacre.

Il est une autre considération qui s'impose. En 1814, un célèbre procès eut lieu à Londres. Lord Cochrane et quelques autres furent poursuivis comme conspirateurs, parce qu'ils avaient tenté d'influencer les fonds publics en répandant, à Londres, une histoire très circonstanciée de l'abdication et de la mort de Napoléon. Reconnus coupables, ils furent tous condamnés à des peines diverses, les uns à de fortes amendes, d'autres à la prison. Lord Cochrane réussit plus tard à établir son innocence. Mais cela importe peu pour l'instant et il est impossible de ne pas comparer le cas de lord Cochrane et de ses complices à celui de la Compagnie à charte qui a, au moyen de fausses nouvelles, provoqué une guerre dans le but d'aider à des opérations de Bourse. Pourquoi ceux qui ont été compromis dans l'affaire du Matabeleland, en 1893, n'ont-ils pas subi le même traitement que lord Cochrane et ses complices ? La loi a-t-elle été changée ou bien la moralité publique s'est-elle relâchée ? Est-ce plutôt parce que quelques-uns de ceux qui étaient dans l'affaire étaient de trop gros personnages pour que l'on osât les toucher ?

CHAPITRE XVI

L'AUTRE COMPLOT

La solution de la question des Matabélés avait placé la Compagnie à charte dans une situation de solvabilité et d'influence qu'elle n'avait jamais eue. La facilité avec laquelle une race guerrière comme les Matabélés avait été soumise, l'étendue du territoire annexé à l'Empire britannique, les perspectives magnifiques qui s'offraient à ceux que séduisait la fortune de la Compagnie victorieuse, tout cela dûment proclamé par une série de journaux qui s'intéressaient aux projets de M. Rhodes, produisit une impression contre laquelle il devint presque impossible de réagir. La façon dont l'aventure du Matabeleland avait été organisée n'était pas, il est vrai, un secret pour un assez grand nombre de personnes dans l'Afrique du Sud, mais les résultats, tels que les présentait une presse amie, étaient si séduisants que le public anglais n'était guère disposé à s'arrêter à des détails qui lui paraissaient insignifiants.

Ce serait pourtant une profonde erreur de croire que la campagne contre les Matabélés eut pour résultat de faire taire tous les mécontents sur tout le territoire dépendant de la Compagnie à charte. Buluwayo exultait, c'est vrai, mais Buluwayo, pour des raisons qui ont déjà été expliquées, était l'objet des prédilections de la Compagnie. L'esprit qui y dominait se reflète admirablement dans une série de lettres adressées de cette ville, au commencement de 1894, au *Rhodesia Herald*. « Le Gouvernement impérial, disait une de ces communications, ne nous manque pas ici ; nous n'en voulons même à aucun prix, et, tant que la Compagnie tiendra les gens d'Exeter Hall loin du Matabeleland, elle trouvera dans la population tout l'appui qu'elle voudra. » On faisait ressortir la rapidité avec laquelle la ville se développait, et on établissait une comparaison qui n'était guère en faveur de Salisbury. « Il a fallu, écrivait-on, attendre un an l'ouverture d'une cantine à Salisbury. Ici, en moins de trois mois, nous en avions cinq. » Il ne surprendra personne que, pour des gens qui appréciaient le progrès d'après le nombre des cantines, le comble du bonheur était de vivre comme des coqs de combat. Mais ailleurs on avait des griefs sérieux contre la Compagnie. La clause des 50 o/o était plus impopulaire que jamais et on la considérait comme une entrave à l'arrivée des capitaux, et l'offre faite par la Compagnie de réduire ses prétentions dans certains cas fut énergiquement combattue comme devant ouvrir la porte au favoritisme. On considérait que le long retard apporté à la promulgation de la loi sur les mines préparait « une longue moisson de troubles et de dissensions ». Les Compagnies minières et l'Administration étaient rendues responsables du « travail pour rire qui conduisait le pays à sa perte ». On se plaignait de ce que, pendant neuf mois de l'année, le développement des régions aurifères du Mashonaland « ne s'effectuât que par le câble et le télégraphe ». Aucun homme sérieux, affirmait-on, ne se soucierait de quitter les parties colonisées de l'Afrique du Sud pour s'exposer à être « gouverné de Londres avec un simulacre d'intervention d'un secrétariat » à Cape-Town. On soutenait que les capitaux n'étaient pas suffisants pour administrer le pays et le mettre en valeur, et à Salisbury on était très surexcité parce que le secrétaire de la Compagnie à Cape-Town avait gardé par-devers lui une pétition adressée au Haut Commissaire. Enfin, la mauvaise administration de la Compagnie, dont on blâmait sévèrement les dépenses excessives pour son bureau du Cap, était rendue responsable « de la complète décadence de Victoria » et de « la paralysie croissante de Salisbury ». Dans les premiers jours d'avril 1894, dans un meeting public tenu à Salisbury, la Compagnie fut sérieusement prise à partie en raison de son attitude dans la question des chemins de fer de Beira. On fit remarquer que, si M. Rhodes trouvait de l'argent pour son chemin de fer transcontinental, il pouvait en trouver également pour le chemin de fer de Beira, et l'on disait qu'il consolidait sa position dans la colonie du Cap aux dépens du Mashonaland. Le courant d'opinion qui prédominait parmi les colons les plus respectables et les plus sérieux se faisait jour dans un article du *Rhodesia Herald*, en date du 6 avril 1894. Cet article résumait ainsi les résultats de l'expérience des trois dernières années :

Si les causes de cette situation déplorable sont patentes, il est malheureusement impossible de limiter le blâme à un seul groupe d'individualités. La cause du mal, c'est cet insatiable désir de conquérir d'énormes étendues de territoires pour les revendre par morceaux à des tiers avec de gros bénéfices, au lieu de se contenter de gagner honnêtement de l'argent en produisant réellement de l'or ; c'est la loi actuelle sur les mines qui est cause de ces spéculations déplorables. C'est là ce que comprend tout être sensé dans cette partie de l'Afrique du Sud... L'intérêt du colon à avoir une bonne politique et à être traité équitablement mérite autant de considération que les intérêts de Bourse des financiers, quelle que soit l'exaltation de ceux auxquels a été délégué le pouvoir de S. M. la reine Victoria.

Il n'est pas douteux que ces récriminations ne fussent, jusqu'à un certain point, les conséquences de la rivalité qui existait entre Salisbury et Buluwayo : Salisbury, siège de l'Administration et Buluwayo, la nouvelle métropole commerciale. Mais, sur certains points, les deux rivales étaient du même avis. L'une et l'autre villes estimaient qu'il n'était pas encore temps d'ouvrir une Bourse, véritable temple du jeu où les propriétaires de filons imaginaires pouvaient se dépouiller entre eux, avant de dépouiller les actionnaires anglais.

Cependant, les destinées et le développement de la Rhodesia cessèrent, vers cette époque, d'absorber les préoccupations des fondateurs et des directeurs de la Compagnie à charte. Le moment était venu d'organiser un autre complot, dont le but était la mainmise sur les mines d'or du Witwatersrand et leur soumission à la puissance autocratique qui s'était déjà emparée des mines de diamant de Kimberley. Pour arriver à ces fins, trois choses étaient nécessaires : 1° La fusion graduelle des propriétés minières de Johannesburg en deux ou trois groupes principaux ; 2° la consécration de M. Rhodes, aux yeux du Gouvernement et du peuple anglais comme un grand impérialiste et un grand patriote ; 3° l'énoncé de griefs suffisants contre le Gouvernement de la République Sud-Africaine pour justifier une intervention du Gouvernement anglais en faveur de la population étrangère du Transvaal. Ceux qui connaissent la manière dont a été effectué la fusion des mines de diamant de Kimberley et qui savent à quel point elles servent maintenant des intérêts financiers et politiques, ont pu facilement comprendre le but que poursuivaient à Johannesburg les héros de la fusion de Kimberley. La fusion des mines de Johannesburg sur le même plan que celle des mines de Kimberley ne pouvait manquer, pourvu que les autorités politiques s'y prêtassent, de faire des chefs de cette fusion les maîtres absolus de l'industrie de l'or et de tous ceux, corps et biens, qui en dépendaient. Dans ces conditions, on pourrait faire monter et descendre à volonté la valeur des titres, aussi facilement qu'un ascenseur hydraulique à l'aide d'un levier. Les employés de toute sorte et de tout rang seraient, comme à Kimberley, contraints d'appuyer politiquement les projets et les intérêts des capitalistes dirigeants et ces capitalistes pourraient, en même temps, se rendre maîtres de toutes les opérations commerciales. C'est la seule réponse que l'on puisse faire invariablement à ceux qui demandent quels ont pu être les motifs qui ont décidé M. Rhodes à organiser un complot contre le Transvaal. Pour M. Rhodes et M. Beit, et pour les archanges de la finance, qui, avec l'approbation du *Times*, les secondaient à Londres, le succès du complot signifiait des millions, tandis que les associés titrés qui leur servaient de paravent aux yeux du peuple anglais auraient ramassé plus de miettes que n'en recueillit jamais Lazare autour de la table du riche

Vers 1894, deux des conditions essentielles qui viennent d'être énumérées étaient remplies ou sur le point de l'être. M. Rhodes avait réussi à établir sa réputation comme impérialiste et patriote. C'était un premier point. En second lieu, la fusion des mines de Johannesburg s'opérait déjà sur une grande échelle. A l'aide de placements savants, suivis de la nomination de directeurs à leur dévotion, les grandes maisons de banque avaient organisé la majorité des mines en deux ou trois groupes principaux, exactement comme cela s'était fait avant la fusion définitive des mines de Kimberley. Le groupe Barnato, le groupe Rhodes, le groupe Ekstein, le groupe Robinson étaient connus et reconnus en 1894. Le groupe Robinson se maintint en dehors des autres, tandis que les groupes Rhodes et Ekstein, dont MM. Rhodes et Beit, le Castor et le Pollux du firmament des mines d'or, étaient les directeurs, n'en formaient, en réalité, qu'un seul. Il suffisait donc, pour que tous les intérêts miniers du Witwatersrand fussent complètement unifiés, que la fusion fût poussée seulement un peu plus loin, ainsi que cela s'était fait lorsque M. Barnato et les actionnaires de la mine de Kimberley furent absorbés par M. Rhodes et les actionnaires de la De Beers, le groupe Robinson restant à part si on ne parvenait pas à le désintéresser.

Donc, deux des conditions étaient remplies ou sur le point de l'être. Il restait à créer un mouvement de mécontentement politique, réel ou simulé — peu importait, à des faiseurs si habiles à organiser des mouvements d'opinion — pour décider le Gouvernement anglais à favoriser un mouvement ayant les apparences d'une insurrection populaire contre le Gouvernement du Transvaal. Les procédés employés pour atteindre ce but sont pleins d'intérêts ; mais, avant de les exposer, deux points méritent d'attirer notre attention : 1° la politique du Gouvernement du Transvaal ; 2° la condition de la population étrangère.

Pour bien apprécier et comprendre la politique du Gouvernement du Transvaal, il est nécessaire de remonter à cette période critique de 1890, alors que ce Gouvernement, en récompense de son attitude libérale à l'égard de la population étrangère, se trouva contraint, par un ultimatum anglais, d'abandonner des droits qui lui avaient été expressément reconnus par la convention de Londres de 1884. Dans sa session de 1890, le Volksraad du Transvaal, sur l'invitation du président Krüger et sous le coup du légitime ressentiment causé par l'insulte gratuite du drapeau du Transvaal à Johannesburg, avait commencé l'élaboration d'un programme de lois progressives destinées à satisfaire aux besoins d'une situation nouvelle et à conférer des droits politiques à ceux des étrangers qui étaient décidés à s'établir définitivement dans la République. L'amendement de la législation minière, la sanction donnée à la construction des chemins de fer, la création d'une seconde Chambre législative avec un électorat plus large pour connaître de toutes les questions intéressant spécialement la nouvelle population : toutes ces mesures étaient sages et libérales, elles avaient été proposées et votées dans les meilleures intentions et furent accueillies par la population étrangère comme des conceptions sérieuses et libérales. En récompense de ces concessions, comme si l'on avait voulu marquer comment le Gouvernement anglais appréciait cette politique progressive et généreuse, le Gouvernement du Transvaal fut sommé, d'une manière aussi brutale que possible, de renoncer à des droits qui lui avaient été reconnus six ans auparavant et à son indépendance financière et d'accepter, par force, l'union douanière, dans l'unique intérêt d'une colonie anglaise. On renonça, il est vrai, à cette dernière prétention ; elle était franchement trop cynique pour que l'on osât insister. Mais la première fut maintenue et, sous la pression de cette force majeure qui vicie tous les traités destinés à établir et à maintenir de bonnes relations, le Gouvernement du Transvaal et le Volksraad durent se soumettre. Mais l'un et l'autre, bien que la demande leur fût soumise par le représentant le plus élevé de l'Angleterre dans l'Afrique du Sud, ne considérèrent jamais le Gouvernement anglais comme réellement responsable de ces exigences. Ils savaient qu'elles étaient l'œuvre de M. Rhodes, le spéculateur qui voulait, en même temps, consolider sa position dans le pays qu'il avait été autorisé à exploiter et témoigner sa reconnaissance de son élévation récente aux fonctions de premier ministre du Cap, position dont il se proposait de tirer tous les plus grands avantages personnels, en essayant de contraindre le peuple du Transvaal à consommer l'eau-de-vie du Cap. A partir de ce moment, M. Rhodes fut reconnu, à Pretoria, comme l'ennemi le plus acharné et le plus dangereux de la République Sud-Africaine, dangereux parce que, grâce à sa situation de Premier Ministre de la colonie du Cap et à l'influence qu'il pouvait exercer sur le Haut Commissaire, il était en mesure de gagner le Gouvernement britannique à ses desseins. A partir du jour de son avènement au pouvoir, au milieu de 1890, jusqu'au jour de sa démission, au commencement de 1896, c'est-à-dire pendant cinq ans et demi, on le trouve toujours entre la République Sud-Africaine et le Gouvernement anglais, brouillant les cartes, poursuivant d'une part l'exécution de ses projets, et, de l'autre, présentant sous un faux jour les actes et la politique du Gouvernement du Transvaal. Pendant tout ce temps, le Gouvernement du Transvaal n'a pas cessé de vouloir s'entendre loyalement avec le Gouvernement anglais. Si cela avait été possible, tous les froissements des cinq dernières années auraient été évités, et le fait est que, alors qu'il y avait à Londres un Ministère libéral, malgré M. Rhodes, le Transvaal et l'Angleterre arrivèrent à conclure un arrangement satisfaisant au sujet du Swazieland. Mais il reste acquis que, grâce à l'influence de M. Rhodes sur lord Loch, le Haut Commissaire, la situation de toute l'Afrique du Sud a été présentée au Gouvernement anglais sous le jour le plus favorable aux intérêts de M. Rhodes, de ses associés et de la grande conspiration qui, dès 1894, marchait rapidement à son but.

Il est de la plus haute importance de ne pas perdre de vue cette situation, car en elle se trouve la véritable clef des événements, surtout depuis 1894, époque à laquelle M. Rhodes, après avoir donné un nouvel élan à la Compagnie à charte, en lui infusant le sang des Matabélés, commença à songer sérieusement à s'emparer de la République Sud-Africaine. On s'est souvent demandé pourquoi le Gouvernement du Transvaal et le Volksraad n'avaient pas plus franchement persévéré dans la politique progressive et éclairée inaugurée en 1890 et pourquoi ils avaient manifesté le désir d'entretenir des relations plus étroites avec des Puissances étrangères? La réponse à ces deux questions est la même : parce que la situation et la politique de M. Rhodes obligèrent le Gouvernement du Transvaal à se montrer très prudent et très circonspect au sujet des nouveaux droits politiques à accorder aux étrangers et à chercher à le fortifier par l'appui moral des Puissances unies. Les agitateurs politiques les plus bruyants de Johannesburg étaient ouvertement affiliés aux grandes maisons financières inspirées par M. Rhodes. La première apparition, en 1894, de navires de guerre allemands dans la baie de Delagoa fut, de notoriété publique, le résultat du bruit persistant que la Compagnie à charte avait l'intention de s'emparer de ce port, et cette manifestation publique de l'Allemagne en faveur du Transvaal eut pour conséquence la conclusion d'un accord entre l'Angleterre et l'Allemagne pour maintenir le *statu quo* dans la baie de Delagoa. Si l'on demandait : « Qu'est-ce que le Transvaal avait à faire avec l'Allemagne et qu'est-ce que l'Allemagne avait à voir au Transvaal ? » la réponse serait facile : Lorsque toutes les ressources de l'intrigue financière furent mises en œuvre, de Cape-Town, pour empêcher le Transvaal de contracter l'emprunt nécessaire pour terminer le chemin de fer de la baie de Delagoa à Johannesburg, les financiers de Berlin vinrent à son aide. C'est de cette façon que, grâce à la politique tortueuse de M. Rhodes, appuyée malheureusement, par ignorance, par le Gouvernement anglais, la finance allemande a pris dans l'Afrique du Sud une position qu'elle eut autrement vainement cherché à prendre, et, par suite, le Gouvernement allemand a acquis un *locus standi*, qu'il n'avait certainement pas lorsque M. Rhodes devint premier Ministre de la colonie du Cap.

Tout cela ne doit pas être oublié. Ce qu'il ne faut pas oublier non plus, c'est que jamais, à un seul moment, le Gouvernement du Transvaal n'a été animé d'un esprit d'hostilité et de répression envers l'émigrant étranger et que, lorsqu'il a recherché l'appui moral d'une puissance étrangère amie, il n'a jamais eu aucun mauvais dessein contre l'Angleterre ou contre l'influence légitime et légitimement acquise de l'Angleterre dans l'Afrique du Sud. L'attitude du Gouvernement du Transvaal a été strictement défensive et défensive, dans l'un et l'autre cas, contre le même danger, c'est-à-dire contre les attaques dirigées sous l'inspiration et sous la direction de M. Rhodes, à l'intérieur et à l'extérieur, contre son indépendance. Or, il n'y a pas le moindre doute que cette attitude défensive était plus que justifiée. L'attaque qui a été dirigée à la fin de 1895, attaque organisée par M. Rhodes, contre l'indépendance de la République, dépassa même les pires appréhensions du Gouvernement de Pretoria.

La politique du Gouvernement du Transvaal étant expliquée, voyons quelle était, en 1894, au moment où la conspiration commença à être sérieusement ourdie, la condition de la population étrangère.

Ceux qui lisent les assertions et même les soi-disant preuves dont les journaux anglais se font les échos complaisants pourraient être tentés de croire que l'étranger habitant le Transvaal est un pauvre être persécuté, écrasé d'impôts, bafoué par le Boer ignorant, et dépourvu de tout le confort de la civilisation. Tel était le tableau dépeint dans le fameux manifeste de l'Union nationale du Transvaal au moment de l'insurrection manquée, et que M. Chamberlain, dans son ignorance partiale de la véritable situation, considéra comme une réclamation de réformes justes et constitutionnelles. L'idée fixe de l'uitlander persécuté et opprimé s'est si bien ancrée dans l'esprit du peuple anglais — grâce aux efforts de ceux qui ont préparé et voulaient justifier l'insurrection — que même l'exposé le plus lucide des faits ne parviendrait pas à la déraciner. Personne ne prétend, personne n'a jamais prétendu que le Gouvernement de la République Sud-Africaine soit parfait, mais, si l'on tient compte des changements extraordinaires qui se sont produits dans ce pays depuis dix ans, il est vraiment extraordinaire que ce Gouvernement ne soit pas encore plus imparfait. La position actuelle des hommes qui sont à la tête du Gouvernement du Transvaal a été assez exactement comparée à celle de l'équipage d'un petit bateau à charbon qui se trouverait inopinément avoir la charge d'un grand paquebot de première classe. Quelque désireux qu'il fût de bien faire, il ne pourrait éviter de commettre des fautes. Il n'y aurait ni à s'étonner ni à s'indigner si la population étrangère avait encore plus de griefs. Mais quels sont ces griefs? En réalité, la vie de l'étranger à Johannesburg est, en moyenne, aussi libre que possible. Il peut exercer son commerce ou sa profession, quel qu'il soit, sans que le Gouvernement ne s'en mêle. Sa situation d'uitlander ne l'empêche nullement d'acheter des propriétés foncières, d'exercer sa profession, s'il est homme de loi, devant les tribunaux, d'entreprendre en un mot, aussi librement que dans son propre pays, tout travail, d'exercer toute profession légale. S'il paye pour se loger un loyer élevé, ce n'est pas la faute du Gouvernement, mais bien celle des spéculateurs de terrains. Si l'approvisionnement d'eau est insuffisant, c'est la faute des gros capitalistes étrangers qui songent plus aux dividendes à empocher qu'à leur donner de l'eau à boire. Le Gouvernement, dont tous les électeurs observent strictement le dimanche, permet aux uitlanders de passer leur dimanche comme ils l'entendent. Ils peuvent jouer au lawn-tennis s'ils le veulent, et c'est ce qu'ils font généralement; ils peuvent organiser des matches de cricket; ils peuvent assister à de soi-disant concerts de musique sacrée, dont les programmes sont alimentés par les répertoires des cafés-concerts et des théâtres d'opérettes. S'ils sont d'humeur plus gaie, ils peuvent assister le dimanche soir à des représentations de tableaux vivants qui ne seraient certainement pas tolérés au Royal Aquarium. En un mot, en tenant compte de quelques inconvénients inhérents au climat et à la cherté de la vie, l'uitlander peut vivre souvent plus à l'aise à Pretoria ou à Johannesburg que dans n'importe quelle autre ville du monde.

Mais il est imposé.

Comment est-il imposé ? Il n'est guère personne au Transvaal, riche ou pauvre, qui paye personnellement plus de £ 5 par an d'impôts. Pour ce qui est des contributions indirectes qu'il paye en tant que mineur, il est facile de s'en rendre compte d'après les statistiques officielles. En 1895, la *Crown Reef Gold Mining Company* a produit pour plus de £ 420.000 d'or et a distribué environ £ 97.000 de bénéfices. Les paiements qu'elle a effectués au Gouvernement à titre de loyer, de patente et de tous autres droits ou privilèges, se sont élevés à £ 1.191 9 sh. 10 d. Dans la même année, la *Robinson Company*, qui a produit £ 651.000 d'or et distribué £ 346.000 de dividendes, a payé au Gouvernement £ 395 11 sh. 8 d. La *New Chimes Company*, avec une production de £ 93.000 d'or et un bénéfice de £ 32.000, a payé, comme taxes et patentes et primes d'assurances, £ 664 16 sh. 5 d. La *Transvaal Coal Trust* a produit 266.945 tonnes de charbon et payé au Gouvernement £ 53 15 d., tandis que la *Consolidated Land and Exploration Company*, dont les Eckstein sont les plus gros actionnaires, et qui possède 250 fermes de 6.000 arpents chacune, n'a payé au Gouvernement sous forme de taxes, y compris la taxe des absents, que £ 722 2 sh. 6 d.

Ces chiffres sont assez éloquents par eux-mêmes. Ils le deviennent encore plus lorsqu'on les compare aux 50 o/o de redevance que réclame la Compagnie à charte pour l'exploitation des mines d'or dans la Rhodesia.

Passons aux taxes indirectes. Voici la situation :

Toutes les machines destinées aux mines ne payent un droit d'entrée que de 1 1/2 pour cent, et le Gouvernement donne, dans l'application, au mot machine l'interprétation la plus large possible, de manière à comprendre presque tout ce qui intéresse l'industrie minière, par exemple : le plomb en feuilles, le cyanure, etc. Tous les autres articles non spécialement taxés sont soumis à un droit *ad valorem* de 7 1/2 pour cent, tandis qu'au Cap, le coton paye un droit *ad valorem* de 12 pour cent. Les articles spécialement taxés qui intéressent le mineur de race blanche, comme le thé, le café, le beurre, le riz, le savon, le sucre, sont presque tous soumis à des droits moins élevés qu'au Cap; il n'y a qu'une exception à cette règle.

Comparez :

	COLONIE DU CAP	TRANSVAAL
Beurre. .	3 d. par livre	5 s. 0 d. par 100 livres
Fromage.	3 d. —	5 s. 0 d. —
Café. . .	12 s. 6 d. par 100 livres	2 s. 6 d. —
Riz. . . .	3 s. 6 d. —	1 s. 6 d. —
Savon . .	4 s. 2 d. —	5 s. 0 d. —
Sucre. . .	6 s. 3 d. —	3 s. 6 d. —
Thé. . .	8 d. par livre	2 s. 6 d. —
Fusils . .	£ 1 par canon	10 s. 6 d. par canon

Le maïs, la principale nourriture des Cafres, paye, au Cap, 2 sh. par 100 livres, et, au Transvaal, 2 sh. 6d. par 100 livres. Périodiquement, par suite de sécheresses, de sauterelles ou d'autres causes, le prix de cette denrée monte rapidement souvent de 10 sh. 6 d. à 26 sh. 6 d. par sac, et ces variations ne sont guère influencées par les droits d'importation. Cependant, le Gouvernement a, chaque fois que les cours ont atteint des prix excessifs, momentanément abaissé les droits.

En présence de ces chiffres, il est difficile de soutenir que l'uitlander, au Transvaal, a à se plaindre d'un abus quelconque du Gouvernement affectant son bien-être matériel. On s'est plaint parfois de la corruption des fonctionnaires, de la façon dont étaient accordées les concessions et les monopoles, d'une mauvaise administration générale. En ce qui concerne la corruption, il se peut que, dans quelques cas, des pots-de-vin offerts à des fonctionnaires par de riches uitlanders aient été acceptés, mais l'accusation de corruption générale des fonctionnaires est dénuée de fondement. En ce qui concerne les monopoles et les concessions, on cite souvent le monopole de la dynamite comme une preuve de la manière dont les monopoles sont accordés au détriment des intérêts miniers. On s'est plaint de ce que le Gouvernement se soit attribué le droit de faire payer 90 sh. la caisse d'un produit qui ne coûte que 30 sh. D'abord ces chiffres sont exagérés dans les deux sens. Le tarif du Gouvernement est de 85 sh. la caisse, et, comme la caisse de dynamite imposée par la De Beers, à Kimberley, coûte plus de 60 sh., on ne peut guère considérer que 85 sh. soit un prix exagéré à Johannesburg, étant donné que cette ville est beaucoup plus éloignée de la mer. De plus, on avait à choisir entre un monopole étranger et un monopole local, et, dans les états de situation des Compagnies minières, où les explosifs font l'objet d'un compte spécial, on voit que, tandis que les frais d'exploitation s'élèvent au total de 30 sh. par tonne, le prix des explosifs est au-dessous de 1 sh. 3 d. par tonne. Quant à la concession du chemin de fer, la vérité est que la Compagnie du chemin de fer du Transvaal, c'est-à-dire la Netherland South African Railway Company, en assurant la concurrence par les voies de la baie de Delagoa et de Natal empêche le monopole de la ligne de Johannesburg aux ports du Cap, dont cette colonie n'aurait pas manqué de se prévaloir.

Outre ces doléances relatives à des faits matériels, il y a ce que l'on peut appeler les doléances politiques, comme : 1° le gouvernement du pays par une prétendue petite faction de Hollandais ; 2° la langue ; 3° l'éducation publique et 4° les droits électoraux.

En ce qui concerne le premier point, tout homme honnête et impartial en chercherait vainement une preuve. Tous les membres du Pouvoir exécutif, à l'exception d'un seul, sont indigènes de l'Afrique du Sud ; il en est de même des chefs et sous-chefs des Administrations publiques. Quatre-vingt-trois pour cent des fonctionnaires sont Sud-Africains et plusieurs sont même d'origine anglaise. Sur cinq juges, deux sont Sud Africains et avocats anglais, deux sont Hollandais et le cinquième est Écossais. Le ministre des mines, le trésorier général, l'auditeur général, le directeur général des postes, le directeur des travaux publics sont tous Sud-Africains. Le seul Hollandais de marque du haut personnel gouvernemental est le secrétaire d'État, le Dr Leyds, homme d'un talent exceptionnel et d'une rare intégrité qui, en dépit d'énormes difficultés et d'attaques continuelles, a mérité et conservé la confiance du président et celle du Volksraad. C'est dire une vérité presque banale que d'affirmer qu'il est le plus capable et le plus instruit des hommes publics de l'Afrique du Sud et si ses talents lui ont attiré des jalousies et des rancunes, il n'y a là qu'un phénomène tout naturel.

Quant à la question de la langue et à celle de l'éducation, on doit nécessairement tenir compte de la langue employée par la majorité des habitants. On a pu se former à cet égard des idées complètement erronées, attendu que l'on se fait généralement illusion sur les forces relatives de la population hollandaise et de la population étrangère. On a pris l'habitude de déclarer que la population étrangère était plus nombreuse que la population boer. Or, c'est le contraire qui est vrai. Le recensement de Johannesburg en 1896, effectué par le Comité sanitaire, a prouvé que a population de cette ville avait été considérablement exagérée, et que les habitants du sexe masculin, de tous les âges, ne sont que 31.000. Comme il y a 25.000 burghers inscrits sur les contrôles militaires de la République, on peut équitablement présumer que la population burgher atteint au moins le chiffre de 150.000, tandis que la population étrangère ne doit pas s'élever à plus de la moitié de ce chiffre. Sur ces 150.000 burghers, hommes, femmes et enfants, les deux tiers au moins ne comprennent pas l'anglais. Est-il donc déraisonnable de prétendre que la langue officielle, la langue des documents officiels doit être la langue parlée par les deux tiers de la population, ou bien est-ce que les femmes et les enfants ne doivent pas compter? Mais, bien que le hollandais soit la langue légale, il n'y a pas une seule Administration publique dans laquelle on ne parle l'anglais ou l'allemand à ceux qui ne comprennent pas le hollandais. Dans les cours supérieures, les juges ne protestent pas lorsque les témoins s'expriment en anglais, et dans les tribunaux inférieurs, les plaideurs anglais font invariablement usage de la langue anglaise. Quant à la question de l'éducation, il n'est guère besoin de la discuter. Le Volksraad, dans sa session de 1896, a voté une loi ayant pour but d'étendre les principes d'une loi de 1892, et en vertu de règlements promulgués conformément à cette nouvelle loi, des écoles publiques, dans lesquelles les enfants anglais reçoivent une éducation anglaise, placés sous le contrôle de Comités d'éducation électifs, ont été créées dans les districts miniers.

La question électorale a fait l'objet de plaintes spéciales. Mais ici on se heurte à plusieurs difficultés. D'abord, la majorité des habitants étrangers ne réclament pas l'électorat, parce qu'ils se trouvent très satisfaits de leur sort, et parce qu'ils n'ont aucune envie de devenir — ce qui arriverait nécessairement s'ils étaient électeurs — des burghers de la République Sud-Africaine. L'agitation même qui s'est faite autour de la question a augmenté les difficultés, car plus il devient possible qu'un désaccord sérieux éclate entre le Transvaal et l'Angleterre, moins les sujets anglais se montrent disposés à se trouver exposés à prendre les armes contre des concitoyens. D'autre part, le Gouvernement et le Volksraad n'ont pu faire autrement que de croire que l'agitation électorale n'était pas sincère et que cette agitation n'a pas été créée dans le but d'obtenir une réforme, mais uniquement pour fournir un prétexte à récriminations. Ils se sont aperçus également qu'en accordant des privilèges politiques complets aux étrangers établis à Johannesburg, même si ces étrangers sont disposés à se faire naturaliser, ils arriveraient à livrer en grande partie les intérêts des classes indépendantes, des boutiquiers, des mineurs, des hommes exerçant des professions libérales, à un petit nombre de capitalistes qui useraient de leur influence, comme ils l'ont fait ailleurs, pour corrompre l'atmosphère politique et pour sacrifier tous les intérêts particuliers à leur propre intérêt. La tyrannie politique qui existe à Kimberley, où les employés de la De Beers sont contraints de voter sous peine de renvoi, est une preuve suffisante de ce qui se passerait à Johannesburg si les conspirateurs financiers arrivaient à conquérir une influence politique. On en a eu une autre preuve, plus significative encore, dans un incident bien connu se rattachant au mouvement révolutionnaire de Johannesburg; des mineurs, employés des principaux conspirateurs, reçurent l'ordre de prendre les armes sous peine de perdre leurs gages. La plupart optèrent pour cette seconde alternative, ce qui démontre combien le mouvement révolutionnaire était superficiel. Partout où il y a eu des révolutions parmi les populations minières, ce sont les mineurs qui ont pris la direction du mouvement et qui ont entraîné les autres. Dans ce cas, les mineurs qui n'avaient même jamais songés à être mécontents, ont reçu l'ordre de prendre les armes et s'y sont refusés.

En présence de la situation à Johannesburg et dans les autres centres miniers, il était impossible qu'un honnête homme pût se plaindre sérieusement, à plus forte raison que son mécontentement l'entraînât à faire une révolution. Loin d'être durement ou injustement traités, les habitants étrangers du Transvaal ont été l'objet d'une considération toute spéciale. On a tenu compte de toutes les façons des intérêts de l'industrie de l'or. Si le Gouvernement n'a pas pu, dans certains cas, faire tout ce qu'il aurait voulu, c'est à cause des exagérations d'une partie de la presse et à cause de l'attitude insupportable des agitateurs financiers, qui ont excité la méfiance et le ressentiment du Volksraad.

Cependant, il fallait tout de même trouver des griefs contre le Gouvernement du Transvaal pour justifier le mouvement révolutionnaire projeté dans l'intérêt d'un petit groupe de capitalistes qui avaient résolu de se rendre maîtres de l'industrie de l'or à Johannesburg, comme ils l'avaient fait pour l'industrie du diamant à Kimberley.

CHAPITRE XVII

LE COMPLOT ÉCLATE

L'organisation du complot contre le Transvaal progressa lentement, jusqu'au moment où, à la fin de l'année 1894, la Compagnie à charte eùt fini de digérer le Matabeleland. A ce moment, ainsi que cela se passe pour le final d'une ouverture, le mouvement s'accéléra pour préparer l'entr'acte précédant le lever du rideau sur le premier acte de la nouvelle tragédie sud-africaine, représentée au bénéfice du millionnaire prédestiné.

La mise en scène de la grande pièce qui allait se jouer mérite une étude qui ne manque pas d'intérêt. Quelques-uns de ces jeux de scène avaient directement rapport au dénouement. Quelques-uns échouèrent, notamment : 1° les premières menaces contre la baie de Delagoa ; 2° la tentative de conflit entre Londres et Pretoria au sujet de la question monétaire, et 3° une nouvelle tentative de conflit à propos du commandement des uitlanders dans la guerre contre Malaboch.

Le but des menaces contre la baie de Delagoa était clair et précis. Si la Compagnie à charte pouvait arriver à s'emparer de la baie de Delágoa ou à y prendre pied, le Gouvernement du Cap, c'est-à-dire M. Rhodes, pourrait peut-être s'ingérer dans l'Administration du chemin de fer du Transvaal, de la frontière portugaise à Pretoria, de manière à forcer le Gou vernement du Transvaal à faire droit aux injustes prétentions de la colonie du Cap, concernant le partage des revenus des chemins de fer provenant du trafic de Johannesburg et ensuite concernant l'établissement d'une union douanière générale, dont la colonie du Cap serait la principale bénéficiaire. Ces menaces contre la baie de Delagoa devinrent un sujet de conversation courante après la célèbre entrevue du président Krüger et de M. Rhodes, dans laquelle, d'après ce dernier, tous deux se mirent fort en colère. M. Rhodes a raconté lui-même qu'il demanda, dans cette entrevue, l'entrée de la République sud-africaine dans l'union douanière qui existait entre la colonie du Cap et l'État Libre, au profit de la première. Pourquoi M. Rhodes formula-t-il cette demande? Parce que le Gouvernement du Transvaal venait de consentir au prolongement du chemin de fer de Natal depuis la frontière jusqu'à Johannesburg, ce qui mettait Natal en situation de reconquérir rapidement le trafic qui avait été détourné du côté du Cap, lorsque fut ouvert le réseau des chemins de fer du Cap jusqu'au Rand. Si le Transvaal avait consenti à entrer dans cette union douanière, le commerce de Natal, qui jouissait d'un tarif très bas en même temps qu'il bénéficiait d'un parcours restreint, aurait été gravement compromis, car, à moins que Natal, renonçant à sa politique de libre-échange, n'élevât ses tarifs en se conformant à l'échelle de l'union douanière, son commerce aurait été ruiné par l'application du tarif maximum de l'union douanière sur sa frontière, en sus de son propre tarif. M. Rhodes, en un mot, se comportait comme un ennemi de l'industrie de l'or, cherchant à détruire la rivalité commerciale dont bénéficiait cette industrie. M. Krüger, défenseur des intérêts de l'industrie de l'or, repoussa les propositions de M. Rhodes.

C'est à la suite de ce refus, et après que le Gouvernement du Transvaal eut nettement repoussé une demande du Gouvernement du Cap, tendant à obtenir pour la colonie 50 o/o de toutes les recettes des chemins de fer sud-africains provenant du trafic de Johannesburg — un droit de 50 o/o sur tout semble être la marotte des millionnaires sud-africains — que l'on commença à parler de la prise de possession de la baie de Delagoa. La Compagnie à charte s'était déjà occupée à brouiller les cartes de ce côté. La tentative faite en 1891, au moment de l'incident de la *comtesse de Carnarvon*, pour décider le chef Gungunhana à se soulever contre les autorités portugaises, avait été suivie d'autres petites manigances. Il a été constaté que, lorsque Gungunhana a été contraint de se soumettre aux Portugais, £ 2.000 d'or anglais avaient été trouvées dans son kraal, enfermées dans des sacs appartenant à la Compagnie à charte. Il est également acquis que, parmi les objets trouvés dans le kraal, se trouvait une coupe d'argent fabriquée par un orfèvre du Cap, soi-disant offerte à Gungunhana par la reine Victoria, et apportée par des personnes dont l'une au moins était au service de la Compagnie à charte. On avait donc les matériaux nécessaires pour créer des complications à la baie de Delagoa. Mais le Gouvernement allemand se mit en travers; agissant dans l'intérêt des actionnaires allemands du chemin de fer du Transvaal, il envoya deux navires de guerre dans la baie de Delagoa, et un arrangement fut conclu pour le maintien du *statu quo*. On comprend que M. Rhodes en ait voulu aussi bien au Transvaal qu'à l'Allemagne.

La question monétaire fut soulevée de la façon suivante : le Gouvernement du Transvaal, à tort ou à raison, mais agissant dans la plénitude de son droit, décida d'avoir sa monnaie à lui et sa Banque Nationale et réalisa ce projet malgré les injures et les plaisanteries qui ne lui furent pas épargnées. La Monnaie était au-dessus de tout soupçon et la Banque ne tarda pas à faire d'excellentes affaires. La *Standard Bank* de l'Afrique du Sud, dont lord Rosmead était alors président, animée du désir très naturel de gêner une rivale, se mit à recevoir de l'Hôtel des Monnaies de Londres un stock considérable de pièces d'argent anglaises (1) qu'elle expédiait dans l'Afrique du Sud et dont elle réclama le remboursement immédiat à la Banque Nationale du Transvaal. Le Gouvernement du Transvaal ne voulant pas laisser atteindre par une rivale commerciale une institution dans laquelle il était intéressé, mit fin à cette situation en interdisant l'importation des monnaies étrangères. On s'écria tout de suite que c'était une violation de la convention de Londres, mais le Gouvernement anglais ne s'émut pas et le coup avorta.

L'affaire du commandement vint ensuite. Un formidable cri de protestation retentit parce qu'un nombre considérable de sujets anglais avait été enrôlés pour faire la guerre à un chef indigène insoumis, nommé Malaboch. Une fois de plus, les ennemis du Transvaal déclarèrent que la convention de Londres était violée. Mais on s'aperçut que l'Angleterre n'avait pas, comme les autres puissances étrangères, conclu

(1) On a dit que cette monnaie d'argent était livrée par l'Hôtel des Monnaies au cours du billon. Il est possible que cela ne soit pas exact; mais si cela est vrai, la *Standard Bank* a dû faire un bénéfice énorme sur l'opération.

avec le Transvaal un traité exemptant ses sujets du service militaire; le Gouvernement du Transvaal était complètement dans son droit. La situation devint même ridicule, lorsque l'on sut que, tandis que cinq sujets anglais avaient été arrêtés et photographiés comme patriotes parce qu'ils avaient refusé d'obéir à l'ordre du Gouvernement, plus de cent Anglais étaient partis en campagne sans hésitation, qu'ils avaient reçu une équitable compensation et avaient été autorisés à se prévaloir de tous les droits de citoyen de la République. En même temps, pour éviter toute nouvelle difficulté sur ce point, un traité spécial était conclu entre l'Angleterre et le Transvaal. Mais l'incident eut une certaine importance parce qu'il donna au Haut Commissaire, lord Loch, l'occasion de se rendre à Pretoria et parce que ce voyage à Pretoria donna lieu à deux incidents. En premier lieu, quelques turbulents sans importance profitèrent de la présence du Haut Commissaire à Pretoria pour insulter le président Krüger, et, en second lieu, le Haut Commissaire eut une conversation avec un certain M. Lionel Phillips, associé de l'une des principales maisons financières de Johannesburg, dans laquelle il fut question de l'opportunité de concentrer des troupes impériales sur la frontière occidentale du Transvaal pour appuyer un mouvement révolutionnaire qui pourrait se produire aux mines d'or.

Après ces échecs, les conspirateurs capitalistes tentèrent une action décisive. Ils prirent la direction d'une organisation qui reçut le nom d'Union Nationale du Transvaal. Jusque-là l'Union Nationale du Transvaal n'avait guère été qu'une plaisanterie, instituée uniquement dans le but de donner une apparence de puissance politique à ses chefs, aussi bien aux yeux des habitants de Johannesburg, qu'auprès du Gouvernement du Transvaal. Elle n'avait ni argent ni programme politique. Les meetings qu'elle organisait n'étaient fréquentés que par une demi-douzaine d'individus qui n'avaient rien à faire et qui se croyaient orateurs, et son président, un M. Tudhope, qui avait fait partie d'un Ministère au Cap, ne croyait pas se contredire en faisant tantôt des conférences sur la grandeur de la race hollandaise dans l'Afrique du Sud et d'entonner le lendemain le *God save the Queen* dans une église presbytérienne, après le service du soir, en manière de démonstration contre le Gouvernement du Transvaal. Ceux qui assistaient aux meetings de l'Union Nationale n'y allaient que pour se distraire ou pour tuer le temps, comme s'ils étaient allés dans un cirque quelconque. Mais en 1894, les choses changèrent d'aspect : l'Union Nationale devint une affaire sérieuse. M. Tudhope abandonna la présidence et fut remplacé par M. Charles Leonard, qui était beaucoup plus apte à réaliser les desseins des meneurs financiers. L'organisation commença à disposer de capitaux. On avait d'abord proposé la constitution, par les Compagnies de mines d'or, d'un fonds politique dont l'administration serait confiée à l'Union; mais cette proposition fut écartée par des actionnaires qui menacèrent de réclamer de la Haute Cour l'interdiction de cet emploi illégal de leur argent. On trouva néanmoins l'argent nécessaire ailleurs et l'un des premiers usages que l'on en fit fut l'organisation d'une pétition monstre au Volksraad, demandant, ou réclamant plutôt, des droits politiques. On a dit que cette pétition avait reçu 38.000 signatures et il est possible, en effet, que 38.000 noms y aient été annexés; mais il est aussi facile, dans l'Afrique du Sud, de trouver des noms à apposer sur une pétition qu'il est aisé, en Angleterre, de cueillir des marguerites au printemps, et les recruteurs, qui recevaient quatre shillings par centaines de signatures qu'ils obtenaient dans les carrefours de Johannesburg, n'eurent aucune peine à gagner leur argent. Les membres du Volksraad, qui savaient comment les signatures avaient été obtenues, ne firent aucune attention à la pétition, et un examen plus minutieux démontra que si beaucoup de signatures étaient évidemment fantaisistes, il en était d'autres qui se répétaient plusieurs fois, tandis que quelques-unes n'étaient même pas des signatures d'Européens. Ces « erreurs » devaient, du reste, être faciles à découvrir. Il était évidemment impossible de recueillir 38.000 signatures dans une communauté qui, deux ans après, ne contenait que 31.000 Européens du sexe masculin de tous les âges. Cependant, le Volksraad commit une faute aussi bien en traitant la pétition par le mépris qu'il en eût commis une en acceptant de la recevoir sérieusement. Elle ne lui était pas destinée. Elle était faite pour l'exportation. Elle avait pour but de créer en Angleterre l'impression que le Gouvernement du Transvaal et le Volksraad étaient résolus à refuser des droits politiques aux résidents étrangers. Elle était destinée à atteindre ce but et elle l'atteignit. Grâce à cette pétition, la grande majorité du peuple anglais fut convaincue, pour le moment du moins, que : 1° les étrangers constituaient la majorité de la population du Transvaal; et 2° que la minorité boer était fermement déterminée à ne leur accorder aucune part dans le gouvernement du pays.

Dès le commencement de 1895, un malaise général devint assez sensible à ceux qui suivaient la marche des événements. Ce malaise prit bientôt de telles proportions que les journaux intéressés à la cause des principes républicains accusèrent ouvertement la Compagnie à charte et le Gouvernement du Cap, tous deux représentés et dirigés par M. Cecil Rhodes, de conspirer contre le Transvaal. Cette accusation fut repoussée avec indignation, à Cape-Town, par des journaux connus pour recevoir les inspirations de M. Rhodes. Mais le malaise ne s'apaisa pourtant pas ; au contraire, un ou deux incidents secondaires contribuèrent à l'augmenter. Un de ces incidents fut la retraite de M. Hofmeyr de la vie parlementaire. On attribua cette retraite à diverses causes, mais des personnes qui le connaissaient intimement firent plus que de laisser entendre qu'il se retirait parce qu'il voulait se séparer de M. Rhodes, dont la politique avait des tendances que M. Hofmeyr ne pouvait approuver. L'autre incident fut l'acquisition du *Cape Times*, l'un des deux journaux dirigeants de Cape-Town, par le parti rhodésien. Le *Cape Argus*, qui avait appartenu à M. Saul Salomon, qui l'avait dirigé avec une grande hauteur de vues et dans un sentiment très vif du bien public, était devenu virtuellement, depuis quelques années, l'organe de M. Rhodes, tandis que le *Cape Times*, tout impérialiste qu'il fût, était resté à peu près indépendant. Le fait que le *Cape Times* passait sous la même direction que le *Cape Argus* était un signe certain de l'activité du parti rhodésien. La signification de cette transformation devint encore plus manifeste lorsque M. Edmund Garrett, que M. Rhodes avait fait venir d'Angleterre expressément pour prendre la direction du *Cape Times*, déclara, à Blœmfontein, dans la première semaine de juin, que sa présence dans l'Afrique du Sud se rattachait à la décision prise par M. Rhodes et par ses amis « d'accélérer le pas ». On ajoutait que ces mots : « accélérer le pas », signifiaient que la santé de M. Rhodes était incertaine et qu'il avait été résolu de réaliser tous ses projets sans plus attendre. M. Garrett, on peut l'ajouter, prouva la manière dont il comprenait le rôle qu'il avait à jouer en se hâtant de prêcher, de Cape-Town, l'évangile de l'insurrection à Johannesburg, dès son arrivée dans l'Afrique du Sud, et il ne s'arrêta qu'après l'échec de l'invasion Jameson.

D'autre part, on faisait des démarches auprès du Gouvernement impérial pour le décider à prendre une attitude hostile au Transvaal, et ces démarches aboutirent à l'annexion des territoires de deux chefs, Umbegesa et Zambaan, dont les pays étaient situés entre la frontière du Transvaal et la mer. On ne consulta pas le Gouvernement du Transvaal sur l'opportunité de cette annexion, dont on ne l'avisa même pas. Le caractère d'hostilité de cet acte fut encore accentué par ce fait que, dans la convention définitive pour régler la question du Swazieland, un droit de passage jusqu'à la mer à travers les pays annexés était expressément réservé au Transvaal. « La chose est mauvaise en elle-même », dit alors un homme politique du Cap, très connu, qui est revenu au pouvoir après la démission de M. Rhodes, « et la manière dont elle a été faite est encore pire. C'est la pire chose qui ait été faite depuis l'annexion de 1877. »

Tels étaient les signes apparents à la surface. Mais que se tramait-il dans l'ombre ? On a eu, à ce sujet, plus tard, des indications intéressantes. Dès le mois de mai 1895, un corps de volontaires était réuni dans la Rhodésia, sous les ordres de sir John Willoughby, opérations qui nécessitaient une grosse somme d'argent, étant donné le prix des chevaux et des équipe ments. D'après des informations fournies par sir John Willoughby, vers le 20 mai, aux hommes enrôlés, il n'était nullement question de les envoyer en expédition dans le Barotseland. Le Dr Jameson, disait-on, n'avait pas l'intention de leur faire franchir la frontière de la Rhodésia; il était sûr de trouver des volontaires pour cela, en cas de nécessité, mais il espérait arriver à organiser une fois par an un « camp de manœuvres ». Vers le même temps, on négociait le transfert du protectorat du Bechuanaland à la Compagnie à charte, ce qui permit à la Compagnie d'avoir un prétexte avouable pour rapprocher le Dr Jameson et les troupes de police du Matabeleland de la frontière du Transvaal. En outre, on avait, dès cette époque, pris des mesures pour faire entrer en contrebande des armes et des munitions à Johannesburg, tandis que la Compagnie de Beers, un autre centre de l'activité rhodésienne, en constituait des réserves à Kimberley. Pendant que l'on faisait tous ces préparatifs pour détruire l'indépendance du Transvaal, on profitait de l'inauguration officielle du chemin de fer de Pretoria à la baie de Delagoa pour adresser au président Krüger, de la part du Gouvernement anglais, des félicitations d'une chaleur telle que les relations les plus amicales pouvaient seules les justifier. Cependant, l'on ne peut douter de la sincérité de ces félicitations, et le Gouvernement du Transvaal était autorisé à croire que, quelque nombreuses que fussent pour M. Rhodes les occasions de se servir du pouvoir impérial pour réaliser ses desseins, la politique qu'il suivait n'était du moins pas celle du Gouvernement anglais.

Quelques mois après, la campagne de fausses nouvelles et d'intrigues aboutit à créer un sérieux conflit d'opinions entre Londres et Pretoria. Ce conflit eut pour origine ce que l'on appela : « the Drifts question », question qui a été aussi mal comprise que possible en Angleterre et qui a été la cause d'innombrables accusations de mauvaise foi contre le Gouvernement du Transvaal. Le conflit eut pour point de départ une contestation locale entre la Compagnie des chemins de fer du Transvaal et les chemins de fer du Gouvernement du Cap au sujet de certains tarifs communs. Pour forcer la main à l'Administration des chemins de fer du Transvaal, la Direction des chemins de fer du Cap avait pris l'habitude de décharger ses wagons sur la rive méridionale du Vaal, sur le territoire de l'État Libre, et de transporter leur contenu sur des wagons à bœufs au delà de la rivière, par le gué (drift) jusqu'à Johannesburg, à une distance de cinquante et quelques milles. Cet arrangement ne profitait à personne à Johannesburg, car si l'augmentation considérable du trafic avait augmenté les délais de livraison des marchandises transportées par chemin de fer, les délais étaient aussi longs et les risques plus grands avec le transport à gué dans des wagons à bœufs... Le Gouvernement du Transvaal, naturellement désireux d'éviter un préjudice à une entreprise de chemins de fer dans laquelle il était associé, lança une proclamation par laquelle le gué était interdit au trafic. Sans aller jusqu'à prétendre qu'un Gouvernement sud-africain qui a construit un pont sur une rivière a le droit d'interdire l'accès du gué au-dessus duquel passe ce pont, il n'est pas contestable que l'on a communément fermé des gués pour construire des ponts. Dans plus d'un cas, à Natal, des lois autorisant le prélèvement d'un péage pour la traversée d'un nouveau pont ont été accompagnées d'une interdiction, appuyée d'une pénalité, de franchir le gué que dominait le pont. Il n'y avait donc rien d'extraordinaire ni d'inusité dans la mesure prise par le Gouvernement du Transvaal au sujet du gué du Vaal. Cependant, le Gouvernement du Cap, qui ne cherchait qu'une occasion d'en finir avec l'indépendance des chemins de fer du Transvaal, se trouva atteint et, sur l'avis de M. Schreiner, attorney général du Ministère Rhodes, décida le Colonial Office à déclarer que la fermeture du gué constituait une violation de la convention de Londres. Sur ce, la proclamation fut retirée; jamais incident de plus minime importance ne fut cause d'une intervention diplomatique, et on peut être certain que la Colonie du Cap regrette amèrement aujourd'hui d'avoir invoqué, à cette occasion, l'intervention du Gouvernement impérial. Car c'est cet incident du gué, ainsi que l'invasion Jameson, qui ont décidé l'État Libre, non seulement à refuser toute nouvelle association avec la colonie du Cap en matière de chemins de fer, association fort avantageuse à la colonie, mais encore à se prévaloir de son droit d'option pour racheter, au prix de construction, la section du chemin de fer du Cap à Johannesburg qui traverse son territoire, la plus rémunératrice des lignes de tout le réseau. Le résultat de cette décision a été que le Gouvernement du Cap, qui touchait autrefois un intérêt de 11 o/o environ sur le capital primitif de 2 millions 1/4, ne touche plus guère qu'un intérêt de 4 o/o sur ce capital. La perte qui est résultée pour le Cap de son appel à la métropole dans la question du gué, se chiffre, en capitalisant les intérêts, à un total de 3 millions au moins, et personne n'y a gagné cinquante centimes.

Mais l'incident servit du moins à créer de forts préjugés en Angleterre contre le Gouvernement du Transvaal et un Ministère présidé par M. Rhodes ne pouvait, dès lors, manquer de considérer que c'était une assez bonne affaire, pour n'avoir pas à s'inquiéter de la perte qui en résulterait pour la colonie du Cap.

Les événements marchèrent rapidement à partir de de ce moment.

Le Dr Jameson et sa police s'étaient concentrés dans le voisinage de la frontière sous prétexte du transfert prochain du protectorat du Bechuanaland. Le 20 novembre 1895, dans une réunion de la Chambre des mines à Johannesburg, M. Lionel Phillips, membre de la maison Eckstein et président de la Chambre, prononça un discours qui fut le signal donné aux conspirateurs. « Le capital », déclara M. Phillips avec une audace merveilleuse — car, en août de l'année précédente, il avait proposé lui-même d'armer les mineurs — « est toujours du côté de l'ordre ». Il ajouta que la patience avait des bornes et qu'ils étaient cependant loin de désirer un soulèvement qui aboutirait fatalement à l'effusion du sang. Les termes de ce discours produisirent naturellement une certaine émotion en Europe et firent l'objet, deux ou trois semaines après, d'une correspondance assez remarquable entre un gentleman, fort connu au Transvaal et habitant Hambourg, et l'un des associés d'une très grande maison financière de Londres, représentant de cette maison dans la direction de la De Beers. Une lettre écrite de Hambourg le 6 décembre, après avoir fait allusion à ce fait que l'Afrique du Sud était le pays des surprises, contenait le passage suivant :

Le discours de maître Lionel est insensé, il fera probablement beaucoup de mal et aucun bien — à moins qu'il ait eu pour instructions de provoquer l'effusion du sang — et je ne puis me décider à croire qu'on lui ait donné de telles instructions pendant l'épanouissement de la hausse. S'il y a quelque chose qui puisse encourager Paul Krüger à la résistance, ce sont assurément les menaces, et, si Cecil Rhodes n'est pas prêt à faire appuyer ces menaces par les héros du Matabeleland, vous verrez assurément le Volksraad de 1896 donner une réponse aussi peu ambiguë que possible à ce qu'il appellera à tort les menaces anglaises.

A cette lettre, la réponse suivante fut faite le 10 décembre :

Votre remarque au sujet des héros du Matabeleland de Rhodes est probablement plus prophétique que vous ne vous l'imaginez. L'Afrique du Sud est, comme vous le dites, la terre des surprises (1).

Rien ne pouvait être plus significatif. Bien que, au dire de M. Lionel Phillips, le capital soit toujours du côté de l'ordre, il était de la dernière évidence que les plus grands financiers de Londres étaient au courant de ce que l'on projetait de faire des troupes de Jameson. Des financiers ne s'engagent pas dans des révolutions populaires et ne les encouragent pas. Dans quel but, dès lors, s'intéressaient-ils au discours de M. Lionel Phillips et aux mouvements des troupes de Jameson ? Il n'y a qu'une réponse possible à cette question, à savoir que la fusion des mines qu'ils avaient effectuée à Kimberley et qui leur a donné d'énormes bénéfices devait avoir une seconde édition à Johannesburg.

Le samedi 14 décembre, le texte complet du discours de M. Lionel Phillips était arrivé en Angleterre par la poste et le lundi 16, un second pétard fut tiré. C'était un article très significatif et comminatoire du *Times* à l'adresse du Transvaal. Le fruit était mûr. Les armes destinées aux révolutionnaires de Johannesburg leur étaient parvenues, cachées dans des wagons de charbon ou dans des touques d'huile :

(1) La correspondance fut publiée dans un journal de Hambourg au commencement de janvier 1896 et elle est bien connue d'un grand nombre de personnes en Angleterre.

l'agence de la Compagnie De Beers, à Kimberley, avait fait merveille. La date du « jour du lancement », c'est-à-dire de l'explosion du mouvement révolutionnaire avait déjà été discutée, et l'on avait fixé les attributions des représentants du Gouvernement britannique. Le 26 décembre, le colonel Rhodes, représentant de son frère, M. Cecil Rhodes à Johannesburg, télégraphiait à Cape-Town pour insister sur la nécessité d'une intervention du Haut Commissaire aussitôt que possible (1). Il était essentiel, disait-on, que le Haut Commissaire et M. Rhodes quittassent Cape-Town pour être à Johannesburg le « jour du lancement » — le jour où la révolution éclaterait. « Plusieurs des *souscripteurs*, ajoutait le colonel Rhodes, avaient *souscrit leurs actions* à cette condition. » La vérité est que les réformateurs ne voulaient pas courir le risque d'un combat prolongé. Ils espéraient rencontrer une résistance suffisante pour justifier l'expédition de télégrammes alarmants, racontant des combats dans les rues de Johannesburg. Mais ils n'avaient aucune envie de risquer leur vie dans un conflit avec les burghers du Transvaal. Ils voulaient mettre le feu à la bombe, mais ils voulaient en même temps être sûrs que les pompiers étaient tout prêts pour éteindre l'incendie. Il était présumable que le Haut Commissaire quitterait Cape-Town à la première nouvelle d'un conflit dans les rues de Johannesburg pour faire office de médiateur, mais ils voulaient en être sûrs. Et c'est ainsi que, d'après une coutume connue des Compagnies d'assurances, ils insistaient pour que le

(1) Le mot *président*, dans ce télégramme, fut d'abord compris comme désignant le Dr Jameson; mais diverses preuves et les aveux des amis des réformateurs de Johannesburg ont établi que c'était du Haut Commissaire qu'il était question. Il avait été président de la *Standard Bank* avant d'être renommé au Cap.

principal incendiaire et le chef des pompiers arrivassent par le même train sur les lieux du sinistre.

Pendant ce temps, les révolutionnaires de Johannesburg commençaient à s'apercevoir qu'ils n'étaient pas d'accord entre eux. Pourquoi et pour qui travaillaient-ils? On soupçonnait vaguement — et ce soupçon provenait évidemment de mystérieuses insinuations glissées à l'oreille des recrues hésitantes, au sujet de l'intérêt du Gouvernement impérial dans le mouvement, — que le drapeau anglais pourrait, si le Gouverment de M. Krüger était renversé, être de nouveau arboré dans le Transvaal. Or, cette perspective n'était pas populaire pour plusieurs raisons, dont la principale était que, si cet événement se produisait, les capitalistes n'auraient plus une influence aussi considérable sur la législation du pays. Vers les fêtes de Noël, ces dissentiments étaient devenus si vifs que la majorité des réformateurs de Johannesburg proposa d'ajourner toute action jusqu'à ce que des assurances formelles fussent données sur ce point. M. Charles Leonard, le président de l'Union Nationale, se rendit précipitamment à Cape-Town pour consulter M. Rhodes. Le Dr Jameson, qui était partisan d'une action immédiate, reçut, de plusieurs côtés à la fois, avis qu'il ne devait pas bouger, sous aucun prétexte, tant qu'il ne recevrait pas de nouvelles instructions. La situation était extraordinaire. A Johannesburg, le parti révolutionnaire était indécis et inquiet. Sur la frontière du Transvaal, le Dr Jameson — le seul homme qui semble avoir eu des idées, erronées, il est vrai, s'élevant au-dessus du niveau des sacs d'écus — frémissait d'impatience. A Cape-Town, M. Rhodes hésitait entre l'abandon de tout son plan et sa réalisation, malgré l'opposition de Johannesburg.

C'est au milieu de toutes ces incertitudes que, dans la nuit du 29 décembre, le Dr Jameson se mit en marche. Pourquoi a-t-il marché? La question a donné lieu à bien des controverses. Il a assumé l'entière responsabilité de son action et il a été désavoué par M. Rhodes. Mais lorsqu'un homme brûle de marcher, il est toujours facile de lui en donner l'ordre en ayant l'air de le lui interdire, et il y a presque des preuves que, quelques heures avant son départ, le Dr Jameson reçut un message ou des instructions du capitaine Heany. Il n'est néanmoins guère contestable que son action ne faisait pas partie du plan primitif, bien que des troupes aient été concentrées sur la frontière pour aider à une révolution à Johannesburg. Il est beaucoup plus probable, sinon certain, que ses troupes étaient destinées à appuyer le Haut Commissaire et devaient marcher sur Johannesburg sur son ordre si, après les combats prévus dans les rues de Johannesburg, sir Hercules Robinson s'y était rendu en toute hâte comme médiateur. Mais la bataille attendue à Johannesburg ne se produisit pas. Le président Krüger, dont la perspicacité dévoila les plans des conspirateurs, résolu à en rendre l'exécution impossible, donna l'ordre de faire évacuer les rues par toutes les forces de la police. Quelque désireux qu'aient pu être les réformateurs d'échanger quelques coups de feu avec un ennemi quelconque, et fournir ainsi un prétexte à une intervention anglaise, ils ne trouvèrent personne pour leur rendre ce service.

Il serait difficile d'imaginer quoi que ce soit qui puisse mieux donner une idée du chaos que la situation où s'est trouvé Johannesburg dans les derniers jours de 1895 et dans les premiers jours de 1896. La majorité de la population n'avait aucune sympathie pour les agissements des soi-disant réformateurs. L'organisation de la réforme ne dépassait strictement pas les murs du *Rand Club*, lieu de rendez-vous des spéculateurs, des financiers, des courtiers et de quelques professionnels. Tout ce que savait la masse de la population européenne, c'était que, sans qu'elle comprît exactement comment cela s'était fait, la situation présentait un danger imminent, que leur vie et leurs propriétés étaient menacées. La situation se compliquait, en outre, de l'absence de nouvelles exactes et de la circulation d'innombrables rumeurs contradictoires. Etait-il vrai que Jameson marchât sur Johannesburg? Était-il vrai que la ville fût entourée de milliers de burghers armés? Était-il vrai qu'un nouveau Gouvernement venait d'être proclamé dans les bureaux des *Consolidated Goldfields of South Africa?* Personne ne pouvait rien affirmer. Mais ce qui était visible pour tous c'est que la police avait disparu et que l'on distribuait des armes aux bureaux des *Consolidated Goldfields* à des gens qui n'avaient pas la première notion de la manière de s'en servir. La panique, la crainte du pire s'empara de la population, et cette panique s'accrut encore lorsque l'on apprit que les principaux meneurs du mouvement révolutionnaire avaient prudemment pris la précaution de faire partir leurs familles. Il serait impossible de faire le total ou même de donner une évaluation des misères qu'ont eu à endurer, pendant ces quelques jours, des gens innocents et pacifiques, des femmes, des enfants, ceux-là même que le Dr Jameson devait protéger. Des scènes inénarrables se passèrent à la gare, où des hommes et des femmes se battaient pour trouver des places dans les trains en partance — ces mêmes hommes, des mineurs, qui avaient reçu des capitalistes l'ordre de prendre les armes contre le Gouvernement et qui avaient préféré perdre leurs gages plutôt que d'obéir. La misère du départ se prolongea pendant l'interminable voyage jusqu'au Cap ou à Natal, et tous ces malheurs eurent un douloureux dénouement : un train dérailla et quarante personnes, femmes ou enfants, pour la plupart, périrent, victimes sacrifiées sur l'autel des spéculations de M. Rhodes. On a témoigné, quelques semaines après, des sympathies pour les réformateurs, enfermés dans les cellules de la prison de Pretoria. Ils ne s'y trouvaient pas à l'aise, assurément. Mais s'il subsistait en eux le moindre sentiment d'équité, ils auraient pu considérer leurs peines comme une bien faible compensation de la misère où ils avaient plongé des centaines de foyers et des morts causées par l'accident du chemin de fer de Natal.

Et la révolution, sans chef, sans direction, se répandait, vaille que vaille, dans les rues. Il n'y avait ni général, ni conseiller, ni plan d'action. Une partie des révolutionnaires marchèrent sur Pretoria, dans un état d'esprit variant entre la terreur et la forfanterie, pour essayer de traiter avec le Gouvernement. La rupture du télégraphe, par ordre de Jameson, avait mis ses amis aussi bien que ses ennemis dans l'impossibilité d'être exactement renseignés sur ses mouvements. Le bruit courait pourtant qu'il arrivait. L'avait-on ou ne l'avait-on pas appelé ? La moitié des réformateurs répondaient *oui;* l'autre moitié répondait *non*. Un membre du Comité de l'Union Nationale, un demi-militaire, fit un semblant de tentative de sortie avec une centaine d'hommes pour coopérer avec l'envahisseur : il ne réussit qu'à se faire arrêter et à être fait prisonnier avec ses hommes sans avoir brûlé une cartouche. Où était Jameson ? Le mercredi 1er janvier 1896, il essayait de se frayer un passage à travers les quelques centaines de burghers qui, abandonnant leurs foyers en toute hâte, avaient occupé une position à l'ouest de Krugersdorp. Le jour suivant, après avoir fait un détour vers le sud, il était cerné près de Doornkop. Là, dans l'enclos d'une ferme, lui, ses officiers, ses hommes, se soumirent à la dure épreuve de la capitulation.

La révolution était terminée.

CHAPITRE XVIII

QUE VA-T-IL ARRIVER ?

Il est inutile de s'étendre sur les événements qui suivirent la reddition de Doornkop. Les circonstances qui ont déterminé cette capitulation sont plus importantes que les événements qui l'ont suivie. La situation était ce qu'elle était. La plupart des faits qui se sont produits depuis, presque tout ce qui a été dit représente surtout une série d'efforts pour expliquer la situation ou pour la dénaturer. Parmi ces événements, il faut comprendre : 1° La dépêche de l'Empereur d'Allemagne au président Krüger ; 2° la fameuse dépêche de M. Chamberlain ; 3° le refus de M. Krüger de se rendre immédiatement en Angleterre ; 4° l'insurrection des Matabélés ; 5° le procès des réformateurs à Johannesburg ; 6° le procès du docteur Jameson et de ses officiers, et, 7° les efforts de M. Rhodes pour influencer l'opinion publique en Angleterre en sa faveur et pour intimider le Comité parlementaire.

En ce qui concerne la dépêche de l'Empereur d'Allemagne, tout honnête homme sait à quoi s'en tenir sur sa portée réelle : c'est un message de félicitations adressé sans aucune arrière-pensée, bien que peut-être avec une certaine mise en scène, au chef d'un État dans lequel l'Allemagne a, à n'en pas douter, d'importants intérêts commerciaux. Elle n'était en aucune façon dirigée contre l'Angleterre, car l'attentat contre l'indépendance du Transvaal qui l'avait provoquée avait déjà été expressément désavoué par l'Angleterre. Cependant, il faut reconnaître que, si l'Empereur d'Allemagne avait l'intention de desservir la République Sud-Africaine et de rendre un service à M. Rhodes, il ne pouvait s'y mieux prendre qu'en envoyant ce télégramme. Il a fourni aux amis de M. Rhodes et aux ennemis de la République Sud-Africaine une occasion inespérée de détourner l'attention de la véritable question en cause et d'exciter le sentiment public contre le Gouvernement du Transvaal, en l'accusant de préméditer une rivalité de l'Allemagne et de l'Angleterre dans le continent sud-africain. Il n'y a probablement pas un seul homme d'État digne de ce nom, en Angleterre, qui ajoute foi à cette accusation ou qui y ait jamais ajouté foi. Mais le cri : « Sus à l'Allemagne ! » a néanmoins servi à alimenter la polémique des journaux et à empêcher le public d'étudier la situation de l'Afrique du Sud avec toute l'impartialité nécessaire.

Ce que l'on peut dire franchement, c'est que:

1° Le Gouvernement du Transvaal, en raison de l'état de choses que l'on connaît, a cherché à fortifier ses moyens de défense contre les attaques de M. Rhodes et de la Compagnie à charte — et non pas contre le Gouvernement anglais — en recherchant l'appui moral des Puissances européennes avec lesquelles il est parfaitement libre, réserve faite d'une opposition du Gouvernement anglais dans un délai déterminé, de conclure des traités ; et

2° Que, selon toute probabilité, cela serait arrivé même si les intérêts anglais avaient été aussi bien représentés à Pretoria depuis six ans qu'ils le sont maintenant. Ce fut une erreur complète, et une cruelle erreur, d'accuser l'ex-agent britannique, sir Jacobus de Wet, d'avoir des sympathies particulières pour le Gouvernement du Transvaal. Le contraire a été généralement vrai. Mais il n'était nullement préparé, par ses antécédents, à remplir des fonctions diplomatiques; il avait une inexpérience absolue de toutes les questions qu'il avait à traiter et, surtout, il ne remplissait pas cette condition primordiale pour tout agent diplomatique d'être *persona grata* au Gouvernement auprès duquel il était accrédité. Par contre, le Consul général allemand à Pretoria était un homme qui connaissait admirablement son affaire. Si le nouveau représentant de l'Angleterre à Pretoria justifie toutes les espérances que l'on a fondées sur lui, il est à peu près certain que les intérêts anglais au Transvaal seront représentés d'une manière digne de leur importance, mais il faut proclamer bien haut, et une fois pour toutes, que c'est une erreur complète que de croire à l'existence, à Pretoria, de l'influence prédominante de ce que l'on a appelé le parti hollando-allemand. Le seul Hollandais notable et influent de Pretoria est, ainsi qu'il l'a été dit déjà, le secrétaire d'État, le docteur Leyds. Il est l'un des six membres d'un Conseil exécutif dont les cinq autres membres sont originaires de l'Afrique du Sud et ne se laisseraient certainement pas mener par le plus jeune de leurs collègues. La seule considération qui pourrait déterminer la non réélection du docteur Leyds est même la suspicion qu'il pourrait avoir l'idée de soumettre la République à un protectorat quelconque, anglais, allemand ou autre. Presque toutes les réclamations contre l'influence des Hollandais à Pretoria viennent de Cape-Town, où, pour une raison qu'il n'est pas facile de saisir, on considère que toutes les grandes charges publiques du Transvaal reviennent de droit aux politiciens du Cap, ce qui n'empêche du reste pas cette même colonie du Cap, lorsque l'occasion s'en présente, de faire venir ses propres fonctionnaires d'Écosse, de Hollande ou de tout autre pays qui lui convienne.

En ce qui concerne la dépêche de M. Chamberlain, du 6 février 1896, contenant diverses propositions relatives à l'organisation gouvernementale de Johannesburg, elle a été retirée sur l'accueil défavorable qui lui a été fait par la population étrangère qu'elle était destinée à favoriser. Pourquoi cet accueil défavorable ? Parce que, si le plan qu'elle préconisait avait été appliqué, tous les intérêts de la population de Johannesburg auraient été complètement soumis à la dictature du même groupe de capitalistes qui, à l'aide d'une véritable organisation de corruption et d'intimidation, a détruit la liberté politique et la vie politique à Kimberley. Sous le Gouvernement du président Krüger, les habitants étrangers de Johannesburg jouissent de toute la liberté qu'ils peuvent désirer, hormis les franchises électorales, qu'ils ne se soucient pas d'acquérir en perdant leur nationalité. Sous le gouvernement des capitalistes, ils n'auraient aucune liberté. La manière dont les capitalistes ont traité les mineurs qu'ils voulaient contraindre à se révolter en est une preuve suffisante.

En ce qui concerne le voyage du président Krüger en Angleterre, il est généralement reconnu aujourd'hui que si ce voyage s'était effectué au commencement de 1896, il en serait résulté plus de mal que de bien. La situation nécessitait de grands ménagements.

Quant à la malheureuse insurrection des Matabélés, il est à peu près certain qu'elle a été le résultat du départ des troupes de police affectées à l'invasion du

Transvaal, à l'application aux indigènes d'un régime de travail obligatoire, et, considération très importante, à la conviction qu'avaient les indigènes qu'il existait un conflit entre les habitants européens de l'Afrique du Sud.

Les procès des réformateurs de Johannesburg et leur condamnation ont donné prétexte à bien des critiques contre le Gouvernement du Transvaal et contre le juge qui a présidé les débats. Mais on a oublié que M. le juge Gregorowski, qui avait été précédemment *State-attorney* de l'État Libre d'Orange, est un avocat anglais d'une haute intégrité et d'une grande intelligence, qui a été appelé à siéger à la Cour du Transvaal expressément pour éviter toute apparence de partialité... Quant aux condamnations à mort, qui ont d'abord froissé les sentiments anglais, elles étaient inévitables pour des accusés qui s'étaient reconnus coupables d'un crime entraînant la peine capitale, et le délai qui s'est écoulé avant la commutation provient de l'opposition d'un membre de l'Exécutif qui, chose curieuse, est précisément celui sur lequel comptait le plus le parti progressiste au Transvaal. Mais tout cela n'a pas laissé de trace ; l'un des quatre condamnés à mort, M. George Farrar, a, depuis, des relations personnelles avec le président Krüger, et a été nommé par le Gouvernement du Transvaal membre du Comité d'éducation chargé de l'administration des écoles de Johannesburg, subventionnées par l'État, destinées à l'éducation des enfants étrangers.

En ce qui concerne le procès Jameson, il n'y a rien, ou presque rien à en dire. Les efforts évidents de M. Rhodes pour reconquérir sa popularité dans le pays ou, du moins, pour accréditer l'idée qu'il était trop puissant dans l'Afrique du Sud pour que l'on ne comptât pas avec lui, sont d'une tout autre importance et nous obligent à nous demander quelles seront les conséquences de l'échec de l'attentat contre l'indépendance de la République Sud-Africaine.

Il peut se passer ceci. Egaré par les démonstrations dramatiques (1) qui se sont produites sur un ou deux points de la colonie du Cap en faveur de M. Rhodes, dominé par l'influence du parti aristocratique, qui a gagné de l'argent dans cette aventure, le peuple anglais pourrait permettre à M. Rhodes de redevenir le dictateur de l'Afrique du Sud et l'y renvoyer comme le seul homme en qui il ait foi pour la solution d'un problème compliqué dans un pays peu connu et mal compris. Cela est possible ; il est même des gens qui s'efforcent de rendre cela probable. Mais après? Ne peut-on pas supposer qu'un pays qui donne toute sa confiance, pour la solution d'un problème compliqué dans un pays peu connu et mal compris, à un homme dont la santé est délicate commettrait un acte de folie, même si cet homme était doué de toutes les vertus humaines? N'est-il pas raisonnable de dire que, lorsque cet homme est considéré par les trois quarts de la population européenne de ce pays, y compris un grand nombre de loyaux sujets britanniques, comme un conspirateur qui a commis un attentat contre les pays de l'Afrique du Sud, cet acte serait un crime?

Il est possible que ce crime soit commis. S'il l'est,

(1) Les démonstrations — à Cape-Town tout au moins — ont été évidemment organisées par la Ligue Sud-Africaine, association ouvertement antihollandaise, qui, un mois ou deux auparavant, était fortement prise à partie par les journaux du Cap à la dévotion de M. Rhodes. La Ligue Sud-Africaine, qui paraît n'être qu'une résurrection de la Ligue Impériale de 1884, est en relations intimes, en Angleterre, avec l'Association Sud-Africaine, qui s'occupe surtout de tenir en éveil l'antipathie latente contre la race hollandaise dans l'Afrique du Sud.

les malheurs qui en résulteront seront incalculables. La paix de toute l'Afrique du Sud ne tiendra plus qu'à un fil. L'irritation et la suspicion s'infiltreront partout, les antagonismes de races seront ravivés pour faire le jeu de la barbarie et aboutiront fatalement, un jour ou l'autre, à l'une des plus terribles et des plus meurtrières des guerres des temps modernes. Ces hommes, que vous appelez des *Boers*, dont vous plaisantez les imperfections apparentes, ne sont pas des hommes à se laisser facilement dépouiller de leur indépendance, et ils feront preuve de toute l'endurance et de tout le courage qui distinguent ceux dont ils descendent, les Huguenots, qui ont tout sacrifié pour conserver leur liberté et leur foi, et ces Hollandais, qui ont résisté avec succès à la plus grande puissance européenne du seizième siècle. Au Transvaal, dans l'État Libre, dans la colonie du Cap, à Natal, ces hommes, qui constituent le principal facteur de l'Afrique du Sud, se rencontrent partout, unis par ces liens imperceptibles du sang et de la nationalité, qui survivent à des années d'oppression. La cause de l'un, lorsque l'heure du danger sonne, devient la cause de tous, et, s'ils voient l'homme qu'ils considèrent comme un malfaiteur impuni appuyé par le Gouvernement anglais, c'est contre le Gouvernement anglais qu'ils se coaliseront, par haine et par méfiance. Il est possible que cela arrive, et alors, ou bien tout l'édifice de la civilisation dans l'Afrique du Sud sera anéanti, ou bien l'Afrique du Sud cessera complètement de faire partie de l'Empire britannique.

Il y a une alternative, pourtant, et elle est simple :

Revenez à la situation qui existait avant 1887, alors que, après diverses hésitations, on avait fini par comprendre que le mieux était de laisser l'Afrique du Sud se débrouiller toute seule, et de laisser ses forces naturelles — le loyalisme des colonies, la bonne volonté des Républiques, l'audace des Anglais, l'endurance des Boers — produire leurs résultats naturels. Comprenez que ces hommes, ces descendants des Huguenots et des Hollandais, sont nos amis naturels, qu'ils sont animés de bonnes intentions à l'égard de l'Angleterre (1), qu'ils reconnaissent l'importance des intérêts anglais dans le pays; que, loin d'aider d'autres puissances européennes à prendre pied dans l'Afrique du Sud, ils aideront, au contraire, l'Angleterre, s'ils sont traités équitablement, à tenir les autres puissances européennes à l'écart. Tout cela n'est pas difficile. Il faut seulement, pour cela, se débarrasser d'illusions qui n'ont pris naissance que dans ces dernières années, et se rendre compte de faits obscurcis par la fumée des usines des spéculateurs. Appliquez à l'étude des choses de l'Afrique du Sud la patience et l'intelligence que vous consacrez ailleurs aux problèmes politiques, et vous serez étonnés des résultats. Mais, en attendant, ne demandez pas l'impossible.

Ne comptez pas, par exemple, sur une confédération de l'Afrique du Sud sous l'égide du drapeau anglais. Cela ne se fera pas tout seul, et, si vous voulez l'exiger par la force, la tentative se noiera dans un torrent de sang. Ne vous faites pas non plus l'illusion que Cape-Town sera jamais le centre d'un gouvernement fédéré quelconque. Cela est impossible, géographiment et politiquement.

(1) On a parfois prétendu que les burghers du Transvaal sont imprégnés de l'idée qu'ils ont arrachés seulement par la force leur indépendance à l'Angleterre. Cette prétention est contredite par le passage suivant du Chant national du Transvaal:

« Sache que cette terre, alors que tu étais un enfant, sur laquelle la puissance de l'Angleterre étendit son sourire, lorsque retentirent ces mots : Sois libre! »

Il y a cependant beaucoup à faire pour rendre l'Afrique du Sud plus unie, et, d'abord, c'est de la laisser à elle-même. Tant que l'on saura que le Gouvernement impérial est prêt à intervenir à tout moment, il y aura, dans l'Afrique du Sud, des fabricants de plans, petits ou grands, qui chercheront à provoquer cette intervention. Il n'est pas de nain qui n'aspire à tordre la queue du lion.

Faites plus encore. Apprenez à connaître les hommes de l'Afrique du Sud, les hommes qui appartiennent au pays, sur lequel le pays compte, en qui il a confiance, pour eux-mêmes et non pour leur argent et qui représentent ce qu'il y a de mieux. Vous faites venir en Angleterre des chefs indigènes insignifiants et vous les traitez comme des princes; vous vous réunissez en foule autour d'idoles nées de la corruption de la Bourse et vous les adorez comme des dieux, tandis que vous ne regardez pas plus les vrais serviteurs du pays que s'ils n'existaient pas. Voici un exemple : il est typique. Il n'y a pas longtemps, M. Reitz, alors président de l'État Libre d'Orange, fit un voyage en Europe. C'était le chef officiel d'un État souverain; personnellement, c'est un homme dont pourrait être fier n'importe quel pays civilisé. En Hollande, la Reine l'a traité comme un égal. En Belgique, le Roi l'a traité comme un égal. En France, le Président l'a traité comme un égal. En Angleterre, il aurait pu se promener en cab dans tout Londres sans que personne prît garde à lui. Et, cependant, s'il est un pays intéressé à comprendre et à apprécier les hommes qui sont appréciés dans l'Afrique du Sud, ce pays est assurément l'Angleterre.

Il n'est pas difficile d'assurer l'hégémonie anglaise dans l'Afrique du Sud, avec le consentement cordial de tous les habitants du pays. Cela est aussi facile que de se baigner dans le Jourdain. Il suffit, pour cela, que l'Angleterre, sans négliger ses autres intérêts — cela n'est pas nécessaire — se fasse l'amie du *principal facteur*. L'hégémonie anglaise en vaut la peine.

FIN

TABLE DES MATIÈRES

www.ingramcontent.com/pod-product-compliance
Ingram Content Group UK Ltd.
Pitfield, Milton Keynes, MK11 3LW, UK
UKHW020309230726
13925UKWH00001B/309